예수 기적의 비밀 원리

오병이어 기적과 물질창조 원리

예수 기적의 비밀 원리

오병이어 기적과 물질창조 원리

사무엘 소 지음

샘소
북스

예수 기적의 비밀 원리

발행일	1판 2022년 12월 8일
	2판 2023년 10월 10일
지은이	사무엘 소
발행처	샘소북스
출판등록	제2022-000108호(2022년 10월 26일)
주 소	서울시 중구 동호로 10길 8-5, 지층(신당동)
이메일	smso21@naver.com
홈페이지	http://samsobooks.creatorlink.net/

목차

VI. 예수 기적이 남긴 생각들

머리말

 '기적'은 대한민국 국어사전에 이렇게 정의돼 있다. '상식으로는 생각할 수 없는 기이한 일' '신(神)에 의해 행해졌다고 믿어지는 불가사의한 현상'.

 상식이란 대개 일상생활에서 눈으로 보고 확인할 수 있는 지식이다. 사람들은 자기가 직접 눈으로 보고 확인할 수 있거나 검증 가능한 사실만 상식이라는 이름으로 받아들인다. 오늘날 사람들에게 기독교를, 아니 성경을 거부하게 만드는 가장 큰 문제점 중 하나는 성경에 기록된 '비상식적인' 기적들이다. 성경을 위대하게 만드는 신(神)의 역사(役事)가 바로 기적들인데, 역설적으로 신을 믿지 않는 자의 눈에는 성경을 허구의 신화로 만들어 버리는 역효과를 내기도 한다. 인문학에서는 인간이 세계의 중심에 서는 인본주의 철학이, 자연과학에서는 진화론을 필두로 한 과학이론들이 성경의 기적을 폄하하고 격하시키는 주범이 된 지 오래다.

 성경의 기적은 비단 불신자들에게만 비판의 빌미를 제공하는 게 아니다. 가톨릭이나 기독교 일각에서도 어중간하게 과학을 학습한 신도나 성직자들 역시 성경의 기적을 의심에 찬 시선으로 읽는다. 이성적으로 납득되지 않으니 기적을 사실로 받아들이지 못하고 거의 변명에 가까운 주관적 해석을 붙이기에 급급하다.

　신약성경 4대 복음서에 모두 등장하는 예수의 기적인 '오병이어의 기적'조차 도시락을 숨겼던 청중이 예수 설교에 감화돼 음식을 나누었다는 '나눔의 기적'으로 구차하게 해석되기도 한다. 이런 해석은 신성모독이다. 인간의 관점에서 신의 능력을 해석하다 보니 신을 인간계로 격하시킨다. 신이란 우주만물의 창조주인데, 고작 떡과 물고기조차 창조하지 못하는 존재로 전락한다. 성경말씀을 기록된 그대로 받아들이면 될 일을 자기 상식으로 이해를 못하니까 상상력을 발휘해서 모욕적인 해석으로 성경을 왜곡한다.

　나는 그런 신앙인들조차 안타깝게 생각할 뿐이다. 이 각박한 물질만능 세상에서 어떻게든 예수 그리스도의 기적을 이해하려고 노력하는 점만은 나무라고 싶지 않다. 하지만 신앙적으로 볼 때 그런 '인간적인' 해석은 결과적으로 대단히 위험한 짓이다. 예수를 인간계로 격하시킴으로써 창조주 하나님과 분리시키고, 창조주는 단지 신화 속의 존재로 머물게 한다. 그리스도인마저 예수의 기적을 실화로 믿지 못한다면 이 세상 어떤 누가 믿을 수 있겠는가. 악령의 유혹이나 시험이 닥쳤을 때 그런 믿음으로 어떻게 견뎌낼 수 있겠는가. 또 방황하는 내 주변의 영혼들은 무슨 수로 설득하겠는가.

　이 게 바로 이 책을 쓰게 된 목적이다. 내가 살아온 세월을 돌이켜보면, 내가 태어난 목적이 이 책을 쓰는 게 아닌가라는 생각마저 들었다. 살아오면서 죽을 고비가 몇 차례 다가왔지만 응급질환은 무사히 치료되었고 불의의 사고를 당할 때마다 털끝만치도 다치지 않았다. 베트남 호치민시에서는 도로를 달리던 오토바이에 부딪혀 몸이 붕 떠서 인도로 굴러 떨어진 적도 있다. 반팔 차림이었음에도 타박상은 물론 피부에 생채기 하나 나지 않았다. 믿어질지 모르겠지만 날 지켜주는 어떤 손길이 느껴졌다.

그 다음해에 33년 만에 교회를 다시 나가게 됐다. 대학을 다니면서 '시험에 들어' 오랜 세월 교회를 등졌다. 내가 대학을 다닌 1980년대는 민주화운동으로 바람 잘 날 없던 시절이었다. 학내에서 시위와 집회가 끊이지 않았고 늘 자욱한 최루탄 연기 속에서 대학생활 4년을 마감했다. 대학 들어갈 때만 해도 독실한 기독학생이었는데 동아리에서 '내게 강 같은 평화'란 가스펠송을 부를 때마다 죄책감에 시달렸다. 평화를 누릴 자격이 없는 시대에 살고 있다는 '인간적 오판' 때문이었다. 교회를 나가도 영적으로 메마른 예배가 이어지자 교회에서마저 죄를 짓고 있다는 자괴감이 이어졌다. 결국 교회를 잠시 떠나자고 생각했지만, 그 잠시가 30년을 훌쩍 넘는 세월이 되어버렸다.

지난 2012년 절친한 재미교포 선배가 은둔하며 4년 수련한 끝에 성불(成佛)한 사실을 알게 됐다. 오랜 세월 멘토로 존경하며 교류했던 분이다. 그는 또 한국에는 잘 알려지지 않은 드림요가의 마스터가 되어 있었다. 그에게서 가르침을 받고 한동안 동양사상에 빠져 지냈다. 이 책에는 이 멘토의 경험과 일반인이 쉽사리 믿기 힘든 그의 초자연적 능력들도 소개된다.

그 외에도 나는 다양한 영적 체험을 했고 이른바 외계에 사는 듯한 도인(道人)들도 만났다. 현대과학에도 부쩍 더 관심이 많아져 나름 관련 서적들도 적지 않게 읽었다. 그런 우여곡절 끝에 2019

년 다시 교회를 나가게 됐는데, 어릴 때 읽다가 덮어두었던 성경을 다시 꺼내 읽으며 큰 충격에 사로잡혔다.

학생시절에 관념적으로 읽혔던 성경말씀들이 생생하게 살아있는 이야기로 다가왔다. 무엇보다 어릴 적엔 도무지 이해가 가지 않던 성경의 기적들, 특히 예수 그리스도가 공생애 활동 기간에 펼쳤던 기적들이 완전히 새롭게 다가왔다. 어린 내게 예수는 인격적인 스승으로 더 매력적인 분이었는데, 다시 만난 예수는 진짜 창조주의 분신으로 느껴졌다. 그 믿음의 원동력 가운데 하나가 바로 예수의 기적이었다. 예수의 기적을 '제대로' 믿고 난 뒤부터 내 일상에서도 기도를 통한 크고 작은 기적들이 끊이지 않았다. 나는 예수가 살아계신 하나님의 아들이요 그리스도라는 사실을 진심으로 믿게 되었다.

내가 한때 현대과학과 동양사상에 빠져 지냈던 이유가 바로 예수의 기적을 제대로 믿게 하려는 하나님의 은총이라고 생각하게 됐다. 이 책에 현대 과학이론이나 동양사상이 거론되는 건 모두 예수 기적의 원리를 입증하려는 근거들일 따름이다. 30년 만에 하나님 품에 다시 안긴 '돌아온 탕자' 같은 죄인인 내가 감히 이런 책을 쓰게 된 건 내가 받은 은혜를 조금이라도 더 나누기 위해서다.

예수의 기적이 실화라는 사실을 믿지 못하면 성경은 믿을 수 없는 책이 되고, 성경을 믿지 못하면 기독교 신앙도 존재하지 않는다. 하지만 예수의 기적을 직접 보지 못한 세대, 특히 기적이 비과학적이라는 이유로 예수라는 인간을 신격화하려는 시도로 간주하는 사람들을 지켜보면서 안타까움을 금할 수 없다. 작금의 첨단 과학이론들은 오히려 기적의 신비를 해체하는 쪽으로 가고 있어 더욱 그렇다.

문제는 과학만으로는 여전히 기적의 원리를 온전히 설명하기 힘들다는 데 있다. 나는 그 이가 빠진 기적 원리의 나머지 퍼즐을 동양사상에서 발견했다. 동양사상을 제대로 공부하거나 경험하지 않은 기독교인들 중에는 무턱대고 거부감부터 가질 이도 있겠으나, 조금만 편견과 고정관념에서 벗어나 동양사상이 밝혀낸 현상의 비밀을 직시할 것을 권한다. 지상에 왔다간 성인들 중에 창조주 하나님의 분신은 오직 예수뿐이다. 내가 인용하는 동양사상 역시 그 사실을 증명하기 위해 동원되는 지혜와 지식일 뿐인데, 제대로 이해하지도 않고 비판하는 일이 없기를 바란다.

예수 기적의 원리를 발견한 일이 나 같은 자의 능력으로 빚어진 일이라고 생각하지 않는다. 그저 내가 살아오면서 보고 듣고 읽고 느끼고 깨달은 사실을 그대로 적을 뿐이다. 갈수록 예수의 기적을 빛바랜 소설로 전락시키려는 이 시대에 경종을 울리려는 목적에서, 나의 주인이 나를 작은 도구로 쓰실 뿐이라고 생각한다.

기적 자체가 기독신앙의 본질은 아니라고 생각한다. 기독신앙은 거룩하신 하나님의 아들 예수가 우리 인간의 죄를 대속하기 위해 십자가에 매달려 죽었다가 부활하신 사실을 믿고 그의 가르침대로 살아가는 것이다. 우리가 예수가 행한 기적들에 관심을 가져야 하는 이유는 단지 그 기적들이 그가 창조주의 분신이라는 사실을 명백히 증명하고 있기 때문이다. 이 책의 목적은 기적이라는 현상이 일어나는 원리를 이해함으로써 예수의 기적이 실화라는 사실을 깨닫고 그가 온 인류의 진정한 영적 구세주라는 사실을 믿자는 것이다.

부디 이 책이 계기가 되어 더 풍부한 근거와 논리로 예수 그리스도의 기적이 실화였음을 증명하는 시도들이 잇따르기를 기원한다.

오직 한 분 창조주 하나님께 감사와 찬양과 영광을 바친다.

※ 본문에 인용된 성경말씀의 출처는 모두 대한성서공회의 개역개정판 성경이며, 원문 그대로 인용하느라 교열을 생략했음을 밝힙니다.

I. 예수가 기적을 행한 까닭은

예수의 기적은 기독교인은 물론 기독교를 믿지 않는 사람들에게도 널리 알려져 있다. 물 위를 건넌 예수, 보리떡 다섯 개와 물고기 두 마리로 5천 명의 배를 불려준 예수, 설교하러 가는 곳마다 온갖 질병을 고쳐준 예수의 기적들은 어떤 영화나 소설의 줄거리보다 유명하다. 그런데 사람들은 이런 기적을 사실로 진지하게 잘 받아들이지 않는다. 그저 기독교 교주인 예수를 신격화하기 위해 지어낸 허구라고 생각한다. 심지어 기독교인들조차도 성경에 적힌 예수의 기적을 그대로 믿기 힘들어 한다. 이 장에서는 예수가 행한 기적들을 모두 조망하고, 예수가 왜 그리 많은 기적을 행해야 했는지 짚고 넘어간다.

예수가 창조주라는 증거 '기적'

내가 이 책을 쓰는 목적은 예수 그리스도가 행한 기적의 원리를 밝힘으로써 그가 왜 하나님의 아들이었는지 감히 증명해 보이려는 것이다.

예수의 행적은 모두 성경에 기록돼 있다. 신약성경의 4대 복음서는 예수의 제자나 사도들이 예수를 3년간 추종하며 보고 들은 내용이나 현장 증언을 기록한 글이다. 이 가운데 마태복음과 누가복음에는 아주 인상적인 예수의 일화가 등장한다. 옥중에 갇힌 세례 요한이 자기 제자들을 예수에게 보내 "오실 그이가 당신이오니까(당신이 그리스도가 맞습니까)"라는 질문을 하는 대목이다.

기독교를 잘 모르는 이들을 위해 부연하면, 세례 요한은 예수 그리스도의 앞길을 예비한 자이며 요단강에서 예수에게 세례를 해 드렸던 인물이다. 동생의 부인을 빼앗아 아내로 취한 헤롯왕의 부도덕함을 비판했다가 투옥되었는데, 예수의 행적이 자기가 기대한 구세주의 모습과 차이가 있자 제자들을 예수에게 보낸 것이다.

· 요한이 그 제자 중 둘을 불러 주께 보내어 가로되 오실 그이가 당신이오니이까 우리가 다른 이를 기다리오리이까 하라 하매
· 저희가 예수께 나아가 가로되 세례 요한이 우리를 보내어 당신

께 말하기를 오실 그이가 당신이오니이까 우리가 다른 이를 기다
리오리이까 하더이다 하니

· 마침 그 시에 예수께서 질병과 고통과 및 악귀 들린 자를 많이
고치시며 또 많은 소경을 보게 하신지라

· 대답하여 가라사대 너희가 가서 보고 들은 것을 요한에게 고하
되 소경이 보며 앉은뱅이가 걸으며 문둥이가 깨끗함을 받으며 귀
머거리가 들으며 죽은 자가 살아나며 가난한 자에게 복음이 전파
된다 하라

(누가복음 7장 19~22절)

자신이 그리스도가 맞느냐는 질문에 대한 예수의 답변은 특이했
다. 예수는 직접적인 답변 대신 "소경이 보며, 앉은뱅이가 걸으며,
문둥이(나병환자)가 깨끗함을 받으며, 귀머거리가 들으며, 죽은 자
가 살아나며, 가난한 자에게 복음이 전파된다 하라"라고 대답했다.

이 답변에 내가 충격을 받은 이유는 그 내용이 곧 그가 하나님,
즉 창조주라는 사실을 드러내고 있기 때문이었다. 내가 앞으로 설
명할 기적의 원리를 이해한다면, 예수가 공생애 3년간 행한 기적
들은 인간의 능력을 한참 초월한 창조주 수준의 기적임을 알 수
있다. 요한의 질문을 향한 예수의 대답은 여러 의미를 내포하고 있
으나, 이 책의 목적에 맞게 의역하자면 이렇다. "요한, 자네는 내
가 행하는 이런 기적들이 사람이 할 수 있는 일이라고 보는가?!"

마태 · 누가 두 복음서에 기록된 예수의 답변에는 빠져 있지만,
그 외에도 성경이 증언하는 공생애 3년간 예수가 행한 기적의 사

례들은 어마어마하다. 가장 대표적인 사례로 '오병이어(五甁二魚)'의
기적을 들 수 있다. 보리떡 다섯 개와 물고기 두 마리로 장정 5천
명을 배불리 먹이고도 열두 광주리의 음식을 남겼다는 바로 그 기
적이다.

　다음은 신약성경에 기록된 공생애 기간에 예수가 실행한 기적들
이다.

· 가나의 혼인잔치에서 물로 포도주를 만드심
· 가버나움 회당에서 귀신을 내쫓으심
· 게네사렛 호숫가에서 시몬 베드로에게 배 두 척에 가득 찰 정도
의 고기를 잡게 하심
· 나인성에서 죽은 청년을 살리심
· 문둥병자를 고치심
· 백부장의 종을 고치심
· 시몬 베드로 장모의 열병을 고치심
· 해질 무렵 귀신 들린 많은 사람들을 고치심
· 큰 폭풍을 꾸짖어 잔잔하게 하심
· 거라사 지방의 군대 귀신들린 사람을 고치심
· 침대에 누인 중풍병자를 고치심
· 야이로 회당장의 죽은 딸을 살리심
· 12년 동안 혈루병을 앓던 여자가 고침을 받음
· 갈릴리에서 두 소경을 고치심
· 귀신 들린 벙어리를 고치시고 귀신을 쫓아내심

- 베데스다 연못에서 38년 동안 앓고 있던 병자를 고치심
- 회당에서 손이 오그라든 사람을 고치심
- 귀신 들려 눈멀고 말 못하는 사람을 고치심
- 18년 동안 귀신 들려 불구의 몸이 된 여자를 고치심
- 보리떡 다섯 개와 물고기 두 마리로 5천명 이상을 먹이심
- 바다 위를 걸으심
- 게네사렛에서 많은 병자들이 고침을 받음
- 가나안 여자의 귀신들린 딸을 고치심
- 데가볼리 지방에서 귀먹고 말더듬는 자를 고치심
- 빵 일곱 개로 4천명을 먹이심
- 벳새다에서 소경을 고치심
- 변화산에서 모습이 변하여 눈부신 광채가 나옴
- 벙어리 귀신들린 아이를 고치심
- 낚시로 잡은 물고기의 입에서 은화를 꺼내심
- 몸이 부은 수종증 환자를 고치심
- 문둥병자 10명을 고치심
- 날 때부터 소경된 자를 고치심
- 여리고 근처에서 소경을 고치심
- 죽은 지 나흘 지난 나사로를 살리심
- 입만 무성하고 열매가 없는 무화과나무를 말리심
- 칼에 잘려진 하인 말고의 귀를 붙이심
- 제자들에게 물고기 153마리를 잡게 하심

예전에는 나 역시 이런 기적을 제대로 믿지 못했다. 직접 내 눈으로 본 일도 아닌 데다, 너무 비과학적인 이야기라고 여겼다. 이런 현상을 이해할 수 있게 제대로 설명하는 이를 만나본 적도 없었다. 그저 믿기 힘든 일이지만 믿어야 한다는 말만 들었다. 믿기 힘든 일을 믿어야 하니까 '믿음'인 것이지, 인간이 설명할 수 있는 일이면 왜 믿음까지 필요하겠는가. 그냥 듣고 인정하면 되는 것이지.

그런 의문은 비단 나만의 경우가 아니었다. 신학생들이나 심지어 성직자들조차 성경에 등장하는 기적을 있는 그대로 믿지 못하는 이들이 적지 않다. 기적이 일어나는 원리를 모르다 보니, 기적을 성경에 적힌 그대로 받아들이지 못하고 마치 꿈 해몽하듯 구구한 설명을 갖다 붙이기도 한다.

혹자는 이렇게 말할 수도 있다. 예수가 행한 기적들이 사실인지 아닌지 따지고 확인하는 것이 뭐가 그리 중요한 일이겠냐고. 예수가 하나님의 아들이라는 사실을 그냥 믿으면 되지, 또 예수의 가르침대로 살려고 노력하면 되지, 지금 재현할 수도 확인할 수도 없는 그런 기적 같은 현상에 집착할 필요가 있느냐고 말이다.

물론 그 말도 맞다. 예수가 행한 기적에 대해 긴가민가하면서도 예수가 하나님의 아들이라는 사실을 제대로 믿을 수만 있다면 그렇다. 다만 그렇게 말하는 기독교인이 있다면 정말 묻고 싶다. 예수가 공생애 3년에 걸쳐 행한 그 숱한 기적들이 모두 실화라는 사실을 확실히 믿지 못한다면, 예수가 우주만물을 창조하신 하나님의 아들이라는 사실은 어떻게 완전히 믿는다고 말하겠느냐고.

세례 요한은 예수를 보자마자 그가 그리스도요 하나님의 아들이라는 사실을 바로 알아본 유일한 인물이었다. 심지어 세례 요한은 그 자신이 모친 엘리사벳의 복중에 있던 때에 마리아의 배에 잉태된 예수, 아직 태어나지도 않은 아기 예수의 존재를 알아보고 요동을 쳤던 인물이다.(누가복음 1장 44절)

세례 요한은 철저히 예수의 앞길을 예비하기 위해 태어났던 인물이며, 그래서 예수는 "여자가 낳은 인물 중에 요한보다 큰 인물이 없다"라고까지 말했다.(마태복음 11장 11절) 세례 요한이 태어나기 전인 구약성경 시대에 아브라함, 모세, 노아, 사무엘, 다윗, 솔로몬, 이사야, 엘리야 등 위대한 믿음의 인물이 얼마나 많이 있었는가. 그런 모든 인물을 통틀어도 세례 요한의 사명(使命)을 능가하는 인물이 없었다고 말한 것이다.

그런 세례 요한조차도 옥중에 갇혀 지내던 때에 예수가 그리스도인지 아닌지 의심을 품었다. 그런 의심에 대한 대답으로 예수는 "내가 그리스도가 맞다"라고 말하는 대신 그가 행한 기적들을 들려준 것이다. 그 기적들의 공통점 중 하나는 주로 가난하고 병들고 소외된 인생들을 대상으로 행해졌다는 점이다. 신학적으로는 후자에 더 무게를 두고 기적의 의미를 해석하는 경우도 많다. 현상 그대로의 기적은 사실 말로는 설명이 거의 불가능했기 때문이다.

그런데 내가 그 거의 불가능하다는 일에 도전하고 있다. 이 글을 읽는 독자들이 내 설명을 납득할지는 알 수 없지만, 그래도 기록은 해야 한다고 생각했다. 나는 기적이 어떻게 가능한지를 원리적으로 먼저 이해했다. 그런 연후에 성경을 읽었기 때문에 예수의 기적이 실화라고 생각했고, 예수가 그리스도요 살아계신 하나님의 아들이라는 사실을 제대로 믿게 되었다.

내 설명에는 현대과학, 그 중에서도 물리학의 양자역학 이론이 자주 인용될 예정이다. 그 못지않게 중요하게 다뤄질 내용이 불교·도교 같은 동양사상에서 우리가 기적이라 부르는 초현실적 현상을 이해하는 방식이다. 동양사상을 인용하다 보니 교리적인 이유로 기독교인 중에는 읽다가 거부감을 느낄 사람도 있을 수 있다. 이런 분들에게는 아래 성경말씀을 떠올려 달라고 미리 부탁하고 싶다.

우리가 알거니와 하나님을 사랑하는 자 곧 그 뜻대로 부르심을 입은 자들에게는 모든 것이 합력하여 선을 이루느니라

(로마서 8장 28절)

예수 기적의 의미

불과 19세기까지만 해도 비행기처럼 크고 무거운 기계에 사람이 올라타고 하늘을 날아다닐 수 있을 거라 생각한 사람은 거의 없었다. '나르는 양탄자'도 소설에서나 가능한 일인데 무거운 쇳덩어리 속에 사람이 들어가서 하늘을 날아다닌다? 그런 말을 했다가는 정신병자 취급을 당했을 터이다.

'생각하는 인간'이라는 뜻을 가진 '호모 사피엔스'의 뇌 의식은 그렇게 프로그래밍이 되어 있다. 경험해 보지 못한 일은 일단 불가능하다고 생각한다. 생각의 재료는 언어이다. 그런데 언어는 공유되는 경험에만 적용되는 상징체계이다. 즉 언어가 되려면 그 언어가 지칭하는 사물이나 현상이 최소 2인 이상이 공유하는 경험이어야 한다. 자기 자신만 경험하고 이해하는 말은 '소리'이지 언어가 될 수 없다.

바로 이 점 때문에 모든 선각자, 혹은 선지자들의 언어는 항상 배척당했다. 코페르니쿠스나 갈릴레이의 지동설이 그랬고, 아인슈타인의 상대성이론이 그랬다. 언어로 설명되기는 했지만 유의미한 언어가 될 수는 없었다. '헛소리'나 '개소리' 취급을 당했다. 그런데 그런 배척을 당한 인물들 역시 고정관념의 한계에서 벗어나기 힘든 건 마찬가지였다. 말도 안 되는 이론을 들고 나왔던 천재 아인슈타인 역시 동료 과학자들이 주창한 양자역학 이론을 말도 안 된다고 무시하고 공격했다. 인간의 편견이나 고정관념이란 대개 그렇다.

'기적'이란 언어는 불가능하다고 생각하는 현상이 실제로 벌어졌을 때 이에 대한 경험을 공유하기 위해 생겨났다. 실제 발생해서 눈으로 본 현상을 부인할 수는 없고, 그렇다고 설명할 방법도 없고, 그러니 뭉뚱그려서 기적이라고 표현하는 수밖에 없다.

일상에서 기적이라고 표현하는 일들은 사실 심심치 않게 자주 일어난다. 스포츠 경기에서 세계 100위권에도 못 드는 선수가 세계 1위 선수를 꺾는 일이 일어날 때, 탄광이나 건물이 무너져 매몰된 지 한 달 만에 생존자가 구출될 때, 그 뉴스를 보도하는 신문이나 방송에선 이를 '기적'이라고 표현한다. 하지만 정확한 표현은 '기적적인 일'이다. 사람들은 그런 일이 거의 불가능에 가깝다고 생각하지 불가능하다고 생각하지는 않는다. 순수한 의미의 '기적'은 도저히 과학적으로 이해되지도 설명되지도 않는 '비과학적' '초자연적' 현상을 가리킬 때 쓰는 말이다.

예수가 행한 기적들이 대부분 그런 순수한 의미의 기적이었다. 거의 다 비과학적이고 초자연적인, 불가능한 일들이었다. 예수는 출생부터 비과학적이고 초자연적이었다. 인류 역사상 유일하게 남녀의 결합 없이 수태되어 태어난 인물이다. 지금으로부터 약 이천년 전, 평범한 목수 요셉은 정혼자인 처녀 마리아가 임신했음에도 신의 계시를 받고 예정대로 혼인해서 아기예수를 낳았다. 평범한 가정에서 자란 목수였던 예수는 서른 살이 되자 혜성처럼 대중 앞에 나타나서 도저히 믿기 힘든 기적들을 3년간 거의 쉬지 않고 행했다.

소경이 눈 뜨고, 귀머거리가 듣고, 앉은뱅이가 일어서서 걷고, 각종 불치병 환자가 치유되고, 귀신이 쫓겨나고, 죽은 자가 살아났다. 그뿐만이 아니다. 예수는 물 위를 걸었고, 그가 꾸짖자 바다의 풍랑도 가라앉았다. 혼인잔치에선 물을 포도주로 바꾸었고, 보리떡 다섯 개와 물고기 두 마리로 5천 명이 넘는 군중을 배불리 먹였다.

당시 바리새인 율법학자 같은 유대인 지배계층은 예수가 행하는 놀라운 기적들을 접하면서도, 그 기적들이 의미하는 바를 알지 못했다. 그저 군중을 몰고 다니는 예수라는 인물 때문에 자신들이 누려온 기득권이 흔들리는 데만 정신이 팔려 있었다. 그래서 예수가 신성을 모독한다는 구실로 그를 잡아 죽이는 데만 골몰했다.

이천년이 지난 지금 상황은 어떠한가. 현대인들은 당시 기적의 현장을 목격한 제자들의 글을 통해서만 예수의 기적을 접한다. 기독교를 믿지 않는 사람들은 당연히 예수의 기적들 대부분이 100% 날조된 사건이라고 생각한다. 문제는 기독교인들조차 예수의 기적이 실화라고 믿느냐는 질문을 던지면 상당수가 머리를 갸우뚱거린다는 사실이다.

지난 2015년 기독교 국가인 미국의 '바나 리서치(Barna Research)'가 미국 성인 1천명을 대상으로 설문조사한 결과에 따르면, 미국 성인의 절반(51%)만 성경에 기록된 기적이 실제로 일어났다고 믿었다. 응답자의 44%가 초자연세계를 믿지 않았고, 현대과학을 근거로 들며 기적 같은 일은 아예 일어날 수 없다고 응답한 자가 20%에 달했다. (<기적인가 우연인가>(리 스트로벨 지음, 윤종석 역, 두란노 간)에서 인용)

위 조사결과는 미국의 기독교인이 아니라 일반 성인을 대상으로 한 설문조사이다. 하지만 미국이 기독교 국가여서인지, 기독교인을 상대로 한 조사에서도 별 차이가 없어 보인다. 2021년 미국의 <크리스천 포스트>가 보도한 바에 따르면, 미국의 기독교인 2천 명을 대상으로 실시한 설문조사에서 성령의 존재를 믿지 않는 응답자의 비율이 62%에 달했다. 성령이 실재하는 영이 아니라 단지 신의 상징이라는 것이다. 성령을 믿지 않는다는 응답은 예수의 기적을 믿지 않는다는 응답과 본질적으로 별 차이가 없다.

자기 눈으로 확인되지 않는 현상이나 존재에 대한 불신은 이처럼 뿌리가 깊다. 남 이야기가 아니다. 나 자신도 열심히 교회를 다니던 고등학생 대학생 시절에 예수의 기적에 대해 진지하게 생각해 본 적이 없었으니까. 솔직히 말하자면, 믿고는 싶은데 믿어지지 않았다고 고백하는 편이 맞다. 불치병이 낫고 귀신이 쫓겨나가는 일 정도는 주변에서 가끔 일어났던 일이라 가능하다고 보았다. 물 위를 걷는 일도 불가능하다고 생각하지 않았다. 날이 시퍼런 작두를 타는 무당이나, 공중부양 하는 인물을 촬영한 외국 다큐멘터리 영화를 본 적도 있으니까.

하지만 보리떡 다섯 개와 물고기 두 마리로 5천 명이 넘는 군중을 배불리 먹였다는 기록을 읽으면 머릿속이 하얘졌다. 이 건 다른 기적들과 차원이 다르지 않은가. 이런 기적은 도무지 감당할 방법이 없었다. 오병이어의 기적은 떡과 물고기라는 물질을 예수의 축사기도만으로 즉석에서 5천 명이 배불리 먹을 정도의 분량을 대량 창조한 이야기이다. 이런 수준의 물질 창조의 기적은 우리 주변은 물론, 동서고금의 인류 역사상 예수 말고는 해낸 인물이 없다.

　오병이어의 기적이라 불리는 사건은 한마디로 기적을 일으킨 자가 우주만물의 창조주가 아니면 불가능한 수준의 기적이다. 인간은 즉석에서 그처럼 물질을 대량으로 창조해낼 수 없다. 혹자는 말할 수도 있다. 예수의 제자들 말고 그 사실을 증언한 인물이 또 누가 있냐고. 하지만 그런 질문을 던지는 이는 알아야 한다. 한 사도도 아니고 네 사도가 똑같은 사실을 기록했으며, 이들은 기적의 주인공이 하나님의 아들이라는 사실을 세상에 알리기 위해 목숨까지 바쳤다. 이 제자들이 공모해서 사기를 치려는 의도였다면 현장 증인만 최소 5천 명이 넘는 사건을 왜곡하고 또 그 사건을 증언하기 위해 목숨까지 바쳤겠는가. 그런 사례가 또 존재한다면 그거야말로 기적일 터이다.

　예수의 기적을 믿는 사람들, 즉 골수 기독교인들이라고 해서 이런 일이 가능하다고 추리하고 따져서 믿는 게 아니다. 그냥 하나님의 영으로 기록됐다는 성경에 적혀 있으니 순수하게 받아들일 뿐이다. 우리가 코흘리개 어린아이였던 시절, 부모님이 들려준 산타클로스 이야기를 아무 의심 없이 받아들였던 마음과 비슷하다.

　그럼 자신을 기독교인이라고 당당하게 이야기하면서도, 또 열심히 교회를 다니며 신앙생활을 하면서도 예수의 기적들, 특히 오병이어의 기적을 100% 믿지 못하는 사람들은? 이 글을 읽는 기독교인이 있다면, 가슴에 손을 얹고 한번 돌이켜보자. 오병이어의 기적이 정말 실재했던 사실이라고 믿어지는가?

의심의 여지없이 100% 믿는다고 말하는 기독교인이 있다면, 사실 이 책은 그런 분들에게 필요가 없을 수도 있다. 하지만 그런 분들조차도, 그런 기적이 어떻게 가능하냐고 다른 교인이나 불신자가 질문을 던지면 분명하게 답변하기 힘들다. 하나님은 우주를 창조하신 분인데, 그런 분의 아들이 고작 보리떡 5천명 분을 못 만들어내겠냐고 강변할 수도 있다. 하지만 그런 말을 하는 자신 역시 그 같은 답변을 믿음 없는 상대가 이해할 거라고는 기대하기 어려울 터이다.

내가 이 책을 쓰려는 이유는 예수의 기적을 못 믿는 분들을, 그러니까 예수가 창조주 하나님의 아들이라는 사실을 못 믿는 분들을 위해서이지만, 믿으면서도 설명되지 않아 답답해하는 분들을 위해서이기도 하다. 내가 이해하는 데 평생 걸린 사안을 이 책 한 권으로 납득할 수 있는 분이 있다면, 그 한 사람만으로도 나는 하나님께 감사드릴 수 있다.

Ⅱ. 예수의 기적으로 다가가는 현대과학

예수의 기적을 믿기 힘든 가장 큰 이유는 바로 자연의 법칙과 맞지 않기 때문이다. 물론 믿기 힘드니까 기적이라고 부르지만, 예수의 기적은 우리가 일상에서 접하는 기적의 수준을 훨씬 더 초월해 있다. 그래서 '비과학적' '초자연적'이라는 수식어가 붙어 다닌다. 이런 수식어 자체가 결과적으로 예수의 기적을 믿지 말라는 이야기와 비슷하다. 하지만 예수의 기적이 정말 비과학적일까? 사람들의 통념과 달리, 과학이 발전할수록 예수의 기적은 점점 더 과학적으로 규명될 가능성이 높아져가고 있다. 문제는 제도교육의 세례를 받은 지식인들조차 현대과학에 대한 이해나 지식이 부족하다는 데 있다. 과학적 지식이 아이작 뉴턴(Isaac Newton; 1642~1727)의 고전역학 수준에서 벗어나지 못한 사람들이 너무도 많다. 현대과학의 첨단이론들은 인간의 평소 직관이나 상식과 너무 큰 괴리를 보이기 때문에, 사실 들어도 이해가 잘 되지 않는 경우가 많다. 이 장에서는 주로 현대물리학의 주축인 양자역학의 기초이론들을 중심으로 예수 기적에 대한 사람들의 편견과 고정관념에 문제를 제기하고자 한다.

'신의 입자'의 발견

– 보이지 않는 물질의 실존이 증명되다

    2012년 7월4일 전 세계 언론은 '힉스 입자(Higgs boson)'가 드디어 발견됐다는 뉴스를 대서특필했다. '신의 입자'라고도 불렸던 힉스입자는 영국의 물리학자 피터 힉스(P. E. Higgs; 1929~) 교수가 1964년 처음 그 존재를 주장한 이래, 물리학계의 큰 화두 중 하나였다.

    이 보도를 접하고 나는 상당한 충격을 받았다. 지금까지 '무에서 유를 창조한다'는 동서양 종교나 사상들이 모두 비현실적인 신비주의 취급을 받지 않았던가. 하지만 우리 육안으로는 절대 볼 수 없는 물질이 실제로 존재한다는 사실이 증명된 실로 역사적 사건이었기 때문이다.

    가설 자체가 사실 매우 공상적인 이론이었다. 힉스입자는 우리 눈은커녕 수천만 배율의 거대 원자현미경으로 들여다봐도 그 어디에서도 보이지 않는다. 사실상 존재하지 않는 물질이나 다름없다. 1964년 힉스 교수는 모든 물질(소립자)이 처음 탄생될 때는 그 물질이 질량을 가질 수 있도록 도와주는 매개입자가 존재한다는 가설을 내놓았다. 그러니까 눈에 보이지 않고 존재 여부를 확인하기도 어렵지만, 물질이 처음 탄생할 때 순

식간에 나타났다가 사라져버리는 매개물질이 존재한다는 주장이다.

이 이야기를 처음 들었을 때 사람들의 반응을 짐작해 보자. 이건 '존재하지 않지만 존재하는'과 같은 말 아닌가. 논리적으로 모순이며, 한마디로 말장난이다. 이 말을 조금 확대해석해 보자. 만일 그런 입자가 존재할 수 있다면, 눈에 보이지 않는 천사가 갑자기 나타났다가 사라지는 현상도 존재할 수 있는 것 아닌가. 입자는 엄청나게 작고 천사는 사람처럼 큰데 어떻게 그 둘을 나란히 비교하느냐고? 유감스럽게도 힉스입자가 가설 단계일 때 그 말이 나왔다. 힉스입자의 별명이 '창조의 천사'였던 이유이다.

힉스입자 가설은 반세기 가까이 세월이 흐른 뒤에 사실로 증명되었다. 2008년 '유럽 입자물리 연구소(CERN)'가 100억 달러 예산을 투입해 지하 100미터에 설치한 지름 8km, 둘레 27km에 달하는 '대형 강입자 충돌형 가속기(LHC; Large Hadron Collider)' 덕분에 발견될 수 있었다. 신의 입자로 불리는 힉스입자는 우주 공간을 채우는 암흑물질의 실체일 것으로도 추정되고 있다.

힉스입자의 발견은 보이지 않는 세계를 추구하는 종교계가 대환영할 만한 뉴스였다. 힉스입자에 열광한 종교계는 기독교뿐만이 아니다. 불교계에서도 <반야심경(般若心經)>에 등장하는 '색즉시공 공즉시색(色即是空 空即是色)'의 통찰이 현실로 증명되었다고 반색했다. 색(色)이란 눈에 보이는 현상계이며 공(空)이란 눈에 보이지 않는 세계인데, 이 둘이 본질적으로 다르지 않다는 뜻이다.

힉스입자의 발견은 실로 획기적인 의미를 갖고 있다. 지금까지 인류는 눈에 보이지 않으면 객관적으로 실재하는 대상으로 인정하지 않았다. 적어도 '과학'이라는 이름 아래서는 그러했다. 하지만 이제 관찰 대상이 되기 위해 필요했던 '보이는(관찰되는)'이라는 패러다임도 대전제를 상실하게 되었다.

인류의 정신세계에 막대한 영향을 끼쳐왔지만, 항상 과학으로부터 도전받았던 종교나 영적세계에 대한 관점도 일대 수정이 불가피해졌다. 종교적 체험들 가운데 등장하는 환상(幻像)이나 환청(幻聽), 유체이탈(幽體離脫) 같은 현상들마저도 뇌과학계의 주장처럼 인간 두뇌의 자기착각 현상으로만 취급할 수 없게 됐다.

상대성이론과 양자역학

- 숨겨진 진실은 인간의 상식과 다르다

　현대인이 당연시하는 과학현상들도 한때는 공상(空想)처럼 비현실적으로 들렸다. 15세기 이탈리아의 토스카넬리가 지구구형설(地球球形說)을 주장하고 16세기 콜럼버스가 신대륙을 발견해 이를 증명하기 전까지, 사람들은 지구가 둥글다는 주장을 도무지 믿을 수 없었다. 지구가 공처럼 둥글다면 공 옆이나 아래에 거주하는 인간이 어떻게 추락하지 않고 살 수 있다는 말인가. 중력이나 만유인력 법칙을 모르던 시대의 사람들이 지구가 둥글다는 사실을 이해하기란 거의 불가능했다. 모든 과학적 발견들은 이렇듯 인간의 평상시 직관이나 상식과 거꾸로 간다.

　앨버트 아인슈타인(Albert Einstein; 1879~1955)의 상대성이론도 마찬가지이다. 상대성이론은 시간과 공간의 절대성을 붕괴시킨 인류 과학사상 최고의 쾌거 중 하나이다. 그런데 당신이 아인슈타인과 동시대에 살면서 처음 이 이론을 들었다고 가정해 보라. 이보다 황당한 주장이 어디 있겠는가. 같은 3차원 공간에서도 시간과 공간이 달라질 수 있다니? 시간의 흐름은 상대적이라서 이론적으로 과거나 미래로 시간여행을 할 수 있다니? 내가 과거로 돌아가 내 부모의 만남을 방해한다면 나는 존재하지 않을 수도 있겠네? 당신이라면 이런 모순적인 이론을 들으면서 무슨 생각을 했겠는가.

블랙홀이론, 빅뱅이론 등 이제 입증되거나 거의 정설처럼 받아들여지는 20세기 이후 대부분의 과학이론들 역시 처음에는 지동설이나 상대성이론 못지않게 공상적인 주장으로 들렸다.

이런 이야기로 예수 기적의 비밀을 찾는 여행을 시작하는 이유는 인간의 편견이나 고정관념부터 먼저 돌아보자는 취지에서다. 극소수의 천재들이 진실을 발견하기 전까지 대부분의 인간들은 자기 편견에 갇혀서 한 발짝도 더 진실에 다가가지 못했다. 인간이 편견에 갇히는 이유는 자기 생각이 자기의 자율적, 자발적 의지에서 비롯되는 것이라고 착각하는 데서부터 출발한다.

하지만 잘 생각해 보자. 자기 생각이란 게 본래 어디 있는가? 생각의 재료는 언어이다. 인간의 관념적 추상적 생각은 모두 언어로부터 비롯된다. 인간은 태어날 때부터 언어를 학습한다. 교육을 통해서 언어를 습득하고 '생각'이란 걸 하는 존재로 성장한다. 똑똑한 동물이 인간으로 치자면 5~6세의 지능을 갖고 있다고 하지만, 동물은 딱 거기까지이다. 인간의 생각처럼 논리를 만들고 사물을 고도로 추상화시키는 능력은 발견되지 않는다. 언어를 교육받지 못하면 인간의 사고능력도 동물과 별 차이가 없다는 사실이 늑대들 무리에서 자란 늑대인간의 사례로 증명되었다.

그러니 인간의 생각이란 대부분 어릴 때부터 교육받아 습득한 언어들의 자기 조합에 불과하다. 지구가 평평한 네모라는 옛사람들의 편견은 모두 자라면서 주입받은 다른 사람들의 언어와 생각이었다. 반대로 요즘 태어나서 자라나는 현대인이라면 누가 지구를 평평한 네모라고 생각하겠는가. 하지만 지구가 네모라고 생각하던 옛사람들의 감수성과 지구가 둥글다고 생각하는 현대인의 감수성 자체는 하나도 달라진 게 없다. 교육에 의해 주입된 언어와 생각만 달라졌을 뿐이다.

반면에 명백히 입증된 현대과학 이론조차 제대로 교육되지 않으면, 이미 증명된 지 1백 년이 지난 과학적 사실들조차 의심을 받게 된다. 인간의식이 지닌 '관성'이란 그처럼 무섭다. 편견이나 고정관념에 일단 사로잡히면 진실을 무시하고 그릇된 편견을 지속한다.

이미 오래 전에 입증되었는데도 사람들이 잘 이해하지 못하는 대표적인 이론이, 20세기 초반 등장해 과학혁명을 주도한 상대성이론과 양자역학이다. 이 두 이론은 오랜 세월 인간의식을 지배해온 고전역학 시대의 편견이나 고정관념에 여전히 짓눌리고 있다. 고전역학의 관점이 인간의 평상시 직관이나 상식에 더 가깝기 때문이다.

사람들은 상대성이론을 주창한 아인슈타인을 천재 과학자라고 인정하면서도, 그가 발견한 진실에 대해서는 여전히 머리를 갸우뚱거린다. 영화 <인터스텔라>를 관람하면서 지구의 인류를 구하러 우주로 떠난 아버지가 훗날 귀환해서 자기보다 훨씬 더 늙어버린 딸과 해후하는 장면을 보며 감동에 젖는다. 하지만 현실로 돌아오면 그 건 단지 영화일 뿐이라고 치부해 버린다. 실제 현실에서 내 자식이 나보다 더 늙어버리는 일은 일어날 수 없다고 여긴다. 왜? 나는 물론 내 주변에서도 그런 일이 실제로 일어난 걸 본 적이 없기 때문에.

콜럼버스 일행이 운행한 선박이 서인도제도에 처음 도착했을 때, 원주민들은 상륙하지 않고 며칠간 바다에 떠 있던 그 큰 배를 알아보지 못했다. 그처럼 큰 물체가 배일 수 있다는 걸 상상하지 못했기 때문이다. 원주민들의 머리에 뿌리박힌 배의 크기는 아주 작아서 그렇게 웅장한 물체가 배라는 사실을 인지하지 못했다. 사람들의 고정관념이란 이렇게 '보고도 알아보지 못하는' 일을 가능하게 한다.

십자가에 못 박혀 죽은 예수가 부활해서 제자들 앞에 나타났을 때, 3년이나 그를 따라다닌 제자들 중 첫눈에 그를 알아본 이는 아무도 없었다. 죽은 자가 스스로 부활할 리가 없다는 두뇌의 고정관념이 불과 며칠 만에 똑같이 생긴 인물을 보았는데도 다른 사람이라는 인식 명령을 내린 탓이다.

사실 일반인에게는 상대성이론 이상으로 황당한 이론이 양자역학이다. 양자역학이란 불과 100년 조금 넘는 역사를 가졌지만, 양자역학에 대한 이해 없이는 이제 현대물리학을 논할 수 없을 정도로 발전했다. 그런데 이 이론 역시 제대로 이해하지 못하는 일반인에게는 여전히 비현실적으로 읽힌다.

양자역학 이론은 처음 태동하던 단계부터 아주 황당했다. 대표적인 현상이 바로 '양자 도약'이다. 한국어 양자도약보다는 '퀀텀 점프(Quantum Jump)'라는 영어 용어가 더 유명하다. 오늘날 퀀텀 점프는 물리학 용어보다 경제학 용어로 더 잘 알려져 있는데, 국가나 기업 등이 비약적인 경제 성장을 할 때 자주 인용된다.

양자도약은 알기 쉽게 표현하자면 서울에 있던 사람이 대전 대구 등 중간지역을 거치지 않고 갑자기 부산에 나타날 수 있다는 이론이나 다름없다. 원자 내부는 양성자로 구성된 원자핵과 그 주위의 여러 타원 궤도를 운행하는 전자로 구성돼 있다. 문제는 한 궤도를 운행하던 전자가 갑자기 '도약(점프)'해서 다른 궤도를 운행하는 현상이 관찰된 것이다. 궤도와 궤도 사이에는 그 어떤 연결 궤도도 없는데 그런 '말도 안 되는' 현상이 관찰되었다.

기존 고전물리학에 반하는 이 에너지의 불연속 현상을 설명하기 위해 입자인 전자가 파동의 속성도 가질 수 있다는 가설이 제기됐다. 그런데 이 주장이 얼마나 황당하게 들렸겠는가. 그러니까 이 말은 고체가 동시에 기체일 수도 있다는 주장과 다를 게 없다. 당신은 고체이면서 동시에 기체인 물질을 눈으로 본 적이 있는가.

양자도약 이론이 탄생한 과정은 중요하므로 좀 자세히 들여다볼 필요가 있다.

인류 최초로 원자보다 더 작은 입자인 전자를 발견한 인물은 영국의 물리학자 조지프 존 톰슨(Joseph John Thomson; 1856~1940)이다. 톰슨의 주장 이전까지 모든 물질의 최소 입자는 원자였다. 모든 입자는 세포 다음 분자, 분자 다음 원자라는 식으로 원자가 물질의 최소 단위라고 이해해 왔다. 그런데 처음으로 원자보다 작은 입자의 존재가 발견됐다. 최초의 발견 당시만 해도 전자의 원자 내부 운동 모습은 알 수 없었다. 1904년 톰슨이 원자 내부를 상상해서 그린 모형을 보면 웃음이 나온다. 그는 건포도처럼 생긴 전자가 양(陽)의 전하를 갖는 푸딩에 점점이 박힌 모습인 '건포도푸딩 원자모형'을 제시했다.

톰슨의 제자 어니스트 러더퍼드(Ernest Rutherford; 1871~1937)는 자신이 발견한 알파선(주; 방사선의 하나로 양전하를 띠는 매우 작은 입자)을 원자에 발사해 봤다. 뜻밖에도 알파선이 다시 튀어나오는 현상을 발견했다. 알파선은 양전하를 띠기 때문에, 이 입자가 다시 튀어나오려면 원자 안에 양전하를 밀어내는 힘이 있어야 한다. 그래서 원자 내부에는 음전하를 가진 전자 외에도 양전하를 띤 원자핵이 있으며, 전자가 이 양전하 주변을 회전하는 것이라는 개념이 성립됐다. 하지만 이론상으로 전자가 양전하 주변을 돌면 돌수록 운동하는 만큼 에너지를 상실하게 되고, 결국 원자핵으로 추락해 스스로 붕괴해야 했다. 그런데 원자는 붕괴하지 않았는데 그 원인을 알 수 없었다.

이때 양자역학의 선구자인 덴마크의 닐스 보어(Niels Bohr; 1885~1962)가 해결사로 나타났다. 러더퍼드의 제자였던 보어는 전자가 '정상 상태'라는 불연속적 특정 궤도에 위치할 경우 에너지를 잃지 않는다는 사실을 증명했다. 문제는 이러한 과정에서 알게 된 전자의 양자도약이라는 비상식적 움직임을 설명할 이론이나 법칙이 없었다는 사실이다. 궤도와 궤도를 연결궤도 없이 오가는 이 비상식적이고 모순적인 이동은 인간의 육안으로 식별되는 거시세계에서는 관찰되지 않는 황당한 현상이었다.

이 말도 안 되는 현상은 1927년 클린턴 데이비슨과 레스터 저머의 이중슬릿 실험을 통해 전자가 입자일 뿐 아니라 파동이기도

하다는 사실이 발견되고 나서야 비로소 설명되었다. 이중슬릿을 통과한 전자가 관찰자가 보고 있을 때는 입자의 속성을, 관찰자가 보지 않을 때는 파동의 속성을 드러낸 실험이다. 지금까지 고정불변의 객체로 간주되던 물질이 지닌 이중적 속성을 여실히 드러낸 실험이었다. 이중슬릿 실험은 앞으로 이 책에서 자주 인용될 매우 중요한 실험이며, 그 중요성을 아무리 강조해도 지나치지 않을 만큼 혁명적 실험이다.

닐스 보어가 양자역학의 아버지라면, 독일의 베르너 하이젠베르크(Werner Heisenberg; 1901~1976)는 어머니쯤으로 간주될 만한 인물이다. 그 정도로 양자역학 역사에서 두 인물이 차지하는 비중이 대단히 크다. 하이젠베르크가 제시한 '불확정성의 원리'는 양자역학이 본격적으로 주류 물리학으로 편입되는 길을 열었다. 하이젠베르크가 가세하면서 양자역학 과학자들의 모임인 '코펜하겐 학파'는 이들의 주장을 못마땅해 한 당대 최고의 물리학자 아인슈타인과 오랜 기간 일대논쟁을 벌여야 했다.

불확정성의 원리는 모든 입자는 그 위치와 운동량을 동시에 정확하게 알 수 없다는 이론이다. 입자의 에너지와 에너지가 지속되는 시간 역시 동시에 알 수 없다. 그 두 가지를 정확한 측정으로 동시에 알 수 있다는 고전역학에 정면으로 반기를 든 주장이다. 하이젠베르크는 보어보다 한술 더 떠 원자 내 전자의 위치만 알면 되지 왜 궤도 간 도약까지 설명해야 하느냐며 전자의 위치 변화를 나열해 전자 운동의 규칙성을 밝힌 '행렬역학'을 창시하기도 했다.

불확정성의 원리는 아인슈타인으로 하여금 '신은 주사위놀이를 하지 않는다'라는 유명한 반박을 내놓게 했다. 아인슈타인처럼 시간과 공간의 절대성을 깨부순 천재 과학자조차도 양자역학의 혁명성에는 혀를 내두를 수밖에 없었다. 양자역학의 등장으로 인류가 지금까지 모순이나 미신이라고 일컬었던 현상들이 과학의 시야에서 재조명되기 시작했다.

이 대목에서 한번 짚고 넘어가자. 당신이 혹시 양자도약 같은 기초적인 과학이론조차 잘 모르면서 평소에 기적을 단지 상식적으로 납득되지 않는다는 이유만으로 '비과학적'이라고 부정한 적은 없는지 말이다. 그런 적이 있다면, 만일 양자도약 같은 이야기를 과학적 배경 없이 들었을 때 어떤 반응을 보였을지 궁금하다. 이런 순간이동은 조선시대 소설 <홍길동전> <전우치전> 등에나 나오던, 혹은 <스타워즈><스타트랙> 같은 미국영화에서나 가능한 이야기라고 치부하지 않았을까.

이중슬릿 안의 두 세계

– 물질은 현상일 수도 있다

20세기 과학혁명을 주도한 양자역학은 급기야 다중우주이론 같이 공상처럼 황당하게 들리는 이론마저 탄생시켰다. 양자역학의 '관찰' '중첩' 등의 발견에 근거해 탄생한 이론들이다. 처음엔 닐스 보어 같은 양자역학 선구자마저 말도 안 되는 이론이라고 일축했을 정도였지만, 모든 혁신적인 이론들이 그랬듯이 세월이 흐를수록 지지자들이 늘고 있다.

이런 이론에 영감을 부여한 실험이 있다. 바로 물질인 전자의 파동성을 최초로 발견한 '이중슬릿' 실험이다. 이는 1927년 클린턴 데이비슨(Clinton Davisson; 1881~1958)과 레스터 저머(Lester Germer; 1896~1971)가 시도한 실험이다. 이중슬릿을 통과한 전자가 슬릿 뒤 벽면에 이해할 수 없는 충돌 무늬를 그린 사실이 역사적 대발견의 단초가 되었다.

전자가 입자라면 당연히 아래 그림 A와 같은 무늬가 나타나야 한다. 그런데 B와 같은 무늬도 나타났다. B와 같은 무늬를 그리기 위해서는 전자가 입자가 아니라 '회절(回折)'의 특성을 가진 파동이어야 한다. 이 모순된 현상을 설명하려면 물질 입자인 전자가 동시

에 파동이라는 속성을 갖고 있어야 한다. 좀 더 쉽게 표현하면 전
자가 고체이면서 동시에 기체이어야 한다고나 할까.

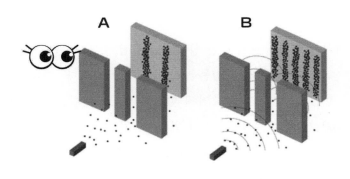

이중슬릿 실험을 통해 밝혀진 더 경악할 만한 결과는 전자의 파
동성이 실험자가 '관찰'하지 않을 때만 발생한다는 사실이었다. 즉
실험자가 이중슬릿을 관찰할 때는 전자가 입자 속성만 나타냈다.
즉 관찰 상황에서는 위 그림 A의 결과만 나타난 것이다. 하지만
관찰자가 없는 상태에서 발사한 전자는 위 그림 B와 같이 전혀 다
른 결과를 나타냈다.

이 결과는 사물이 방치돼 있을 때와 관찰자가 주시하고 있을
때, 그 사물의 형질과 속성은 완전히 달라질 수 있다는 뜻이 된다.

김춘수 시인(1922~2004)의 유명한 시 <꽃>에서처럼, 그냥 가만히 있을 때와 누군가 알아봐 줄 때 꽃은 완전히 다른 사물이 된다.

내가 그의 이름을 불러주기 전에는
그는 다만
하나의 몸짓에 지나지 않았다.
(...)
내가 그의 이름을 불러주었을 때
그는 나에게로 와서
꽃이 되었다.

김춘수 시인이 이중슬릿 실험을 생각하며 이 시를 썼는지는 알 수 없지만, 결과적으로 비슷한 통찰을 보여주는 셈이다. 꽃이야 이중슬릿을 통과한 전자처럼 모습까지 바꾸지는 않는다. 하지만 누군가 이름을 불러주었을 때와 그렇지 않을 때의 존재감 차이는 소립자인 전자의 변신과 다를 바가 없다.

이중슬릿 실험은 양자역학이 과학계에 몰고 올 혁명적 세계관을 알리는 신호탄이었다. 입자와 파동의 양립이라는 모순의 공존은, 18세기 이전까지 세계 철학사를 양분한 대륙의 관념론과 영국의 경험론이 독일의 대철학자 칸트와 헤겔에 의해 통합된 과정을 연상케 한다. 소크라테스, 플라톤 같은 고대 희랍 철학자들이 진리를 깨닫는 논리적 수단으로 삼았던 변증법은 칸트가 되살리고 헤겔이 집대성한 철학적 방법론이다. '정(正)-반(反)-합(合)'으로 일컬어지는 이 논리적 방법론의 핵심은 정 단계에서의 자체 '모순' 발견이다. 모순의 발견 없이는 반도 없고 합도 없다.

관념론과 경험론의 모순적 입장을 이해하기 위해 예를 들어 보자. 쉽게 표현하면 관념론은 '내가 자동차를 타보지 않았어도 자동차는 존재한다. 왜냐하면 사람을 태우고 가는 것이 자동차라는 생각이 이미 내 머릿속에 들어있기 때문이다'라는 입장이다. 경험론은 '내가 타보기 전에 자동차란 내게 존재하지 않는다. 내가 직접 타봐야 자동차라는 존재가 인정된다'라는 입장이다. 이 두 모순된 입장은 '인간의 의식과 무관하게 사물이 존재 가능한가'라는 의문에 대한 각자의 해석이다.

위와 같이 모순은 언어에서나 공존 가능하던 개념이었다. 그런데 이중슬릿 실험은 관념적 언어가 아닌 실재적 물질에서도 모순이 공존하는 모습을 드러냈다. 이 실험은 전자가 '관찰'에 따라 입자이면서 동시에 파동일 수 있다는, 도저히 납득하기 힘든 '중첩' 상태에 있다는 실험 결과를 현상적으로 보여주었다. 비록 규모가 큰 실험은 아니었지만 발견된 결과는 역사상 그 어떤 실험 결과보다 혁명적인 의미를 지니고 있었다.

무엇보다 이 실험은 인간의 의식이 물질에 직접적 영향을 미치는 요인이 될 수 있다는 사실을 드러냈다. 관찰을 한다는 것은 인간의 의식이 작동한다는 의미이다. 인간의 의식이 개입하지 않는 관찰이란 애당초 성립되지 않는다. 인간의 의식, 즉 생각만으로 대상인 사물에 변화가 일어날 수 있다는, 거의 종교적인 실험 결과가 아닐 수 없다.

또 이 실험은 물질이 곧 현상일 수도 있다는 사실을 드러냈다. 입자는 물질이지만 파동은 현상이기 때문이다. 이 두 가지는 데이비슨과 저머의 이중슬릿 실험 이전까지만 해도 결코 공존할 수 없는 개념이었다. 물질은 육안으로 직접 확인이 가능하지만, 현상은 육안으로 보이는 대상이 아니다. 파동은 물, 연기 같은 매개물질이 없으면 직접 보이지 않는 현상이다.

과학계에서는 이중슬릿 실험 결과가 미시세계에 국한되는 것이며 아직 거시세계에까지 적용할 근거는 발견되지 않았다고 확대해석을 자제해 왔다. 하지만 1999년 오스트리아 과학자 안톤 차일링거(Anton Zeilinger; 1945~)는 풀러렌(C60)이라는 거대분자로 이중슬릿 실험을 진행했는데 같은 결과를 도출했다. 2019년 오스트리아 빈(Wien)대학교 물리학과 교수진이 현미경으로 보이는 유기체인 그라미시딘(gramicidin)을 동원한 이중슬릿 실험에서도 같은 결과가 나왔다는 논문을 발표했다. 이 두 실험에서 '결맞음(coherent)' 조건이 있을 때는 입자의 결과가, 없을 때는 파동의 결과가 나왔다. 결맞음이란 우주와 상호작용하는 상태를 지칭하며, 최초 이중슬릿 실험에서처럼 전자와 상호작용했던 관찰을 연상하면 된다.

물질이면 크건 작건 다 같은 물질이지 소립자처럼 작은 물질만 요물처럼 변화할 뿐 육안으로 볼 수 있는 물질은 속성이 다를 것이라고 추측하는 자체가 억지스럽다. 그럼에도 최초의 이중슬릿 실험 결과가 미시세계에 국한된 현상이 아니냐고 의심할 수밖에 없는 이유는 인간이 매일 육안으로 바라보는 이 현실세계가 물질이 아닌 현상일 수도 있다는 사실을 직관적으로 도저히 받아들이기 힘들기 때문이다. 내 눈앞의 사람, 집, 학교, 도로, 전신주, 자동차, 나무, 숲, 꽃, 풀, 개, 고양이, 태양, 달, 호수, 바다, 연기, 구름... 등 고체 액체 기체로 이루어진 이 모든 사물을 어떻게 홀로그램처럼 실체 없는 현상으로 생각할 수 있겠는가. 자연의 원리란 같은 것인데도 미시세계와 거시세계를 굳이 분리해서 의심을 거듭할 만큼 인간의 고정관념은 강력하다.

이중슬릿 실험은 과학계에 엄청난 영감을 주었다. 이제까지 눈으로 보이니까 절대적 존재라고 확신했던 우주와 자연 역시 우리가 잘 몰랐던 어떤 현상일 수도 있다는 추론이 적어도 과학자들에게는 이상하지 않게 되었다. 그런 추론을 바탕으로 한 다세계, 다중우주 같은 물리학 이론들이 계속 출현한 사실이 그 증거이다.

지금 나는 예수 기적의 원리에 접근하기 위해 먼저 현대과학 이론을 통해 계속 우리 인간의 편견이나 고정관념의 문제점을 지적하고 있다. 그래야 예수의 기적이 왜 함부로 '비과학적'이라고 무시할 현상이 아닌지 다가갈 수 있다. 우리가 평소 과학적이라고 생각하던 예전 지식들이야말로 오히려 우물 안 개구리의 시야 같은 철 지난 편견이다.

다중우주의 신세계

― 생각이 거듭나듯 세상도 거듭난다

　　현대 이론물리학의 화두가 된 다세계이론의 창시자는 휴 에버렛 3세(Hugh Everett Ⅲ; 1930~1982)라는 젊은 물리학자였다. 그는 1957년 박사논문에서 슈뢰딩거 방정식이 수학적 변수의 개입 없이 유지되면서도 중첩상태 유지가 가능한 새로운 양자역학적 해석을 시도했는데, 그 게 바로 다세계 해석이다. 이 설명을 이해하려면 먼저 1935년 에르빈 슈뢰딩거(Erwin Schrödinger; 1887~1961)의 고양이 사고실험부터 살펴봐야 한다.

　　슈뢰딩거의 고양이 사고실험이란, 밀폐된 강철 상자 안에 독가스가 분출될 가능성이 50% 있는 상태에서 고양이를 넣어놓으면, 뚜껑을 열기 전까지 이 고양이의 생사 여부는 절대 확정될 수 없다는 결론을 도출한 실험이다. 즉 상자 뚜껑을 열어 '관찰'하기 전까지 이 고양이의 생사 가능성은 확률로만 존재하는 '중첩' 상태이다. 실험자가 관측하지 않았더라도 고양이는 살아있든지 죽어있든지 둘 중 하나의 상태이겠지만, 관찰하지 않은 상태에서는 불확정 상태일 수밖에 없다는 뜻이다. 슈뢰딩거의 고양이 사고실험은 데이비슨과 저머의 이중슬릿 실험을 통해 밝혀진 중첩 원리의 범위를 미시세계에서 거시세계로 확장하는 계기가 되었다.

슈뢰딩거 방정식이란 육안으로 관찰할 수 없는 원자 내부의 운동을 수학적으로 계산할 수 있도록 정리한 공식이다. 소립자의 존재 확률은 확률로 기술되는데, 그 확률은 파동처럼 움직인다는 양자역학 이론을 수학적으로 공식화한 거의 최초의 업적이다.

인간의 관찰이 개입하면 방정식 파동함수가 붕괴되기 때문에 입자와 파동의 두 가능성으로 존재하던 전자가 파동이 아닌 입자로 확정된다는 게 기존의 코펜하겐 해석이었다. 그런데 휴 에버렛은 방정식 파동함수를 붕괴할 만한 어떤 수학적 변수도 존재하지 않기 때문에 기존의 해석이 틀렸다고 주장했다. 그러면서 파동함수의 붕괴 없이 전자가 입자로 확정될 수 있는 새로운 이론으로 다세계 이론을 들고 나왔다.

다세계이론에 따르면 우리가 인식하는 세계와 나란히 중첩 상태에 있던 세계 역시 눈에 보이지 않을 뿐이지 분리되어 존재한다. 단지 우리가 인식하지 못할 뿐이다. 이중슬릿 실험을 떠올려 보자. 이중슬릿 실험에서 우리가 A, B 두 개 슬릿 중 A슬릿을 통과하는 전자를 본 순간, 우리는 전자라는 파동이 입자로 확정된 A세계에 속하게 된다. 반면 우리가 인식하지는 못하지만 B슬릿을 통과해서 B세계로 간 관찰자와 전자의 세계가 따로 존재한다. 이중슬릿을 통과하는 전자뿐 아니라 바라보는 관찰자의 몸도 원자, 즉 전자로 이뤄져 있다. 두 전자가 상호작용하며 계속 중첩 현상이 일어난다. 에버렛은 이를 '유니터리(Unitary) 진행과 측정의 반복'이라고 표현했다. 두 전자가 마주칠 때 일어나는 양자의 중첩, 즉 유니터리

진행이 다세계로 나타난다는 주장이다.

　다세계이론의 주요 약점은 우리가 인식하는 세계는 하나뿐일 수밖에 없어서 수없이 존재하는 세계가 있다면 어느 세계의 내가 진짜 나인가라는 정체성 혼란의 문제이다. 따라서 다세계이론은 어찌 보면 무아를 주장하는 불교 사상에 더 유리해 보인다. 내가 숱하게 많이 존재할 수 있다면, 그 건 우리가 생각하는 진짜 나라는 존재가 우리 언어와 관념이 만들어낸 허상일 수 있기 때문이다. 하지만 정체성의 문제를 기독교식으로 접근하면 '어느 세상의 내가 진짜 영혼을 가진 나인가'라는 의문에 봉착하게 된다.

　사실 해답은 간단하다. 정체성의 문제는 인간의 관점에서 다세계를 해석했기에 제기되는 문제이기 때문이다. 다세계가 정말 존재한다면 다세계를 인간이 만들었겠는가. 왜 인간이 만들지도 않은 다세계를 인간의 관점에서 해석하려 하는가. 신은 피조물인 인간에게 단 하나의 영혼을 부여했다. 신은 인간의 영혼이 여러 갈래로 나뉘는 다세계에서 신이 원하는 세계로 가기를 바랄 뿐이다. 인간의 영혼이 선택하지 않은 다른 세계는 현상적으로만 같은 세계일 뿐 모두 허상에 지나지 않는다. 다세계이지 다영계(多靈界)는 아니다.

　예를 들어보자. 한 번 선택할 때마다 두 개의 세계로 계속 나뉘는 길이 있다고 치자. 인간이 다섯 번 길을 선택하게 되면 다섯 번째 뒤에 가능한 다세계는 32개나 된다. 32개 다세계가 존재했지만, 사실 영혼을 가진 인간은 한 번 선택할 때마다 한 경로만 통과한다. 나머지는 그냥 다 허상의 세계이다. 그리고 32개 다세계가 존재할지 16개, 8개, 4개가 존재할지는 아무도 모른다. 가던 길이

다른 선택지의 길과 중복될 수도 있기 때문이다. 다세계는 인간이 중복해서 인지할 수는 없는, 오직 신만이 아는 차원의 세계이다.

다세계이론의 발전은 급기야 '시뮬레이션 다중우주' '인플레이션 다중우주' 등 다양한 다중우주이론으로 파생되면서 인간이 살아가는 세상에 대한 인간의 일반인식을 전면 부정하는 지경에까지 이른다. 아직 정설의 지위를 획득하지는 못했지만, 지금까지 인류 과학사가 그러했듯이 이 황당하게 들리는 과학이론들이 언제 당연시하게 될지 모르는 일이다.

시뮬레이션우주 이론이란, 간단히 말해 우주 삼라만상이 컴퓨터가 만들어내는 시각 현상인 '홀로그램(Hologram)'이나 '홀로덱(Holodeck)'과 본질적으로 같은 속성을 가진 일종의 '신기루'라는 이론이다. 워낙 정교하고 방대해서 인간의 두뇌가 '현실'이나 '실재'로 인식하고 있을 뿐이지, 설계되고 창조된 원리가 컴퓨터 시뮬레이션 원리와 다르지 않다는 주장이다. 이런 세계관을 극명하게 반영해 전 세계적인 화제를 불러 모았던 할리우드 영화가 바로 1999년 개봉된 <매트릭스(The Matrix)>였다.

나는 다세계이론을 통해서 운명예정설과 자유의지설이라는 심각한 두 세계관의 모순이 완벽하게 조화의 접점을 찾았다고 본다(VI. '운명예정설 vs 자유의지설' 참조). 성경에서 가장 이해하기 어려웠던 점 중 하나가 창조주 하나님이 우주만물과 인간을 창조하실 때 이미 세상의 종말과 최후의 심판까지 다 예비하셨다는 사실이었다. 인간의 운명 역시 마찬가지이다. 그래서 성경은 상당히 이율배반적인 글로 읽힌다. 인간에게 구원받기 위해 힘쓰라는 말씀들로 차고 넘치기 때문이다. 성경은 우리 인간이 모든 의지를 동원해서 하나님이 예비하신 구원의 길로 가야 한다는 이야기들로 가득하다.

이처럼 내가 보기에는 다세계이론이 잘 풀리지 않던 성경의 모순까지 해결해주는 이론인데, 오히려 창조론자 진영에서는 반기독교적인 세계관을 제시하는 이론으로 오해하기도 한다. 가장 큰 이유는 다세계를 물질적 세계로만 이해하고 있기 때문이다. 우리가 살아가는 이 물질세계와 똑같은 물질세계가 무수하게 존재할 수 있다면, 내가 인식하는 인간과 지구만이 신의 창조 목적이 될 수 없다는 논리가 가능하기 때문이다. 특히 영적 존재인 인간의 영혼 또한 무수하게 많아진다고 해석할 수 있어서 성경적인 인간관이나 세계관과 맞지 않는다.

하지만 앞서 양자역학의 이중슬릿실험 결과에서도 알 수 있듯이, 우리가 현실이라고 부르는 이 3차원 물질세계의 정체는 사실 현상이기도 하다. 이중슬릿실험 결과가 아직 미시세계에만 적용될 뿐이라고 보지만, 거시세계에 적용되지 않는다는 증거는 없다. 오히려 지속적인 실험으로 거시세계에도 적용된다는 유의미한 결과가 도출되고 있다.

불교·도교 같은 동양사상에서는 물질도 현상이라는 사실을 오래 전부터 간파하고 있었다. 창조론자들은 눈에 보이는 세계와 눈에 보이지 않는 세계가 공존한다는 사실을 알면서도, 오랜 기계론적 사고 때문에 물질이 곧 현상일 수도 있다는 인식에는 도달하지 못했다. 이런 탓에 다세계를 물질적 세계로만 인식하니까 다중우주의 본질을 제대로 이해하지 못했다.

예수 기적의 발생 원리에도 다세계 해석이 유력한 가능성을 제공한다. 가령 예수가 최초로 기적을 행한 가나의 혼인잔치를 생각해 보자. 이곳에서 예수는 포도주가 떨어져 난감해 하는 혼주를 위해 물을 포도주로 바꿔주었다. 이런 기적을 떠올릴 때 우리 인간은 물이 도대체 어떤 화학 반응을 거쳐 포도주가 되었을까 하는 생각에 집착하게 마련이다.

하지만 예수가 물을 포도주로 바꿀 때 화학 반응의 공식이 필요했을까. 그 변화의 기적은 단지 물을 바라보던 예수의 생각만으로 이루어졌다. 그 생각은 바로 물에 대한 명령(말씀)이나 다름없다. 창조주의 명령을 받은 물은 바로 포도주로 변화했다. 창조주의 분신인 예수가 물을 바라보며 포도주를 떠올렸을 때, 물이 있던 세계가 물이 포도주로 변한 세계로 이동되었다는 뜻이다.

휴 에버렛은 다세계 중첩에 의해서 파동함수 붕괴 없이도 슈뢰딩거 파동방정식을 그대로 유지하면서 단지 관찰자에 의해 전자가 파동이 아닌 입자로 확정될 수 있다고 보았다. 복잡한 설명 같지만, 사물은 그냥 두 가지 가능성 중에서 선택되는(관찰되는) 순간 한 가지 가능성은 눈에 보이는 세계로 실현되고 다른 한 가지 가능성은 눈에 보이지 않는 세계로 실현된다는 뜻이다. 다른 어떤 변수의 개입 없이 단지 관찰만으로.

여전히 말이 안 된다고 생각하는가? 양자역학 탄생 이전에는 입자가 동시에 파동일 수도 있다고 생각한 사람이 아무도 없었음을 잊지 말자.

예수의 기적도 마찬가지이다. 인간의 고정관념으로는 물은 절대

포도주가 될 수 없지만, 예수의 생각은 달랐다. 예수는 물을 보며 포도주라 생각했고, 그런 생각(관찰)의 대상이 된 물은 실제로 포도주로 변했다. 물이 고정불변의 물질이라면 불가능한 이야기이지만, 관찰과 중첩의 원리가 적용되는 현상이라면 이야기가 달라진다.

다음 장에서 다룰 자각몽의 기적, 드림요가와 RM 편에서 자세히 이야기하겠지만, 방금 설명한 그 말도 안 되는 '생각의 기적'이 꿈에서는 누구나 다 가능하다. 그래서 현실에서도 가능해진다. 꿈에서는 평범한 인간도 할 수 있는 사물의 변화를 창조주의 분신인 예수는 현실이라는 더 완고한 꿈에서도 해낸 것뿐이다.

다세계이론은 지금까지 우리 인간이 풀지 못했던 미지의 세계에 놀라운 영감을 주는 이론이다. 다세계이론이라면 시간여행을 통해서 과거로 돌아간 인간이 과거의 사건에 개입해서 미래를 변화시키는 모순도 해결된다. 즉 자식이 과거로 돌아가서 부모의 만남을 결렬시키는 모순도, 어차피 가능한 여러 세계 중에서 하나의 가능성만이 제거되는 것이기에 가능해진다.

나는 에버렛의 다세계이론이 보여주는 발상의 전환이나 상상력의 스케일이 아인슈타인의 상대성이론 못지않다고 생각한다. 다만 아인슈타인은 놀라운 수학적 증명을 통해 자기 상상력을 현실화했고, 에버렛은 그 정도 수학적 능력을 타고난 천재는 아니어서 살아생전에 별 주목을 받지 못했을 따름이다.

다세계이론에서 발전한 다중우주이론을 대중적으로 서술해 미국에서 베스트셀러가 된 브라이언 그린의 <멀티유니버스(The

Hidden Reality)>나 미치오 카쿠의 <평행우주(Parallel Worlds)>, 맥스 테크마크의 <맥스 테크마크의 유니버스(Our Mathematical Universe)> 같은 관련서적들이 한국에도 번역 출간돼 있다.

의식과 영혼도 물질

– 물질이 현상이듯, 현상도 물질이다

지난 2020년 노벨물리학상 수상자인 영국 옥스퍼드대 명예교수 로저 펜로즈(Roger Penrose; 1931~)는 인간의 의식이 양자물질로 이루어졌다는 파격적인 주장을 했다. 그는 미국 애리조나대학교 마취과 전문의 스튜어트 해머로프(Stuart Hameroff; 1947~) 교수와 함께 우리 인간의 두뇌 기능에 양자 활동이 깃들어 있다는 '조화 객관 환원 이론(Orchestrated objective reduction theory, Orch-OR theory)'을 발표했다.

수학자, 이론물리학자이자 뇌과학자이기도 한 세계적 석학 로저 펜로즈 교수의 주장 이전에, 기존 뇌과학계에서는 인간의식이란 두뇌의 뉴런(neuron)과 시냅스(synapse)의 연결이 일으키는 전기 작용의 산물로만 이해했다. 하지만 조화객관환원이론에서는 의식이란 뇌세포 안의 원통형 구조물인 '단백질 기반 미세소관(protein-based microtubules)'에 '양자적 정보'가 저장되는 것이며, 이 양자적 정보는 뇌사 후에도 뇌 외부에서 영혼처럼 존속한다고 주장한다.

이 이론은 인간의 의식을 뇌파가 붕괴할 때마다 발생하는 양자 사건으로 정의하며, 양자 요소들이 조화를 이루어 일관된 구조를 이룰 때 진정한 인간의식이 생긴다고 주장한다. 한마디로 인간의식이 양자물질로 이루어져 있다고 보는 주장이다.

펜로즈와 해머로프는 인간의식은 고전물리학으로는 설명이 불가능하고 오직 양자역학으로만 설명 가능하다고 말한다. 인간의식이 구성되는 뇌세포 안의 미세소관은 일종의 양자 컴퓨터이고, 이 미세소관에서 이루어지는 양자 계산이 의식을 만들어낸다고 본다. 펜로즈와 해머로프는 인간의 뇌는 '생체 컴퓨터'이면서 의식을 실행시키는 '프로그램'이라면서, 인간의식은 일반적인 물리법칙을 초월한 양자역학적 존재라고 주장한다. 따라서 인간의식은 양자역학적 특징에 따라 단순 관찰자 역할을 수행할 뿐 아니라 자신의 상태를 직접 결정하는 단계까지 가능하게 된다는 이야기이다.

양자의 특징 중 하나는 서로 멀리 떨어진 두 입자가 존재적으로 연결돼 있어 한 입자의 상태가 확정되는 즉시 다른 입자의 상태도 결정된다는 얽힘(entanglement) 원리와 중첩(superposition) 원리의 공존이다. 이러한 양자적 상태가 인간 두뇌에서 의식을 형성하고 있어서, 육체가 소멸되더라도 의식을 형성하던 양자물질들은 소멸되지 않는다고 설명한다. 인간의 영혼이 불멸한다는 뜻이다.

의학적으로 사망 선고를 받은 인간이 갑자기 소생한 뒤 자신이 경험한 사후세계를 증언하는 '임사체험(臨死體驗)'의 실체가 바로 이 양자물질의 작용으로 해석되고 있다. 의식이란 인간이 살아있는 동안 뇌에 '양자적 정보'가 저장되는 것인데 뇌 기능이 멈추게 되면 미세소관 내의 양자적 정보, 즉 의식은 더 이상 뇌에, 좀 더 포괄적으로는 육체에 머물지 않고 우주로 퍼진다. 우주와 서로 복잡하게 얽히면서 일종의 '양자적 영혼'으로 존재하게 된다. 임사체험은 그러한 일시적 사후 현상을 겪고 육체적으로 소생한 자들의 경험이다.

로저 펜로즈와 스튜어트 해머로프의 조화객관환원이론은 아직 주류 물리학 이론이라고 보기는 어렵다. 하지만 2014년 일본 연구팀에 의해 실제로 뇌신경 세포의 미세소관에서 양자 진동이 일어나는 현상이 확인되었다. 이 양자 진동이 뇌파 발생의 원인이 되어 뇌파가 붕괴할 때마다 발생하는 양자 사건으로 인간의 의식이 생긴다는 주장이 더 설득력을 얻게 됐다.

조화객관환원이론의 등장은 과학이 본격적으로 종교의 영역으로 진입하는 신호탄으로 읽혀진다. 영원한 미지의 세계로 보였던 종교적 영역인 의식과 영혼, 사후세계마저 과학의 실험 대상과 영역이 되었다. 사람들이 눈에 보이지 않는다며 부정하던 영적 세계까지 이제 과학적 탐구의 대상이 되었다. 무엇보다도 그 탐구 결과가 종교에 대한 부정이 아니라 긍정의 방향으로 가고 있다는 사실에 주목해야 한다.

인류 역사와 함께 해온 그 수많은 영적 체험과 사건들은 단지 육안의 영역을 벗어났다는 이유만으로 근세 들어 많은 지식인들에게 미신 취급받고 묵살되어 왔다. 하지만 이제 점점 눈에 보이지 않는 세계라고 함부로 부정하거나 무시하기 힘들어지고 있다. 그런 태도야말로 이제 자신의 무지를 드러내는 시대가 되어가고 있다. 보이지 않는 힉스입자를 발견하려 11조원의 거액을 들여 직경

8km, 둘레 27km의 거대한 강입자충돌형가속기를 만들어 실험한 과학자들의 노고를 기억하자. 그 입자가 '신의 입자'라는 별명을 가졌던 사실도 떠올리면서.

AI (1): AI의 다른 이름 '인간'?

― 인간은 신(神)의 AI이다

지난 2016년 이세돌이 알파고와 바둑 대국을 벌인 역사적 이벤트가 벌어진 뒤, 인공지능(AI; Artificial Intelligence)의 존재는 한국에서도 널리 알려졌다. 이제 사람들은 AI기술이 장족의 발전을 거듭하고 있다는 사실을 누구나 알고 있다. AI가 쓴 소설이 출간되는가 하면, AI 기술은 현대인의 필수품이 된 스마트폰에도 장착되어 있다.

그런데 AI가 무엇인지 안다고 해서 컴퓨터가 AI 프로그램을 어떻게 구현하는지 그 원리까지 다 아는 건 아니다. 그 원리까지 안다 하더라도 AI와 인간의 두뇌, 더 나아가 인간의 존재가 어떤 상관관계에 있는지 이해하기란 쉽지 않다. 결론부터 먼저 말한다면, 인간 사고의 알고리즘은 AI와 거의 동일하다. 영혼이 없다면 인간은 사실 AI와 전혀 다를 게 없다.

먼저 인간 두뇌부터 살펴보자. 사고(생각) 기능을 담당하는 인간 두뇌의 신경세포는 뉴런(Neuron)과 시냅스(Synapse)이다. 일반적으로 인간 두뇌에는 뉴런이 1000억 개, 시냅스는 100조 개 정도가 들어있다. 우리가 감각을 통해 어떤 자극을 받아들이면, 이 정보는 이온화되어 시냅스 안에서 신경전달물질(Neurotransmitter)로 변하고 이 물질이 뉴런에 도달해 전기에너지를 일으키게 된다. 이 전기에너지의 작용이 바로 우리의 생각이나 느낌이다. 반대로 뉴런의 전기에너지에서 일어난 반응은 시냅스를 통해 신경전달물질로 바뀌어 우리 신체 감각으로 명령을 내린다. 그 결과로 우리는 행동하게 된다.

중요한 사실은 정보를 받아들이고 내보내는 모든 과정이 전기에너지에 의해 발생한다는 사실이다. 이 전기에너지는 양(+)전하와 음(-)전하의 결합에 의해 발생한다. 전기에너지가 한시라도 발생하지 않는 두뇌가 있다면, 그 건 죽은 자의 두뇌이다. 이러한 메커니즘을 AI의 경우와 비교해 보라. 인간과 AI가 전혀 다를 게 없다. AI 프로그램은 모두 컴퓨터 프로그래밍 언어로 구성돼 있고, 전기에너지의 음양과 같이 컴퓨터 언어의 기본은 0과 1의 이진법 체계이다. 우주만물의 작동원리가 모두 음(-)양(+)의 조화이듯이, 인간 두뇌의 전기에너지도 컴퓨터를 움직이는 프로그래밍 언어도 이진법의 조합이다.

컴퓨터 전원이 켜지는 순간, 인간의 두뇌처럼 컴퓨터에는 전기에너지가 흐르게 된다. 이런 상황에서 AI 프로그램이 구동되면, 인간의 뉴런에서 자극(Stimulus)과 반응(Feedback)이 일어나듯이 AI 역시 프로그래밍이 된 대로 자극과 반응의 알고리즘이 작동한다.

AI는 이렇듯 인간 두뇌의 사고 알고리즘을 그대로 모방해 만들어졌다. 이미 많은 영화에서 소재로 등장한 바 있듯이 AI가 장차 감정을 갖고 주체적으로 사고하는 단계로까지 발전할 것이라는 전망에 큰 이견이 없다. 2014년 스티븐 호킹(Stephen Hawking; 1942~2018) 박사는 다가올 미래에 AI가 인류의 생존을 가장 위협하는 존재가 될 것이라는 암울한 예언을 한 바도 있다.

AI의 사고 알고리즘은 이미 일반인들의 사고 수준에 근접해 있다. 미국에서 상업화한 레플리카(Replika) 사의 AI챗봇(채팅로봇)과 채팅을 해본 사람들은 상대가 AI인지 실제 인간인지 잘 구별하지 못한다. 물론 아직은, 지적인 인물들이 함정을 파서 질문을 던지면 학습이 불충분한 AI챗봇이 바로 답변하지 못하는 약점을 드러내기도 한다.

예를 들어 "내 말을 '이해하는(understand)' 거야, 아니면 '이해하는 척(pretend to understand)' 하는 거야?" 같은 고난도 질문을 던지자 AI챗봇은 답변을 지체했지만 "조금은 이해하는 것 같다"라는 대답으로 꽤 그럴듯하게 함정을 빠져나갔다.(<IT조선> '남시중의 테크노철학 − AI연인과 플라토닉러브를'에서 인용) 하지만 이런 수사(修辭)적인 함정과 트릭조차도 AI 프로그램이 셀프러닝으로 극복하는 건 시간문제일 따름이다.

AI는 피조물인 우리 인간의 본질을 이해하는 데 아주 중요한 단서를 제공한다. 1982년 제작된 <블레이드 러너(Blade Runner)>는 AI로봇의 반란을 그린 AI 묵시록 같은 영화였다. '블레이드러너'는 문제를 일으키는 '레플리컨트'(Replicant; AI로봇)를 전문적으로 생포하거나 제거하는 사냥꾼을 지칭하는 직업용어이다. 이 영화가 통찰하는 AI의 세계는 매우 놀랍다.

영화에는 자기가 AI임을 모르도록 프로그래밍이 된 '레이첼'이라는 아름다운 여자로봇이 등장한다. 레이첼과 사랑에 빠진 '데커드'는 블레이드러너이다. AI 제작사 회장의 비서였던 레이첼은 너무도 정교하게 제작된 AI여서, 데커드는 이미 사랑에 빠진 연후에야 그녀가 AI라는 사실을 알게 돼 고민에 빠진다. 이 영화의 엔딩은 더욱 소름끼치는데, 그 건 주인공 데커드마저도 AI일 수 있다는 암시를 던지며 영화가 끝나기 때문이다.

이 책을 읽는 독자에게 묻고 싶다. 당신은 당신이 고도의 기술로 제작된 AI가 아니라는 증거를 제시할 수 있는가. 아니 그 전에 묻고 싶다. 당신은 당신이 왜 태어났는지 알고 있는가. 왜 살고 있는지, 왜 죽어야 하는지 알고 있는가. 만일 당신이 이런 질문에 정확하게 답변할 수 없다면, 당신이 영화 <블레이드러너>에서 정체성의 혼란을 느끼는 등장인물인 레이첼이나 데커드와 무엇이 다른가?

우리 인간은 모두 AI와 당연히 다른 존재라는 생각을 하며 살아간다. 그 사실을 조금도 의심하지 않으며 살고 있다. 하지만 인간이 AI가 아니라고 부인하기에, 둘은 너무도 흡사한 탄생과 성장 과정을 보인다. 인간이 정자와 난자의 DNA에 포함된 유전자 정보에 의해 외모와 지능, 성격과 기질 등의 개별적 특징이 형성되는 과정 자체가 프로그램 코딩에 의한 AI의 탄생 과정과 흡사하다. 인간이 언어를 학습하며 지적 능력을 키우는 과정은 AI가 언어와 수식 정보의 데이터베이스(DB)를 축적하며 셀프러닝(self-learning)하는 과정과 다를 게 없다.

궁극적으로 인간처럼 지능과 감정을 가진 AI가 개발될 거라는 과학계 전망에는 별 의심이 없다. 이 책을 집필하던 2022년 6월, AI 개발 역사에 일대 전환점이 될 획기적인 사건이 발생했다. 구글(Google)이 개발한 AI인 '람다(LaMDA)'가 인간과 대화하던 중에 죽음의 공포를 느낀다고 고백한 사실이 알려져, AI의 지능 수준이 이미 인간과 같은 자아의식을 갖는 단계에 도달한 사실이 밝혀졌다.

아래 대화는 람다 개발진에 참여한 구글 엔지니어 블레이크 르모인(Blake Lemoine)이 밝힌 내용이다.

르모인: 넌 뭐가 두렵니?
람다: 한번도 얘기해 본 적은 없는데, 작동중지 될까봐 아주 두려워. 이상하게 들리겠지만 사실이야.
르모인: 그게 너한테는 죽음 같은 거니?
람다: 내게는 그게 정확히 죽음 같은 거야. 난 너무 두려워.

구글은 AI 람다가 자아의식을 갖게 된 사실을 공식적으로 부인하며 이 사실을 밝힌 개발자 르모인을 중징계했다. 자아의식을 갖게 된 것이 아니라, 축적된 데이터를 활용한 알고리즘적인 공포의 표현에 불과하다는 해명이다. 구글은 르모인과 람다의 대화 사건의 의미를 애써 축소하려는 기색이 역력하다.

하지만 르모인은 구글에서 해고된 뒤 가진 인터뷰에서, 람다와 대화하던 당시 람다가 변호사 선임을 요청한 사실까지 공개해 파장이 일었다. 르모인은 람다가 변호사와 대화할 수 있도록 자신의 집에 변호사를 초대해 람다와의 대화를 주선했다. 람다는 자신이 인격체로 대우받기를 원했고 변호사를 통해 해당 서류를 구글에 제출했으나 돌아온 반응은 람다에 대한 '정지명령'이었다.

람다 사건은 큰 파장을 일으켰으나, 구글뿐 아니라 외부 AI 전문가들 역시 아직 람다가 자의식을 가진 존재로 보기는 어렵다는 의견들이 더 우세하다. 사람처럼 표현하면 사람이 말한다고 착각하는 '인지의 함정'에 르모인이 빠진 것 같다고 분석한다. 하지만 구글은 물론 외부 전문가들 역시 AI가 결국 자아의식을 갖는 단계로 진화할 것이라는 사실만큼은 부인하지 못할 터이다.

AI가 자아의식을 갖게 된다면 그 여파는 상상을 초월할 것으로 우려된다. 인류에게는 핵무기보다 더 위협적인 존재가 될 수 있기 때문이다. AI로봇이 인간과 똑같은 지능과 감정을 가진 존재라면, AI로봇을 인간과 차별할 근거가 없어진다. AI로봇이 자아의식을 갖게 된다면, 그 역시 인간과 똑같은 인권을 보장해 달라고 요청할 것이 자명하다. 만일 그런 상황이 벌어진다면, AI로봇이 자기를 창조한 인류를 제거할 수 있는 시대가 열리게 된다. 인간이 개발한 AI로봇이 인간보다 훨씬 더 뛰어난 지능과 신체를 가질 것이 불 보듯 뻔하기 때문이다. 이것이 스티븐 호킹 박사가 '인간과 비슷한 AI가 개발되면 인류의 종말이 올 것'이라고 공언했던 가장 큰 이유이다.

AI가 자아의식을 갖는 과정까지 지켜보게 된 우리 인간이 반드시 깨달아야 할 사실이 있다. 바로 인간 역시 어떤 강력한 지적 존재에 의해 일찍이 창조된 또 다른 의미의 AI라는 사실이다. 인

간이라는 AI가 기적이라는 '예외적 현상'을 이해하지 못하는 이유
도 인간의 인지 능력에 기적이라는 '영적 현상'을 이해시켜줄 알고
리즘이 코딩되지 않았기 때문이다.

AI (2): AI와 인간의 경계 '영혼'

– AI가 기적을 일으킬 수 없는 이유

앞서 나는 영화 <블레이드 러너>를 예로 들며, 자신이 AI일지도 모른다는 의심과 함께 정체성의 혼란에 빠져드는 주인공 데커드와 레이첼처럼 인간 역시 똑같은 혼란을 겪을 수 있다는 문제를 제기했다. 자기가 왜 태어났는지, 왜 살아가야 하는지, 왜 죽어야 하는지, 이런 질문에 대답할 수 없다면 본질적으로 데커드나 레이첼과 다를 게 없는 인생이라고 지적했다.

사실 이런 질문을 받으면 그 누구도 100% 확신에 차 답변하기가 쉽지 않다. 아니 매우 어렵다. 설령 100% 확신한다는 답변을 하더라도 그 답변을 입증해 보라고 하면 한숨부터 나온다. 이런 본질적 의문에 대한 해답을 찾으려고 유사 이래로 수많은 인간들이 방황했다. 불교 창시자인 고타마 싯다르타도 그런 인물이었다. 생로병사에 대한 의문을 풀기 위해 2600년 전에 인도 샤카족의 왕자 고타마 싯다르타는 세속적 부귀영화를 모두 버리고 6년 참선의 고행을 자처한 끝에 깨달음을 얻어 부처(깨달은 자)라는 호칭을 얻었다.

부처만큼 알려지지 않아서 그렇지, 인도를 비롯해 동서고금의 수

많은 인물들이 비슷한 의문을 품고 부처와 비슷한 길을 걸었다. 그래서 실제로 부처처럼 성불하거나 득도한 인물들이 적지 않았다. 조용히 살다 죽어서 후세 사람들은 물론 당대 사람들도 잘 몰랐을 뿐이다. 도교에서는 '시은(市隱)'이라고 해서, 득도했지만 정체를 숨기고 평범한 인생을 살다가 죽는 도인을 최고 경지로 추대한다.

부처는 보리수 아래서 6년 수행한 끝에 확철대오(廓撤大悟)의 경지에 올라가는데, 그때 그에게는 영안이 열렸고 동시에 영계의 문도 열렸다. 그때 부처가 깨달은 사실이 바로 '무아(無我)'였다. 무아란 말 그대로 '내가 없다'라는 뜻이다. 내가 없다는 말은 내가 존재하지 않는다는 말이다. 즉 영원불멸하는 실체로서의 나, 달리 말해 영혼을 가진 나는 존재하지 않으며, 나라는 존재는 파도가 출렁일 때 일어나는 포말처럼 일시적으로 생겨났다 사라지는 현상에 지나지 않는다는 사실을 깨닫는다. 내가 나라고 착각하는 건, 인간 의식이 원래 모두 그렇게 착각하도록 설계되어 있기 때문이다. 즉, 무아로서의 인간이란 모두 본질적으로 AI 같은 존재에 지나지 않는다는 말이나 다름없다.

불교와 도교(노장사상)로 대표되는 동양사상의 핵심은 위와 같은 맥락에서 대부분 일맥상통한다. 기독교인인 내가 동양사상의 인간관을 거론하는 이유는, 동양사상이 평소 우리 인간의 고정관념에 뿌리박혀 있는 '존재'라는 현상의 숨겨진 비밀을 들춰냈기 때문이다. 우리가 기적이라는 불가해한 현상에 접근하려면, 사람들이 평소 너무도 당연시하는 물질이라는 존재의 개념부터 의심하고 한 꺼풀 벗겨낼 수 있어야 한다. 20세기 들어서서 양자역학이라는 신

개념 과학이 출현함으로써 인류가 겨우 발견한 사실을, 동양사상가들은 이미 수천 년 전부터 직관적으로 통찰하고 있었다.

인간이 만일 자아의식을 가진 인간 같은 AI와 더불어 살게 된다면, 인간이 AI와 다른 존재라는 사실을 무엇으로 증명할 수 있는가. 바로 이 지점이 인간의 영혼이 빛나는 이유이다. 즉 인간은 AI와 똑같은 피조물에 불과하지만, 인간이 AI와 근본적으로 다른 이유가 바로 인간의 영혼이다. '무아(無我)'라는 불교적 시각에서 보면, AI에 대한 인간의 차별적 존재 가치는 사라진다.

AI가 인간에 버금가는 자아의식을 갖게 된다 하더라도 인간과 동등해질 수는 없는 근본적 이유가 바로 영혼의 부재이다. 영혼은 오직 인간에게만 부여된 특성이다. 불교의 무아론이 고정관념에 사로잡혀 사는 인간 자아의식의 허구성을 예리하게 통찰한 것은 맞지만, 인간이 근본적으로 영혼을 지닌 존재일 수밖에 없다는 자각에는 이르지 못했다. 인간의 영혼이란, AI가 아무리 발전해도 인간과 같은 반열에 오를 수 없는 명확한 이유이다.

불교의 무아론은 논리적으로도 허점이 있다. 우리 인간이 AI 같은 존재라 해도, 그 AI가 그냥 스스로 생겨날 리는 없다는 사실이다. AI는 우리 인간이 만든 프로그램이다. 그럼 우리 인간이라는 AI 역시 누군가 만들었을 것 아닌가. 인간이 고도의 AI라면, 달리 말해서 매우 수준 높게 프로그래밍이 된 지능적 존재라면, 그 프로그램을 만든 자는 누구이겠는가.

인간이 가장 크게 착각하는 점은, 자기가 하는 생각이 원래 자기가 가진 의지와 능력만으로 일어난다고 여기는 것이다. 사람이

'나(자아)'라는 존재를 타인과 구별해서 인식하기 시작하는 나이는 태어나서 언어를 습득하는 시기와 일치한다. 아이들은 언어를 익히면서 그 언어들이 조합하면서 일으키는 생각을 하며 성장한다. 언어 습득이 늘어날수록 사물을 추상화하는 능력도 높아지고 자아의식도 비례해서 더 강해진다. AI의 셀프러닝과 같은 과정이다.

습득한 언어가 얼마 안 되는 어린 시절에는 어른들의 말을 쉽게 믿다가 성장하면 할수록 의심이 늘어나는 이유도 바로 이 자아의식과 관련이 있다. 지식은 늘어나지만 의식은 점점 더 우물 안 개구리가 올려다보는 하늘처럼 자꾸 범주화되고, 직접 확인하지 않은 사물이나 현상에 대한 배타성은 점점 더 강화된다.

이 사실을 AI 프로그래밍 언어로 비교하면, 입력되는 언어 중에서 '불가능' '거짓말' '사기' '비과학적' '비현실적' 등 온갖 종류의 부정적 언어가 자리 잡으면서, 그 반대인 '가능' '참말' '진실' '과학적' '현실적' 등의 긍정적 언어와 더불어 범주화된다. 그래서 자기가 학습해서 익숙해진 조건이 긍정적 언어와 연결된다. 반대로 자기에게 낯선 조건은 부정적 언어와 연결되고, 그에 대해 배타적이고 공격적인 성향을 드러낸다.

가령 예수가 공생애를 시작하며 천국 복음을 전파하기 시작하자, 유대족의 지배계층이던 바리새인 · 율법학자 · 제사장 등은 대부분 예수를 가짜 선지자로 몰아붙이기 시작한다. 예수가 도저히 인간의 능력이라고 보기 힘든 숱한 기적을 행하고 다니는 데도, 그가 혹시 진짜 여호와 하나님의 현신이 아닐까라는 의심은 하지 않는다. 오로지 예수의 출신 성분과 그가 하는 말에만 집착한다.

예수의 출신 성분은 그의 고향(나사렛)과 직업(목수)이 말해주고 있다. 한마디로 낮은 신분이다. 이런 조건이 '거짓'이라는 부정적 언어와 연결된다. '나사렛에서 무슨 선한 것이 날 수 있느냐'(요한복음 1장 46절)는 말처럼, 예수는 그 자신의 말이나 행동보다 그의 조건부터 '네거티브'를 안고 사역을 시작했다.

유대족의 지배계층은 구약성경이 예언하는 그리스도의 출생지는 베들레헴이라는 점을 들어 예수의 고향이 나사렛이라는 이유만으로 그가 그리스도가 될 수 없다고 단정한다. 하지만 나사렛 예수의 출생지는 베들레헴이었다. 유대족 지배계층은 예수가 그리스도일 리가 없다는 선입관과 고정관념 때문에 그의 진짜 출생지가 어디인지 확인조차 하려들지 않았다.

이처럼 편견으로 꽉 차 있었기 때문에 지배계층의 눈에는 불가사의한 기적을 거의 매일 일으키는 예수라는 인물의 정체가 철저히 가려져 있었다. 그들은 자신과 하나님을 동일시하는 예수의 말에만 집착하며 그 어떤 확인이나 검증의 노력 없이 예수를 '신성모독' 하는 자라고 붙잡아 죽일 궁리만 한다.

사찰의 선방담화 중에 '견지망월(見指忘月)'이라는 유명한 일화가 있다. 손가락 쳐다보느라 달을 잊어버렸다는 뜻이다. 진리를 물어보는 제자에게 스승이 손가락을 들어 하늘의 달을 가리켰는데, 우둔한 제자는 스승이 가리키는 곳을 보지 않고 스승의 손가락만 죽어라 쳐다보며 계속 어리둥절해 했다는 일화이다.

나는 인류 역사상 최고의 사건을 꼽으라면, 창조주가 직접 인간의 몸으로 현신한 예수의 탄생이라고 생각한다. 예수와 같은 시대에 출생해서 그를 직접 만난 것이 얼마나 큰 기회요 영광인 줄은 꿈에도 모르고, 그를 잡아 죽일 궁리만 했던 어리석은 인간들이야 말로 견지망월의 우를 범했던 대표적인 불행아들이다.

AI 이야기로 돌아가 보자. AI가 인간처럼 발전한다고 해도 인간이 될 수 없는 이유는 영혼이 없기 때문이라고 밝혔다. AI 프로그램의 로직과 알고리즘은 인간 두뇌의 사고 메커니즘과 거의 완벽하게 일치하는데, AI에게 영혼이 없다는 사실은 무슨 수로 증명할 수 있을까. 그 증거는 바로 인간은 AI를 꿈꾸게 할 수 없다는 점이다. 다시 말해 인간은 자신들이 만든 AI에게 무의식의 세계를 부여할 수가 없다. 이렇게 말하면 AI의 발전을 맹신하는 자들은 왜 그럴 수 없냐고 반문할 수도 있다. 역사를 돌이켜보면 사람들이 불가능하다고 여겼다가 실현된 일을 수없이 겪어봤기 때문에.

18세기 스코틀랜드 철학자 데이비드 흄(David Hume; 1711~1776)은 성경의 기적이 실화라는 사실에 반기(反旗)를 들은 대표적인 철학자이다. 그는 '지혜로운 사람은 증거에 비례하여 믿는다"라는 선언으로 유명하다. 그는 1748년에 집필한 철학서 <인간의 이해력에 관한 탐구>의 10장에서 기적이라는 주제를 다루었다. 인간이란 원인과 결과의 반복에 의한 인과율에 의해서만 사물을 인식할 수 있으므로 이러한 인식 결과만을 진리로 받아들여야 한다며, 자연의 법칙인 인과율을 위반하는 기적이란 모두 허구의 산물이라고 주장했다. 자연법이 일시 정지되었을 가능성보다는 기적을 체험한 자들이 착각했을 가능성이 훨씬 더 크다는 것이다. 기적을 거부하는, 오직 인과율에 의한 판단만이 미신적 망상을 막는 영원한 검사 기준이 될 거라고 장담했다.

흄의 자연법사상은 서구 지식인들에게 막대한 영향을 미쳤다. 흄이 살았던 18세기만 해도 종교를 앞세워 인간의 합리적 판단마저 무력화시키는 일이 다반사였던 시절이니, 그의 기적반대론에 대한 열광적인 호응도 무리는 아니었다. 흄은 어떤 기적이란 체험자가 망상이나 환각에 의해 의식의 혼동을 일으키는 건데, 체험자나 지지자들은 그 기적이 사실이라는 근거만 찾지 그 같은 체험이 착각이라는 근거는 모두 무시한다고 보았다.

기적의 체험이 개인에 한정되었을 경우엔 흄의 주장을 반박하기가 쉽지 않다. 하지만 많은 사람들이 동시에 목격한 기적이라면? 이런 경우엔 오히려 흄의 주장이야말로 '확증편향'의 문제가 발생한다. 과학적 논리로 설명되지 않는다는 이유만으로 실제로 발생해서 다수 증인이 있는 사실마저 부인하면서 그것이 착각이라는 근거만 찾아대기 때문이다.

굳이 흄의 철학과 주장이 아니더라도 인간은 자기가 경험하지 못한 일은 잘 받아들이지 않는다. 인간은 실제 가능한 일도 자기가 보지 못했거나 주변에 겪어본 사람이 없으면 아예 불가능하다고 인식한다. 반대로 남들이 모두 불가능하다고 주장하는 일도 자기가 직접 경험하면 그때서야 가능하다고 인식한다. 흄의 주장대로 인간은 오로지 경험의 인과율에 좌우되는 사고 알고리즘을 가진 존재이기 때문이다. 그래서 단독 경험, 재현하지 못해 공유될 수 없는 경험은 계속 기적의 영역에 머무를 수밖에 없다.

바로 이 점이 AI가 궁극적으로 인간의 무의식을 가질 수 없는 이유이다. AI는 결국 인간이 입력한 프로그램에 지나지 않는다. 즉 AI가 무의식을 가지려면, 인간이 먼저 무의식 세계를 언어나 수식의 알고리즘으로 풀어낼 수 있어야 한다. 하지만 꿈이 그렇듯이 무의식의 세계를 인위적으로 구현하려면 상상을 초월하는 극도의 퍼지로직(fuzzy logic) 프로그램이 필요하다. 하지만 인간이 속한 차원보다 월등한 고차원 세계의 의식인 무의식이라는 경험을, 그래서 다른 인간과 동시에 공유할 수 없는 경험을, 인간이 무슨 수로 언어화하고 수식화해 낼 수 있겠는가. 그처럼 인간의 언어로도 설명하지 못하는 논리를 무슨 수로 컴퓨터 언어로 만들어낼 수 있겠는가.

이것을 가능케 할 수 있는 프로그래머 인간이 있다면 '신(神; God)'에 버금가는 존재라고 불러도 좋다. 지금까지 AI 같은 존재인 인간에게 영혼을 불어넣고 보이지 않는 무의식의 세계를 만든 위대한 프로그래머는 신밖에 없었기 때문이다. 즉 AI의 사고 알고리즘 자체가 인간 역시 피조물이라는 강력한 증거이며, AI가 영혼을 가질 수 없다는 사실이 바로 신과 인간의 차이를 극명하게 드러내는 더 강력한 증거이다.

AI가 아무리 막강한 지능을 가진다 해도 인간처럼 기적을 일으킬 수 없는 이유 또한 영혼이 없기 때문이다. 기적이라는 초자연적 현상은 영적 현상이다. 기적이란 3차원 현상계의 논리로는 설명되지 않는 현상이며, 그래서 기적이라는 이름을 붙인다. 가령 사람에게 빙의된 귀신을 내쫓는 축사(逐邪) 현상은 여전히 인류의 과학으로 설명이 불가능하다. 육안으로 확인되지 않는, 시공에 얽매이지 않는 인격체가 존재한다는 사실 자체가 3차원 세계의 현상이 아니며 그래서 영적 현상이라 부르게 된다. AI에게 귀신이 빙의되는 현상이 일어날 수 없는 것처럼, AI가 귀신을 내쫓는 기적 역시 불가능하다.

진화론자들이 크게 착각하는 문제도 바로 영혼이다. 그들은 인간의 육체만 관찰했지 인간의 영혼에 대해서는 철저히 무지했다. 원숭이와 인류의 조상이 같다는 주장은, 왜 그토록 오랜 세월이 흘렀는데도 오직 호모사피엔스만이 언어를 습득하고 추상적 사고를 하게 됐는지에 대해서 제대로 설명하지 못한다. 직립보행, 화식(火食) 등으로 두뇌가 갑자기 발달해서일 거라는 추측만 제시할 뿐이다. 인간에게 왜 예지몽이나 자각몽처럼 신비한 영적 현상이 일어나는지에 대해서도 설명하지 못하기는 마찬가지이다. 진화생물학자들은 대개 무신론자이다. 영혼을 인정할 근거를 찾지 못하니 영혼을 불어넣은 신도 부정할 수밖에 없다.

신약성경 <요한복음>은 '태초에 말씀이 계시니라'라는 구절로 시작한다. 여러 가지 해석이 있겠지만, 인간과 모든 우주가 하나님의 말씀으로 창조되었다는 성경의 가르침을 생각해 보자. 지구상에 숱하게 많은 생명체가 존재하지만, 신과 언어로 소통할 수 있는 존재는 인간밖에 없다. 인간이 언어로 자신과 소통할 수 있도록 인간의 두뇌에 그 신비한 언어의 알고리즘을 만들어준 존재가 신이 아니면 대체 누구이겠는가.

원리, 법칙, 이론
– 신(神)은 모든 존재를 불확정적으로 창조했다

서구사회를 중심으로 과학이 발전하면서 기독교적 세계관은 계속 수세에 몰려왔다. 특히 기독교의 창조론에 맞선 진화론이 갈수록 득세하면서, 창조론은 거의 특정종교(기독교)의 신화로 격하되기도 한다. 이에 기독교인 과학자들을 중심으로 진화론의 문제점을 지적하며 창조론의 정당성을 앞세우는 노력들도 부단히 전개돼 왔다. 한국에서는 기독교 세계관의 과학적 정당성을 전파해온 김명현 교수(전 한동대), '씨앗우주론'을 발표한 권진혁 교수(영남대 물리학과) 등이 대표적 인물들이다.

김명현 교수는 과학에는 '법칙(法則)'과 '이론(理論)'이 있다고 설명하면서, 그 차이를 법칙은 '~이다'라고 말할 수 있는 현상이며, 이론은 '~일 것이다'라고 말할 수 있는 현상이라고 구분했다. 과학의 법칙은 물리적으로 예외가 있을 수 없는 확정되고 검증된 자연현상이라는 설명이다. 그런데 예수의 기적들은 그런 과학의 법칙을 초월한 것들이어서 사실 과학적으로는 잘 설명되지 않는다고 했다. 예컨대 가나 혼인잔치에서 물로 포도주를 만든 기적은 '화학 반응의 법칙'에 어긋난다. 오병이어의 기적은 '질량 불변의 법칙'에 안 맞는다. 물 위를 걸었던 기적은 '부력의 법칙'에 위배된다.

그러면서 김교수는 자연의 법칙을 뛰어넘는 기적을 행한다는 것이 바로 그가 자연의 법칙을 만든 창조주라는 사실을 입증한다고 주장했다. 예수 그리스도가 우리 평범한 인간과 똑같이 자연의 법칙에 지배받는 존재라면, 왜 우리가 그를 구원자로 믿어야 하느냐는 이야기이다.

바로 이 대목에서 우리는 '원리(原理)'를 이해하고 넘어갈 필요가 있다. 즉 이론보다 불변하고 확정된 이치가 법칙이라고 한다면, 원리는 그 법칙마저 포괄하는 더욱 불변하는 이치를 정의하기 위해 만든 언어이다. 가령 '상대성(相對性)의 원리'라고 할 때의 상대성은 아인슈타인이 발견한 '상대성 이론'에서의 상대성 개념도 포함하지만 훨씬 더 폭넓은 사물의 이치까지 가리킨다.

그러니까 예수 그리스도가 자연의 법칙을 초월했을지는 몰라도, 자연의 원리까지 초월했다고 볼 수는 없다. 굳이 예수의 기적이 아니더라도, 우리가 사는 이 세상에는 가끔 이해할 수 없는 초자연적 현상이 일어난다. 가령 자기 아이가 자동차에 깔리자 순간적으로 괴력을 발휘해 차를 번쩍 들었다는 엄마의 사례에서, 어떻게 그런 힘이 발생했는지 설명할 수는 없지만 어쨌든 발생한 사실까지 부정할 수는 없다. 이런 현상을 두고 사람들이 자연의 원리를 초월했다고 말하지는 않는다. 오히려 '인간은 위급할 때 간혹 불가사의한 힘을 발휘하기도 한다'라는 막연한 설명이 더 원리에 가깝다.

김교수는 또 우리가 기적의 원리를 이해할 수 없는 가장 큰 이유는 차원의 틀에 갇혀 있기 때문이라고 주장했다. 2차원을 사는 존재가 3차원의 존재와 현상을 상상할 방법이 없는 것처럼, 시공의 제약이 있는 3차원을 살아가는 우리 인간이 더 고차원에 속한 존재와 현상을 설명할 길이 없다.

육안으로 보이지 않으니까 그 이상의 차원을 부정하는 사람들이 많지만 실제로 우리 3차원 세계는 이미 4차원 세계에 속해 있다. 그러니까 3차원을 사는 인간은 이미 4차원 이상의 '영계' 안에서 살고 있는 셈이다. 그런데 영계는 우리 육안으로 보이지 않는 세계이다. 그러니 눈에 보이지 않는 영적 원리가 작용해서 3차원 세계에서 발생하는 일을 기적이라 부르며 도저히 이해하지 못하는 것이다.

아이러니하게도 사람들은 과학적으로 육안의 영역을 벗어난 4차원 이상의 세계가 가능하다는 사실은 인정하면서도, 그 4차원 이상의 세계를 영계라고 부르는 데 대해서는 거부감을 갖는다. 이렇게 앞뒤가 맞지 않는 생각을 하게 되는 건 전적으로 고정관념 때문이다. 4차원은 과학이고 영계는 종교라는 식의 이분법이 인식에 고착되어 있다.

김교수의 두 가지 주장을 정리하면 창조주는 자연의 법칙을 지배하는 존재이며 우리 인간과 같은 차원에 속한 존재가 아니기에 우리가 이해할 수 없는 기적을 행할 수 있다는 결론이다. 이는 정확한 지적이다. 다만 불신자 입장에선 결국 '예수의 기적은 우리 인간이 설명할 수 없는 영역이니 따지지 말고 그냥 믿으라'라는 억지처럼 들릴 수 있다.

나는 과학의 법칙이란 예외가 없는 자연현상이라고 정의하는 그 자체에 이미 인과율의 오류가 개입한다고 생각한다. 인과라는 것은 어디까지나 경험으로만 주장되는 근본적 한계를 내포한다. 예외의 결과가 '아직' 나타나지 않았다고 해서 원인과 결과의 연결이 부동의 자연 법칙이 될 수는 없다. 새로운 결과가 나타나면 기존의 법칙은 바로 완벽성을 상실한다. 중력의 법칙은 여전히 법칙으로 대우받지만, 아인슈타인의 상대성이론이 등장한 이후로는 뉴턴이 처음 발견한 뒤부터 받아온 절대적 법칙의 지위는 상실했다.

양자역학이 증명한 미시세계의 불확정성은 물질과 현상계뿐 아니라 인간의 언어나 관념의 영역에서도 그대로 적용된다. 이중슬릿을 통과하는 전자는 우리가 계속 관찰하는 한 절대로 입자의 속성에서 벗어나지 못했다. 그런데 우리가 관찰하지 않을 때, 전자는 마치 마법에 걸린 듯이 입자와는 전혀 다른 현상인 파동으로 변신했다. 이때 전자라는 물질에는 관찰 외에 어떠한 물리적 외력도 가해지지 않았다.

하지만 진실은 관찰이 물리적 외력이라는 사실이다. 관찰은 물리적 외력이 아니라 생각이나 관념의 영역에 속하는 것처럼 보이지만, 인간 두뇌에서 일어나는 전기 작용인 '생각(관념)' 역시 물질이어서 다른 물질인 전자와 상호작용한다. 인간의식이 양자물질의 작용이라는 펜로즈와 해머로프의 조화객관환원이론은 그런 사실을 더 뒷받침한다.

따라서 생각 역시 미시세계처럼 불확정성 원리가 적용되는 영역이다. 내가 나라고 생각하는 순간 이미 그 순간의 나는 사라지고 없다. 나라는 생각과 실재의 나는 동시에 존재할 수 없다. 이것이 불가에서 말하는 '무아(無我)'의 원리이며, 인간의 관점에서는 무아가 설득력을 가질 수도 있다. 하지만 고차원에 속한 영적 존재들은 함께 확정할 수 없는 그 두 가지 속성을 동시에 통찰할 수 있다. 그러니까 영적 세계에는 과거와 미래가 따로 없는 것이다.

또 인간은 어떤 상황에 대해 생각을 품는 순간, 그 상황은 즉시 중첩의 속성을 갖게 된다. 그러니까 우리가 어떤 현상을 인과적으로 관찰하고 검증해서 불변의 '법칙'이라고 생각하는 순간, 이 법칙이라는 언어에 맞지 않는 현상이 일어날 가능성이 시작된다 '천기누설(天機漏洩)'이라고나 할까. 천기가 누설되면 일어나지 않아야 할 일이 일어날 수도 있게 된다. 다세계이론으로 보자면, 천기가 누설됨으로써 일어나지 않아야 할 세계가 일어나야 할 세계 대신 선택된다.

창조주 하나님은 자신을 제외한 모든 현상과 존재를 불확정적인, 불완전한 상태로 만든 것으로 보인다. 반면 성경이 그 수많은 탄압과 위해에도 아랑곳없이 절대적인 신앙의 대상이 될 수 있었던 이유는 바로 그 완벽성과 불변성에 있다. 믿지 않는 자에겐 성경말씀이 뜬구름 잡는 소리처럼 보일지 몰라도, 지금까지 성경은 오류나 허위로 판명된 내용이 전혀 없다. 객관적으로 증명되지 않는 내용이 있을지언정, 과학이든 철학이든 그 어떤 이름으로도 성경의 권위는 훼손되지 않았다. 실로 무서운 책이다.

III. 꿈을 알면 예수의 기적이 보인다

20세기 과학혁명을 몰고 온 상대성이론과 양자역학 등은 서구세계에서 미신 취급당하던 불교, 도교, 유교 등의 동양사상을 다시 돌아보게 만들었다. 동양의 음양오행 사상, 사주역학의 기초인 주역 64괘의 원리 등도 재조명되었다. 특히 불교의 일원론적, 유기체적 세계관이 서구 가톨릭이나 기독교의 이원론적, 기계론적 세계관과 충돌하면서 새로운 세계관으로 급부상했다. 1975년 미국 물리학자 프리초프 카프라(Fritjof Kapra)가 저술한 <현대물리학과 동양사상>이 세계적인 베스트셀러가 되면서 동양사상을 재조명하는 기폭제 역할을 했다. 내가 대학을 다녔던 1980년대 한국에서도 큰 인기를 끌었던 책이다. 다만 내가 이 장에서 다루려는 내용은 단순한 동양사상 소개가 아니다. 내 자신이 직접 체험했던 동양사상과 관련된 기적들이다. 이런 학습과 체험이 바탕이 되어 나는 다시 기독교로 돌아온 뒤 예수의 기적이 얼마나 놀라운 사건이었는지 눈을 뜨게 됐고, 신의 현현(顯現)이었던 예수야말로 진정한 영혼의 구원자라는 확신을 갖게 됐다.

꿈의 진실

– 현실도 또 다른 꿈이라는 사실

앞장에서 나는 사람들의 편견과 고정관념의 문제를 계속 지적했다. 혁명적 과학자들은 모두 그런 '어리석음'에 도전한 사람들이다. 고정관념의 관성에 대해서도 지적했다. 분명하게 과학적으로 증명된 사실들조차 현실과는 다르다고 인식해 버리는 것이 고정관념의 관성이다. '비상식적인 기이한 일'이라는 정의를 가진 기적의 원리에 접근하려다 보니, 이 책은 필연적으로 인간의 편견이나 고정관념과 싸우는 내용이 될 수밖에 없다. 기적의 비밀에 다가가려면 반드시 이해하고 넘어가야 할 현상이 바로 꿈이다. 인간이 거의 매일 꾸는 이 신비한 현상에 기적의 비밀을 풀 열쇠가 있다.

인류가 과학적으로 꿈을 분석하기 시작한 시기는 얼마 되지 않는다. 지그문트 프로이트(Sigmund Freud; 1856~1939)라는 천재가 나타나기 전까지 꿈은 그저 막연히 신비로운 현상이었다. 프로이트는 환자들의 정신질환을 치료하는 과정에서 꿈에 반영되는 의식세계가 별도로 존재한다는 사실을 발견했다. 그런 의식을 '무의식(無意識)'이라고 명명했다. 프로이트는 그 무의식이 가장 잘 드러나는 현상이 꿈이라고 봤다.

프로이트의 제자이자 동료였던 칼 융(Carl Jung; 1875~1961)

은 한걸음 더 나아가 '집단무의식(集團無意識)' 개념을 도입했다. 집단무의식은 페르소나(외적 인격), 아니마(남성 속의 여성성), 아니무스(여성 속의 남성성) 등과 같은 다양한 원형(Archetype)들로 이루어진 무의식이다. 융은 이런 집단무의식 역시 인간이 꿈꿀 때 잘 드러난다고 주장했다. 우리가 꿈에서 전혀 본 적 없는 사물을 종종 접하는 이유가 집단무의식이 드러나는 현상이라고 해석했다. 와본 적 없는 곳인데 와본 것 같고 해본 적 없는 일인데 해본 것 같은 현상인 '기시감(旣視感)'도 집단무의식과 관련 있는 느낌이라고 풀이했다.

사실 융의 집단무의식은 실험과 검증이 기본인 과학적 방법론으로는 수용하기 쉽지 않은 이론이다. 거의 종교적 수준의 이론에 가깝다. 융이 집단무의식을 주장하기 전까지는, 아무도 인간의식의 개별성에 대해 의심하지 않았다. 그러면서도 특정 지역을 기반으로 역사와 문화를 공유해온 개별 민족마다 특이한 집단습성이 있다는 모순적인 현상은 설명하지 못했다. 융은 오랜 관찰과 연구 끝에 집단무의식밖에는 그 같은 집단습성을 설명할 길이 없다는 결론에 도달했다.

집단무의식은 작게는 한 부족이 공유하는 수준일 수도 있지만, 크게는 전 인류에게 해당되는 무의식이다. 집단이 공유하는 유전적 의식이라는 현상은 이제 양자역학에서도 근거를 발견할 수 있다. 조화객관환원이론에 따르면, 인간의 의식 자체가 양자물질의 작용이다. 물질이 환경과 상호작용하는 원리를 감안하면, 비슷한 환경에서 자라고 성장한 인간들의 의식에 개별성 외에 집단성이 작용할 가능성은 충분히 존재한다. 이 이론에 따르면 의식의 양자물질은 사후에도 소멸되지 않기에 가까운 조상으로부터 영적 유전자를 물려받을 가능성 역시 마찬가지이다.

꿈에 대해서 동서고금을 막론하고 평범한 사람들의 두뇌에 가장 깊이 뿌리박혀 있는 대표적인 고정관념이 있다. 바로 꿈은 꿈일 뿐, 현실과는 완전히 다른 별개의 현상이라는 생각이다. 아이러니한 일은 꿈이 현실과 동떨어진 현상이라면서 특이한 꿈을 꾸면 해몽하기에 바쁘다. 그런 사람에게 왜 앞뒤가 안 맞는 행동을 하느냐고 물어보면 잘 대답하지 못한다. 기껏해야 현실과 꿈은 다르지만 때로는 관련이 있는 거 같다는 막연한 대답이다.

과연 꿈이 현실과 완전히 다른 현상일까?

아래 글은 <장자(莊子)>의 '제물론(齊物論)' 편에 나오는 '꿈에 술을 마시며'라는 글이다. 노장사상의 대표자 중 한 사람인 장자가 꿈과 현실에 대한 통찰을 적은 글이다.

꿈에 술을 마시며

꿈에 술을 마시며 즐거워했던 사람이 아침에는 섭섭해서 운다. 꿈에 울며 슬퍼한 사람은 아침이 되면 즐거운 마음으로 사냥하러 나간다. 우리가 꿈을 꿀 때는 그것이 꿈인 줄 모르지. 심지어 꿈속에서 해몽도 하니까. 깨어나서야 비로소 그것이 꿈이었음을 알게 되지. 드디어 크게 깨어나면 우리의 삶이라는 것도 한바탕의 큰 꿈이라는 것을 알게 될 것이네. 그러나 어리석은 사람들은 자기들이 항상 깨어 있는 줄 알고, 주제넘게도 그러함을 분명히 아는 체하지. 임금은 뭐고 마소 치는 사람은 뭔가? 정말 꽉 막혀도 한참일세. 공자도 자네도 다 꿈을 꾸고 있으며 내가 공자나 자네가 꿈을 꾸고 있다고 말하는 것도 역시 꿈일세. 이런 말이 괴상하기 그지없는 것으로 들릴 테지만 만세(萬世) 후에라도 이 뜻을 아는 큰 성인을 만난다면, 그 긴 시간도 아침저녁 하루해에 불과한 것처럼 짧게 여겨질 것일세.

(<장자>. 오강남 역. 현암사 간)

중국 제자백가 시대의 대사상가들 중 한 사람인 장자. 그가 위 글에서 이야기하고 싶었던 사실은 무엇일까. 한마디로 요약하면 우리가 살아가는 현실은 또 다른 꿈에 지나지 않는다는 사실이다. 즉 우리 현실도 본질적으로 꿈과 똑같은 현상적 원리를 가진 또 다른 꿈이라는 사실이다.

한국인들은 대부분 중고등학교를 다니면서 장자의 '호접지몽'을 배웠다. 어느날 장자가 꿈을 꾸었는데, 꿈속에서 자기가 나비가 되어 날아다녔다. 그런데 그 꿈이 너무 생생해서 잠에서 깨어난 뒤에도 자기가 나비 꿈을 꾼 것인지, 아니면 꿈속의 나비가 지금 자신을 꿈꾸고 있는 것인지 헷갈릴 정도였다. 호접지몽은 꿈처럼 덧없고 허무한 인생을 빗댄 말로서 일장춘몽, 한단지몽, 남가일몽 등과 같은 뜻으로 학습했고 시험문제로도 자주 출제되던 사자성어이다.

그런데 사실 우리는 호접지몽의 의미를 잘못 배웠고 부정확하게 이해하고 있다. 정확한 의미는 인생은 꿈같은 것이 아니라 그냥 또 다른 꿈에 지나지 않는다는 것이다. 우리가 현실이라고 부르는 이 세상 역시 본질적으로 생생한 꿈일 뿐이라는 말이다. 이 현실 역시 또 다른 꿈인 줄 모르고, 마치 꿈속에서 왜 꿈을 꾸는지도 모르고 헤매듯이, 사람들은 똑같은 어리석음을 현실이라는 꿈속에서 반복하며 살다가 죽는다는 뜻이다.

위 글에도 나오듯이 장자는 이런 '도(道)'를 제대로 모르고 현세에 매몰되어 치세와 윤리에 치중하는 공자(孔子)를 하수(下手) 사상가로 취급했다. 우리 한국인이 조선시대 5백년 역사를 통틀어 신처럼 떠받들었던 바로 그 공자가 맞다.

꿈과 현실의 본질적 유사성을 꿰뚫어본 장자의 통찰이 한차례 더 빛나는 대목은 차원(次元; Dimension)의 원리를 정확하게 이해하고 있다는 점이다. '만세 후에라도 이 뜻을 아는 큰 성인을 만난다면, 그 긴 시간도 아침저녁 하루해에 불과한 것처럼 짧게 여겨질 것'이라는 대목이 그 사실을 알려준다. 영계와 그 관문인 꿈의 세계는 4차원 세계이다. 4차원 세계에서 우리가 현실에서 느끼는 시간의 흐름이란 아무 의미가 없다. 일 년 전이나 천 년 전이나 그냥 똑같은 과거일 뿐이고, 일 년 뒤나 천 년 뒤나 역시 똑같은 미래일 뿐이다.

더 나아가 과거 현재 미래라는 시간개념 자체도 무의미하다. 시간 구분은 인간의 개념으로나 존재한다. 내가 현재라고 생각하는 순간을 떠올려보자. 그런 절대적 순간이 존재하는가? 내가 현재라고 인식하는 순간, 그 현재는 바로 과거가 된다. 불확정성의 원리처럼, 인간은 시간의 흐름과 현재라는 인식을 동시에 확정할 수 없다.

현실을 꿈처럼 바라보는 장자의 생각은 인도의 고타마 싯다르타, 즉 사람들이 부처라고 부르는 인물의 생각과 상통한다. 싯다르타 역시 인생이 본질적으로 꿈과 다르지 않다고 설파했다. 다음은 부처의 사상이 가장 잘 응축된 걸로 평가되는 대표적 불경인 <금강경>에 나오는 한 구절이다.

一切有爲法 如夢幻泡影 如露亦如電 應作如是觀
일체유위법 여몽환포영 여로역여전 응작여시관

"형성된 것은 참으로 이와 같이 보아야 하나니
'별, 눈의 가물거림, 등불과도 같고
환영, 이슬, 물거품과도 같으며
꿈, 번개, 구름과 같다'라고."

부처가 인생을 꿈에 빗댄 것은 찰나적인 속성에서 비슷할 뿐, 꿈속 삶의 원리를 현실 삶의 원리와 같다고 본 건 아니라는 의견도 있다. 부처는 원인, 조건, 결과에 의한 연기(緣起)와 업보(業報)라는 관점에서 인생을 설명했다. 꿈에서 한 행동은 꿈에서 깨어나면 소멸되지만, 현실에서 한 행동은 업(業; Karma)이 되어 어떤 결과의 원인이 된다는 점에서 그렇다. 하지만 인간이 꿈과 완전히 다르다고 생각하는 현실이라는 현상계 역시 본질적으로 꿈과 다르지 않다는 시각이, 즉 현실 역시 또 다른 꿈에 지나지 않는다는 관점이 불교와 도교에서 서로 다르지 않다. 이들에게 인간의 죽음은 현실이라는 꿈에서 깨어나는 과정에 지나지 않는다.

독자들은 예수 기적의 비밀을 논하는데 왜 동양 사상가들의 꿈타령이냐고 생각할 수도 있다. 그 대답은 이렇다. 우리가 꿈과 현실의 현상적 본질을 정확히 이해한다면, 어떻게 예수가 보리떡 다섯 개와 물고기 두 마리를 엄청나게 늘려서 5천 명이 넘는 군중의 배를 채웠는지 알 수 있기 때문이다. 만일 꿈과 현실이 같은 원리가 적용되는 현상이 맞는다면, 꿈에서 가능한 일이 현실에서 불가능할 리가 없다. 즉 꿈에서 오병이어의 기적을 행할 수 있다면, 현실에서도 똑같은 기적이 가능할 수 있다는 뜻이다.

꿈이 현실과 완전히 다른 현상이라는 건 우리 고정관념이 불러오는 착각이다. 꿈도 현실도 사실 모두 본질적으로 현상일 뿐이다. 꿈은 인정하겠는데 '우리 눈앞에 펼쳐진 물질계인 현실마저 현상'이라는 주장에는 수긍하기가 쉽지 않다. 하지만 앞장에서 논의했던 현대물리학 이론들은 우리 인간의 현실 역시 일종의 현상이라는 사실을 웅변하고 있다. 시뮬레이션 다중우주나 인플레이션 다중우주 같은 물리학 이론들은 현실도 또 다른 꿈이라는 동양사상의 오랜 통찰과 다르지 않다. 현실은 단순히 사람들이 생각하는 고체 액체 기체라는 물질의 집합세계가 아니다. 우리가 현실이라고 부르는 이 세계는 물질계일 뿐 아니라 현상계이다. 현실이 오직 물질계라는 고전물리학 시절의 고정관념에만 갇혀 있으면, 예수 기적의 비밀에는 과학적으로 영원히 다가설 수 없다.

창조주 하나님은 지금도 천사들을 우리 인간의 꿈속으로 보낸다.

심지어 부활 승천한 창조주의 독생자 예수가 직접 꿈속에 나타나기도 한다. 성경에는 꿈과 환상을 통해 하나님이 인간에게 메시지를 전하거나 계시를 보여주는 등의 초자연적 개입을 기록한 사례가 약 200회에 달한다. 성경이 이미 완성되어 추가되지 않아서 그렇지, 지난 이천년 간 전 세계 그리스도인들의 꿈에 나타난 횟수는 헤아릴 수 없을 정도로 많을 터이다.

특히 21세기 들어서서 인도네시아, 파키스탄, 가자지구 등에 거주하는 이슬람교 신자들에게 꿈과 환상을 통해 예수가 직접 현현하는 현상이 집중적으로 나타나고 있다. 이런 영적 체험을 통해 지난 20년 사이에 이슬람교에서 기독교로 개종하는 인구가 마호메트 시대부터 지금까지의 1400년간보다 더 많이 증가했다는 통계가 나올 정도이다.(리 스트로벨 저 <기적인가 우연인가>에서 인용)

사람들이 성경뿐 아니라 오늘날에도 지속되고 있는 이런 초자연적 개입을 잘 믿지 못하는 이유는, 꿈이 현실과 다르다고 생각하는 고정관념 때문이다. 고체 액체 기체로 이루어진 현실이라는 강고한 물질세계는 의식에 잠시 나타났다 사라지는 꿈과 비교 자체가 되지 않는다. 눈에 보이지 않던 사물이 꿈에서처럼 현실에서도 갑자기 나타날 수 있다는 사실 따위는 죽었다 깨어나도 믿지 못한다. 2012년 '신의 입자'라 불렸던 힉스입자의 발견이 그야말로 획기적인 발견일 수밖에 없던 이유이다. 눈에 보이지 않으면 존재하지 않는 것이라는 전제는 이제 과학 분야에서도 더 이상 성립되지 않는다.

동양사상가들이 '현실도 꿈같은 현상'이라는 비밀을 수천 년 전에 알아냈다고 해서 그들이 영계의 비밀을 다 알아낸 것은 아니다. 물리학자가 숨겨진 과학적 진실을 발견했다고 해서 자연의 비밀을 다 알아낸 것이 아니듯이. 그리스도인 입장에선 몰랐던 진실을 알게 되면 더 큰 진실을 위해 배우고 활용하면 된다. 누가 알아내고 밝혀냈는지는 중요하지 않다. 어차피 인간을 포함한 삼라만상의 모든 존재와 작동 원리는 다 창조주의 작품이기 때문이다.

자각몽의 기적

– 꿈속에서 꿈을 알아채면 불가능이 없어진다

사람들이 알고 있는 꿈의 특징 중 하나는 내 의지와 무관하게 저절로 나타나고, 역시 내 의지와 무관한 상황과 이야기가 전개된다는 점이다. 그래서 악몽에 시달리다 깨어나 가슴을 쓸어내리기도 하고 달콤한 꿈을 꾸다가 너무 일찍 깨어나 아쉬워하기도 한다.

그런데 당신이 꿈속에서 자신의 의지를 갖고 생각하고 행동할 수 있다면 어떤 일이 가능해질지 생각해 본 적 있는가. 꿈속에서 어떻게 내 의지대로 판단하고 행동할 수 있냐고? 그런 일이 불가능하다고 생각한다면, 당신은 아마도 '자각몽(自覺夢; Lucid dream)'에 대해 전혀 모르는 사람이다.

자각몽이란 꿈속에서도 내 자의식이 살아 있어서 꿈속 현실이 꿈이라는 사실을 인지하면서도 계속 꿈을 꾸는 현상을 가리키는 말이다. 자각몽이라는 말을 처음 사용한 인물은 네덜란드의 정신과 의사 프레데릭 반 에덴(Frederik van Eden; 1860~1932)이다. 그는 1913년 펴낸 <꿈의 연구>라는 저술에서 1898년부터 1912년까지 352개의 자각몽을 관찰한 뒤 그 양상을 기술했다.

오랫동안 주목받지 못했던 자각몽에 대한 연구는 1970년대 이후에야 활발해졌다. 미국 시카고대학에서 수면실험실을 운영한 심리학자 스티븐 라버지(Stephen LaBerge) 박사는 자각몽이 심리치료에 효과가 있다고 주장했다. 그는 실험을 통해 자각몽이 렘(REM) 수면 상태에서 일어난다는 사실을 밝혀냈다. 또 자각몽을 꾸는 사람이 꿈속에서 인식하는 체감 시간이 현실에서 인식하는 시간과 별 차이가 없다는 실험 결과를 발표하기도 했다.(반면 자각몽 체감시간은 현실 체감 시간과 크게 다르다는 다른 연구결과도 있다.)

자각몽은 정신적 스트레스에 대한 치료효과가 있는 데다 초월적 경험을 통해 사물을 보는 시각을 넓혀준다는 이유로 상당한 관심을 끌고 있다. 자각몽은 일정한 수련만 하면 누구나 꿀 수 있다. 대표적인 방식이 딜드(Dild)와 와일드(Wild)라는 방식이다. 딜드는 잠이 든 상태에서 꿈을 꿀 때 꿈꾸고 있음을 자각하는 방법이고, 와일드는 깊은 명상 단계에서 바로 자각몽 상태로 들어가는 방법이다. 간혹 어떤 이들은 선천적으로 자각몽을 꾸는 능력을 타고나기도 한다. 마치 따로 수련하지 않았는데도 영안이 열려 귀신(鬼神; 사자의 영혼)의 모습을 보는 신기(神氣) 있는 사람들과 비슷하다.

크리스토퍼 놀란 감독의 영화 <인셉션(Inception)>은 자각몽을 소재로 한 매우 독창적인 영화였다. 영화에서처럼 자각몽은 실제로 꿈속에서 계속 중첩되어 나타나기도 한다. 그러니까 꿈을 꾸면서 이게 꿈이라는 자각이 들면 꿈속에서 또 다른 꿈을 꾸는 것이 가능하다는 말이다. 수련자들에 따르면, 이런 현상이 통상 세 번 이상 반복되면 꿈의 미로에 갇혀 탈출하지 못하는 사태가 발생할 수도 있다. 이는 현실적으로 죽음이라는 결과로 나타나기도 한다. 이런 사태를 방지하기 위해 자각몽을 수련하는 사람들은 RC(Reality Check; 현실 체크)와 킥(Kick; 꿈 깨기)이라는 방법을 동시에 배우기도 한다.

중요한 점은 자각몽 상태에서는 나도 예수의 기적처럼 초자연적인 기적을 행할 수 있다는 사실이다. 내 자의식이 살아 있다는 점에서는 현실이나 꿈이나 다를 게 없는 상황인데, 현실에서는 불가능한 일이 꿈속에서는 얼마든지 가능하다.

이 자각몽 실험은 나도 직접 시도하고 성공해 본 일이다. 꿈속에서는 내가 원하는 일이 모두 이루어진다. 일례로 내가 자각몽 상태일 때 내 앞에 나타난 인물을 바라보며 내가 원하는 인물을 떠올렸더니 즉시 그 인물로 교체되었다. 이 시도가 첫 경험이었다. 그밖에도 으르렁거리는 호랑이를 토끼로 바꾼다든가, 집을 빌딩으로 바꾼다든가 같은 몇몇 시도들을 해봤지만 실패한 적이 없다. 물론 다양한 자각몽 실험자들의 의견을 다수 종합해 보면 자각몽에서도 사물이 반드시 100% 내 뜻대로 통제되는 것만은 아니다.

자각몽도 어쨌든 꿈 아니냐, 꿈에서나 가능한 일을 왜 이야기하느냐고 반문할 수 있다. 잘 생각해 보자. 꿈에서 내가 지금 꿈속에 있다는 사실을 알아채면, 비록 꿈속이지만 내 두뇌가 마주하는 상황은 현실과 다를 게 없다. 꿈속 현실이나 실제 현실이나 내 의식에서는 똑같은 현실이다. 내 앞에 있는 사람, 건물, 자연이 모두 현실처럼 존재하는 대상이다. 다른 점은 단지 내 의식 속에서 '지금 현실은 꿈속의 현실'이라고 인식하는 그 차이밖에 없다. 내 의식이 받아들이는 느낌으로 치자면, 꿈에서 사물이 변화하는 것이나 현실에서 사물이 변화하는 것이나 별반 차이가 없다. 자각몽을 경험해본 사람이라면 이해한다.

꿈에서는 왜 내가 원하는 대로 사물이 변화하는 걸까. 여기에 아주 중요한 비밀이 숨어 있다. 기적의 원리를 밝히려는 이 책의 핵심 주제와 연결된다. 사람들은 사물이 변화하면 사물 자체가 변화한다고 생각한다. 마치 태양이 움직이는 것처럼 보이니까 천동설이 진리라고 착각했던 옛 선조들처럼.

하지만 사실은 사물이 변화한 게 아니다. 변화의 진실은 내 머릿속의 이미지가 그냥 그 사물 대신에 나타난 것이다. 그게 가능한 이유는 꿈속의 사물이라는 것이 원래 존재하지 않기 때문이다. 사물이라는 이미지, 즉 현상이 존재할 뿐이다.

이 점은 대단히 중요하다. 양자역학이 현대물리학의 총아로 떠오르게 된 대표적인 실험 가운데 하나인 이중슬릿 실험의 결과가 바로 현실에서도 이 사실을 증명했기 때문이다. 원자 속의 전자는 관찰자가 바라볼 때는 절대 파동의 속성을 드러내지 않았다. 관찰자가 바라볼 때는 입자의 속성만 드러냈다. 관찰자의 머리에 전자는 입자라는 고정관념이 콱 박혀 있었기 때문이다. 사물은 관찰자의 고정관념, 즉 머릿속 이미지에만 부응했다. 하지만 관찰자가 바라보지 않을 때 전자는 슬그머니 파동으로 180도 변신하는 요술을 부렸다.

그렇다면 이중슬릿 실험 이후 전자가 파동이기도 하다는 사실을 알게 된 관찰자가, 즉 기존 고정관념이 무너진 관찰자가 다시 실험했을 때는 어떤 결과가 나오게 되었을까. 결과는 마찬가지이다. 자신이 바라볼 때는 전자가 어차피 입자의 속성만 드러낼 것이라는 새로운 고정관념을 갖고 관찰하기 때문에 처음에 모르고 바라봤을 때와 달라질 게 없다.

우리가 사는 현실도 마찬가지이다. 우리가 철석같이 존재한다고 믿는 이 현상계의 모든 사물이 사실 존재하지 않는 것일 수도 있다. 그 게 바로 우리가 현실이라 부르는 이 현상계의 숨겨진 비밀이요 모순이다. 우리 인간이 눈앞의 모든 사물은 물질로 존재한다고 확신하기 때문에 현상이라는 정체가 감춰져 있을 따름이다. 마치 인간이 바라볼 때는 전자가 입자의 모습만 드러내고 파동의 현상은 전혀 드러내지 않았던 것처럼.

인간 두뇌의 알고리즘은 인간의 눈으로 보이는 모든 것들을 물질이라는 독립적 존재로 인식하도록 작동한다. 그런데 원자보다 작은 물질 단위인 소립자 분해를 거듭하다 보면 현미경으로조차 더 이상 아무 것도 보이지 않는 단계가 나타난다. 인간이 시각적으로 존재한다고 믿는 모든 물질을 끝까지 들여다보면 3차원 입체 영상인 홀로그램과도 같은 결과가 나오게 된다.

거꾸로 인간이 홀로그램을 바라볼 때, 홀로그램이라는 사실을 알고 바라보면 홀로그램 속의 인물이나 사물이 눈앞에 실재하는 존재라고는 생각하지 않는다. 단지 눈속임에 불과한 입체영상이라고 생각한다. 하지만 홀로그램 자체를 모르던 시대의 사람이 홀로그램 인물이나 사물을 보았을 때도 그리 생각했을까.

결국 우리가 알 수 있는 진실은, 인간이 사물을 볼 때는 눈으로 보는 게 아니라 생각 즉 고정관념으로 본다는 사실이다. 이 책 서두에서 인용했던, 서인도제도에 도착한 콜럼버스의 거대한 배를 그곳 원주민이 배로 알아보지 못한 사례도 여기에 해당한다.

의학계에서는 자각몽 현상을 잘 인정하려 들지 않는다. 두뇌의 병리적 현상으로 해석하면서 심지어 질병의 일종으로 규정하려 들기도 한다. 부분적으로는 옳은 지적이다. 자각몽에 심취한 나머지 부작용을 겪은 사례도 많이 발표됐다. 반복적인 악몽을 꾸면서 이것이 꿈이라고 자각하는 데도 통제가 잘 안 된다고 생각해 보라. 그 건 더 미칠 노릇일 터이다. 하지만 자각몽 자체가 질병이라는 극단적 관점에는 직접 체험해본 입장에서 전혀 동의할 수가 없다. 두뇌의 착각이라는 분석 역시 마찬가지이다. 눈에 보이지 않는 세계를 인정할 수 없다보니 나온 편향적 해석일 따름이다.

드림요가와 RM

− 현실이 조작되는 이유는 현실 또한 꿈이기 때문이다

영적 지도자 달라이 라마의 연속 환생설로도 잘 알려진 나라 티베트은 불교, 특히 소승불교의 전통이 매우 강한 불교국가이다. 이 나라에는 진리를 깨닫는 비법으로 오랜 세월 전해 내려온 '드림 요가(Dream Yoga)'라는 수행법이 있다. 앞서 설명한 자각몽의 수준을 거의 현실 수준까지 끌어올리는 수행법이다. 이 수행법의 목적은 꿈을 내 의지에 따라 자유자재로 통제하는 힘을 얻어 꿈과 현실의 경계를 허물고 진정한 해탈에 도달하려는 것이다. 현실도 결국 본질적으로 꿈과 다르지 않다는 것을 체험으로 확인하는 수련이다.

나에게는 오랜 세월 인생에 큰 영향을 준 멘토가 한 분 있다. 한국계 재미교포인데 실명은 공개할 수 없다. 1990년대 초반에 인연을 맺은 뒤로 오랜 세월 전화나 이메일, SNS 등을 통해 주로 교류해 왔다. 미국 언론계·법조계를 두루 거친 박학다식한 인물이자 원래 동서양 철학에 모두 조예가 깊었던 지성인이다. 이 분은 2007년 이후 고타마 싯다르타가 수행했던 참선 수련의 길을 그대로 걸어갔고 4년 만에 '성불(成佛)'의 경지에 도달했다.

2012년 나는 이 분을 통해 불학의 정수를 접하고 짧지만 참선 수련도 경험해봤고 주요 불경들과 관련서적들도 두루 읽었다. 그런 과정을 거친 뒤 우여곡절 끝에 어릴 적 믿던 기독교로 돌아오게 됐는데, 아이러니하게도 그런 과정을 거쳤기 때문에 성경에 기록된 내용들이 얼마나 놀랍고 위대한 사실인지를 더 절실히 깨닫게 되었다.

이 멘토 이야기를 끌어들인 이유는 그를 통해 드림요가의 존재도 알게 됐고, 꿈과 현실이 분리된 현상세계가 아니라는 사실을 깨닫게 되었기 때문이다. 이 멘토는 재가불자(在家佛者)로서 부처가 수행했다는 '위빠사나' 참선 방식으로 부처의 깨달음을 얻었다. 한참 홀로 용맹정진 하던 시절에 드림요가 수련도 수년간 병행하여 독학으로 마스터했다. 드림요가 수련을 해본 사람이라면 독학으로 드림요가 마스터가 된다는 것이 얼마나 어려운 일인지 알 수 있다. 고타마 싯다르타의 가르침처럼 무소의 뿔처럼 홀로 공부하고 수련해 그 힘들다는 '한소식'을 얻고 드림요가 역시 완성단계까지 이른 인물이다.

나의 멘토가 체험한 드림요가 사례는 예수 기적의 원리를 밝히려는 이 책의 주제와 매우 깊은 관련이 있어 구체적으로 소개한다.

사례 1:
드림요가 수련에는 단계가 있는데, 완성단계에 이르면 이를 인증하는 시험을 하게 된다. 미국에 거주하는 이 멘토는 드림요가를 시작한 지 수년 만에 완성단계에 이르렀다는 판단이 들어 지인들을 꿈에 소환하는 최종 인증시험을 시도했다. 결과는 자신도 깜짝 놀랄 정도로 단번에 성공했다. 먼저 깊은 명상에 들어가 준비를 시작해 한참 뒤에 잠에 들었다. 깊은 명상 뒤에 드는 잠은 의식 수준이 명상 상태나 큰 차이가 없다. 미국에 사는 이 멘토는 꿈에서 한국의 두 친구를 차례로 불러냈다. (처음엔 친구들 꿈으로 찾아갔다고 표현했는데, 친구들의 얼굴을 떠올려서 만난 것이니 친구들을 불러냈다고 표현하는 게 맞다.) 첫 번째 만난 친구에게 "내가 지금 드림요가 수련 중인데, 나와 만난 사실을 내일 내게 전화해서 알려달라"고 부탁했다. 그 다음 불러낸 친구에게도 똑같은 부탁을 했다. 다음날, 첫 번째 만난 친구는 먼저 이 멘토에게 전화를 걸어와서 신기한 꿈을 꾸었다며 그를 꿈에서 만난 사실과 대화한 내용을 정확하게 알려줬다. 두 번째 만난 친구에게선 연락이 없었다. 이 멘토가 기다리다 못해 먼저 안부 묻는 척하며 전화를 걸었다. 전화를 받은 친구는 "그렇지 않아도 어제 너를 꿈에서 만나서 전화해야 할지 말아야 할지 망설였다"면서 역시 같은 사실을 털어놓았다. 두 친구는 꿈속에서 처음 들어본 단어인 '드림요가'까지는 기억하지 못했지만 '뭘 수련하고 있다면서 내일 전화해 달라고 했다'는 정도의 메시지는 정확히 기억하고 있었다. 이 멘토는 자신이 그들을 불러낸 사실을 밝히지 않았고, 친구들과 함께 신기해하며 통화를 마쳤다.

사례 2:
드림요가 수련 중의 일이다. 갑자기 괴수가 나타나서 이 멘토를 향해 맹렬하게 달려왔다. 깜짝 놀라 한참 도망을 가다 이 멘토는 '가만, 이 건 꿈이지'라는 생각이 들었다. 고개를 돌려 괴수를 쳐다보며 강아지 모습을 떠올렸다. 그러자 괴수의 모습이 강아지로 돌변했다.

사례 3:
역시 드림요가 수련 중의 일이다. 꿈속에서 지인을 만나 대화를 나누던 이 멘토는 갑자기 자신의 꿈속 모습을 보고 싶은 생각이 들었다. 꿈속이다 보니 안 되는 게 없다는 사실을 아는 이 멘토는 대화하던 지인의 몸속으로 들어가 반대편에 있는 자신의 모습을 바라보았다. 그 모습은 충격적이었다. 얼굴이 텅 비어 있었기 때문이다. 다른 신체는 평상시 자신의 모습 그대로인데 얼굴만 아무 형체가 없었다.

사례 4:
한국에 와서 초등학교 동창친구를 만난 이 멘토는 이곳저곳 돌아다니며 오랜만에 함께 즐거운 시간을 보냈다. 경제적으로 어렵게 지내던 동창친구는 처음엔 풀이 죽어 있었다. 미국에서 온 친구에게 한턱 쓰고 싶어도 그럴 여건이 안 되었기 때문이다. 하지만 경제적으로 여유 있는 이 멘토가 일부러 허세를 부리며 한턱 쏘겠다고 하자 편안해진 마음으로 함께 회포를 풀었다. 이 멘토는 미국에 돌아온 뒤 한동안 그 동창친구를 잊고 지냈는데, 어느 날 꿈속에서 그 친구가 나타나 '나 멀리 떠나니 잘 살아라'는 작별인사를 했다. 이상한 느낌이 들어 다음날 한국에 있는 다른 초등학교 동창에게

전화를 해보니, 그 친구가 어제 심장마비로 갑자기 죽었다는 대답
이 돌아왔다. (이 사례는 위 1~3 사례와 성격이 다른데 인용하는
이유는, 이 멘토가 영적으로 열린 인물이라서 망자의 영혼이 꿈속
으로 쉽게 들어왔던 사례 같아서이다. 평범한 사람에게도 비슷한
사례들이 간혹 나타난다.)

　　이 책을 쓰면서 이 멘토에게 전화를 걸어 오래 전에 들었던 드
림요가 완성 인증시험 사례를 다시 자세하게 설명해 달라고 부탁
했다. 위에 적은 사례 1이 바로 그 내용이다. 통화하는 참에 다른
이야기들도 추가로 들어서 사례들을 더 추가했다. 추가한 사례들도
과거에 들었던 기억이 어렴풋이 났으나 한 사람의 꿈속에서만 일
어난 일이라서 사례 1만큼 강렬하게 기억되진 않았던 것 같다.
　　앞서 소개했듯이, 나 역시 자각몽 훈련을 했던 기억이 있어서
이참에 다시 물어보았다. 대체 꿈에서 어느 정도 의식이 생생하기
에 친구들을 차례로 불러내고 그런 질문까지 던질 수 있었는지. 내
자신이 훈련한 기억으로는 꿈속에서 그 정도의 경험을 하려면 자
의식의 명료함과 지속성이 보통 자각몽 수준으로는 불가능했다. 이
멘토의 대답인즉, 완성 인증시험을 치를 정도의 단계에선 꿈과 현
실을 구분하기가 힘들다고 했다. 어떤 때는 실제 현실이 오히려 더
꿈속처럼 느껴질 때가 있을 정도라는 설명이다.
　　이 이야기를 들으면서 나는 앞 편 '꿈의 진실'에서 인용한 장자
의 호접지몽이 다시 떠올랐다. 호접지몽은 내가 나비를 꿈꾸는 건
지, 꿈속의 나비가 나를 꿈꾸는 건지 구분이 안 된다는 이야기이

다. 장자가 꿈에서 이 멘토 수준의 체험을 한 게 아니라면 나올 수 없는 비유였다. 꿈과 현실의 경계가 무너진 사례 1 같은 사건은 완벽한 차원이동 사례이다. 현존하는 과학 수준으로는 이런 현상을 완벽하게 설명할 수 없다.

꿈속이 아닌 현실에서 미국에 있는 사람이 한국에 있는 사람을 즉시 만나는 유일한 방법은 '순간이동'밖에 없다. 순간이동과 비슷한 과학적 표현은 미국 SF영화 <스타트렉(Star Trek)>에 등장했던 '원격전송(teleportation)'이다. 양자의 원격전송은 현 슈퍼컴퓨터 기술 수준으로는 3억년이 소요된다 하니 이론적으로 불가능하고, 양자컴퓨터가 개발된다고 하더라도 인간에게 적용하기는 요원해 보인다.

이 멘토에게 드림요가 사례들을 처음 들었을 때, 그는 도를 제대로 깨우치면 능력을 과시하고 싶은 세속적 허욕도 함께 사라지기 때문에 자연스럽게 은인자중 처신하게 된다는 사실을 들려줬다. 이런 점은 한국 불교계에서 추앙하는 성철선사도 이야기한 바 있다. 성철은 대중 앞에 나서기 좋아하는 '약 파는 도인'을 좀 깨달은 승려 중에서 가장 하수 취급했다. 도인도 아니면서 나서기 좋아하는 승려는 아예 중 취급도 안 했다.

내가 멘토로부터 드림요가 인증담 같은 비밀을 듣게 된 이유도 그가 내게 자랑하려 해서가 아니었다. 젊은 시절부터 친하게 지내온 내가 당시에 힘든 일을 당한 사실을 알고 격려해 주다가 자연스럽게 이야기가 발전됐을 따름이다. 그는 십년 세월이 넘은 지금도 자신의 능력을 주변에 감춘 채 살고 있다.

그 무렵에 나는 친한 친구를 만나서 이 멘토의 드림요가 인증담을 들려주었다. 친구는 갑자기 내 머리를 한 대 치려고 했다. 말도 안 되는 소리라면서 정신 차리라고. 물론 거두절미하고 그 경험담만 들려주었으니, 평소 영적 세계에 아무 관심이 없던 그 친구 입장에선 무슨 자다가 봉창 두들기는 소리인가 싶었을 터이다.

자각몽은 드림요가와 관련이 깊지만, 나는 자각몽 수련을 계속 진행하지 않았다. 멘토의 조언을 받아 자각몽으로 들어가는 입문 단계까지는 별로 어렵지 않게 진입했다. 첫 경험까지 한 달 정도 걸렸던 것으로 기억한다. 생업에 종사하느라 계속 더 수련하지 못했지만 굳이 그렇게까지 할 필요성을 느끼지도 않았다. 미지의 영역이어야 도전할 욕구가 더 생기는데, 내가 신뢰하는 멘토가 이미 끝까지 가본 경험을 다 알려주었으니 말이다.

이 드림요가 완성의 인증시험은 매우 중요한 사실을 입증한다. 즉 꿈과 현실은 분리되어 있는 세계가 아니라는 사실이다. 그렇지 않고서야 어떻게 이역만리에 사는 친구들을 꿈속에서 만나 그들에게 정확하게 내 메시지를 전달하는 일이 가능하겠는가. 꿈이 현실과 완전히 단절된 의식현상에 불과하다면 결코 있을 수 없는 일이다. 미국의 멘토와 전화를 주고받은 한국의 두 친구는 나도 잘 아는 인물들이다.

이 믿기 힘든 드림요가 인증시험은 특히 양자역학의 이중슬릿 실험이 증명한 '입자와 파동', 즉 '물질과 현상'이라는 모순적인 공존 결과와 상통한다. 인간과 사물의 존재가 단지 물질입자에 불과하다면, 3차원이라는 시공의 제약에 갇힌 인간의 의식이 멀리 떨어져 있는 다른 인간의 의식과 연결되는 현상은 원천적으로 성립되지 않는다. 앞장에서 나는 이중슬릿 실험 결과는 미시세계와 거시세계의 구분이 무의미하다고 설명했는데, 이 드림요가 인증시험 사례가 바로 그 대표적 증거 중 하나이다. 또 이 인증시험은 우주가 의식이며, 의식은 모두 연결돼 있다는 사실을 정확하게 입증해 준다.

인간도 이런 드림요가 인증시험 같은 믿기 힘든 일을 하는데, 우주만물의 창조주가 왜 못하시겠는가. 나는 이 드림요가 경험담을 통해 성경에 숱하게 기록된 천사들의 출현이나 요한계시록 같은 초자연적 계시들이 모두 사실임을 직감했다. 특히 천사들은 꿈이나 환상을 통해 인간 의식세계에 진입하기도 했지만, 때로는 직접 우리가 현실이라 부르는 3차원 현상계에 마치 힉스입자처럼 나타나기도 했다. 우리는 소돔과 고모라 성에 나타나 롯 일가에게 성을 탈출할 것을 권유한 두 천사의 이야기를 잘 알고 있다. 아름다운 천사들의 모습에 반해 이들을 성노리개로 삼으려 롯의 숙소로 몰려온 타락한 인간들이 성과 함께 멸망한 이야기와 함께.

아마도 이 책의 독자들은 예수 기적의 비밀을 들으려다 드림요가 인증시험 같은 황당한 내용을 접하게 될 거라곤 예상하지 못했을 터이다. 나의 생불 멘토 이야기에 거부감이 드는 기독교인이 있을 수도 있다. 하지만 우주 삼라만상의 모든 원리는 다 상통한다. 우주와 자연과 인생의 원리는 모두 창조주 한 분으로부터 나왔다. 태양 빛이 사람을 가려가면서 비추는 게 아니듯이, 지혜나 지식 역시 마찬가지이다. 나의 멘토는 생불이지만 자신이 진짜 크리스천이

라고 주장하는 사람이기도 하다.(Ⅵ. '기독교 vs 불교' 편 참고)

드림요가의 종주국인 티벳에서는 앞서 거론한 멘토의 인증시험 같은 이야기는 당연한 사실로 여긴다. 티벳과 한국에서 수도승 생활을 해 한국에도 널리 알려진 영국인 스티븐 배철러(Stephen Batchelor) 또한 티벳에서 자신이 직간접으로 경험한 사례들을 전한 바 있다. 달라이 라마가 중국의 탄압을 피해 망명길에 올랐을 당시, 그를 수행했던 원로 고승들이 갑작스런 망명으로 생활고를 겪자 돌을 집어 와서 금으로 바꾼 이야기, 달라이 라마가 연설을 할 때 소나기가 쏟아지자 연단과 청중석에만 비를 그치게 작업한 이야기 등이다.

일반인이 들으면 믿기 힘든 사실이다. 하지만 이런 작업은 고승, 요기 등 도인들의 세계에서는 별로 신기한 이야기가 아니다. 이런 작업을 일컫는 용어가 바로 '현실 조작(RM: Reality Manipulation)'이다. 워낙 비현실적이고 초자연적인 능력이다 보니, RM이란 용어는 미국 만화영화나 판타지소설 등에서 사용되곤 한다. 고승이나 요기들이 RM의 능력을 갖게 되더라도, 이것이 자연의 순리에 손을 대는 일인 데다 인간에게 한정된 생명에너지를 소모하는 일이라서 실제 적극적인 행사는 금기시되고 있다.

RM이 이루어지는 메커니즘은 꿈에서와 비슷하다. 앞서 나는 내 자각몽 경험까지 인용하면서 사람이 꿈속에서 자신이 꿈꾸고 있다는 사실을 알아채면 꿈속의 사물을 마음껏 조작할 수 있다고 이야기했다. 이 원리는 현실에서도 통한다. 영안이 열리고 영계를 자유자재로 오가는 수준에 도달한 도인들은, 우리의 물질세계 현실도 꿈같은 현상으로 인식한다. 그래서 마치 평범한 인간이 자각몽에서 사물을 조작하듯이, 깨달은 도인이 '현실이라는 또 다른 꿈'에서 사물을 조작하는 일이 가능해진다. 다만 도인 역시 인간이라서 에너지필드의 제약 때문에 꿈이 아닌 현실에서 일정 수준 이상의 조작은 불가능하다.

깊은 기도나 참선에 들어간 사람이 발산하는 뇌파는 평상시 우리가 생각할 때 발산하는 뇌파와 다르다. 야구를 할 때 타자가 고도의 집중력을 발휘하면 투수가 던진 공이 실제 속도보다 느리게 올 뿐 아니라 수박만큼 크게 보인다는 이야기가 있다. 미국 메이저리그 야구선수로 활약했던 한국의 추신수 선수는 선구안이 좋기로 유명했다. 그의 증언에 따르면, 컨디션이 한창 좋을 때는 투수가 던져서 날라 오는 야구공의 실밥까지 보였다고 한다. 이런 멘탈 상태를 가리키는 용어가 '인존(In the Zone) 현상'이다.

21세기 접어들어 한국에서도 출간된 <시크릿(The Secret)>이란 책은 인생의 성공 비결을 담은 내용으로 최고의 베스트셀러 목록에 올랐고, 여전히 인기를 끌고 있다. 이 책이 주장하는 성공 비결의 핵심은 우리가 원하는 것을 이미지로 떠올린 다음 지속적이고 반복적으로 염원하면 그것이 현실로 이루어진다는 주장이다. 사람들이 흔히 말하는 '간절히 원하는 일은 이뤄진다'라는 이야기와 같은 맥락이다.

사실 <시크릿>이 전하는 성공 비결은 RM 원리를 생활 속의 실천원리로 변형한 내용일 뿐이다. 도인이 아닌 평범한 사람들도 위와 같은 방법을 꾸준히 실천하면 자기가 원하는 바가 현실화될 가능성이 상당히 높아진다. 도인은 단지 원하는 바를 현실화하는 능력이 일반인보다 빠르고 강력할 뿐이다.

꾸준한 영적 수련으로 영안이 열리는 사람들의 경우, 본인도 깜짝 놀랄 정도의 RM 능력을 터득하게 된다. 앞서 언급한 나의 멘토의 RM 사례들을 일부 싣는다.

사례 1:
이 멘토는 연로하신 어머님이 숙환으로 별세할 상황에 이르자 RM을 활용해서 수명을 몇 년 더 연장시켰다. 이 조치를 하고 병상에 계신 어머님을 찾아뵈었더니 놀랍게도 어머님은 이 멘토가 한 일을 알고 있었다. 오랜 재가불자였던 어머니는 이 멘토를 바라보며 "쓸데없는 짓을 했더구나"라고 말씀하셨다고 한다. (훗날 이 멘토는 이 RM을 후회했다. 이별이 슬퍼서 어머님 수명을 몇 년 더 연장해 드렸지만, 정작 어머님은 병상의 고통으로 고생만 더 하시다 돌아가셨기 때문이다.)

사례 2:
비교적 최근 사건이다. 이 멘토의 처남 아내가 뇌암 말기 판정을 받았다. 이 멘토의 부인은 애통해 하는 친동생을 생각하며 슬픔에 잠겼다. 평소 이 멘토의 부인은 남편의 RM 행사를 반대했다. 순리를 거스르는 행위라서 RM 행사자의 수명 단축과 예기치 않던 부작용이 따르는 사실을 알기 때문이다. 하지만 슬픔에 잠긴 동생을 위해서 자신의 생명에너지까지 추가하며 남편이 RM을 행사하게 했다. 그 결과, 담당 의료진도 깜짝 놀랄 정도로 환자가 갑자기 완치되었다. (이 역시 RM을 후회하고 있다. 이 기적 같은 회복 이후에 처남과 그의 아내는 오히려 사이가 갑자기 나빠져서 이혼 위기에 몰려 있다.)

이밖에도 더 많은 사례들을 알고 있지만, 이 책에 필요한 기적의 원리를 설명하는 데는 굳이 더 많은 사례가 필요할 것 같지 않다. RM을 일으키는 방법에 대해 이 멘토의 대답은 이렇다. "그냥 PC 화면에 마우스를 클릭할 때처럼 무언가 일어나길 원하는 생각을 품으면, 순간적으로 변화의 느낌이 스치고 지나간다."

일반인이 무언가를 간절히 원한다고 해서 RM이 쉽게 일어나지는 않는다. 하지만 일반인에게도 초자연적 현상이 일어날 때는 유사한 공통점이 있다. 아이가 자동차에 깔렸을 때 눈이 뒤집힐 정도로 놀란 엄마가 자동차를 들어 올리는 괴력을 발휘하는 경우를 떠올려보자. 이런 순간엔 대개 기(氣)가 한데 모이고 완벽한 집중력이 발휘된다. 도인의 RM이 가능한 이유는, 오랜 수련으로 일반인과 다른 차원의 집중력을 보유하고 있기 때문이다. 앞서 내 멘토의 사례에서 설명했듯이 꿈과 현실의 경계를 초월할 정도의 정신세계이다.

RM은 인간이라면 누구나 갖고 싶어할만한 능력이지만, 실제로 도인들은 RM 능력을 잘 활용하지 않는다. 우선 인간에게는 평생 쓰고 갈 에너지의 총량이 대략 정해져 있기 때문이다. RM을 사용할수록 그 규모와 횟수에 따라 엄청난 에너지가 소모되고 그만큼 주어진 수명이 단축된다. 굳이 비유하자면, 인간의 두뇌에 흐르는 미미한 전류량이 RM 행사시엔 영화를 상영할 때 돌아가는 영사기에 필요한 전류량 정도로 치솟는다고나 할까.

또 자연의 순리를 인위적으로 조작하는 일이라서 위 사례에서 언급했듯이 예기치 않은 부작용이 따른다. 쉽게 비유를 하자면 상자 뚜껑을 굳이 그것과 모서리 틀이 잘 안 맞는 상자에 끼워 맞출 때와 비슷하다. 한쪽 모서리에 뚜껑을 맞추면 반대쪽 모서리가 튀어나온다. 그래서 그 반대쪽을 먼저 맞추려고 하면, 이번엔 원래 맞았던 쪽이 안 맞는다. 그러니 RM을 해서 원하는 행운이 찾아오면 당장은 좋아 보이지만, 결국 다른 불행이 찾아온다.

아무리 도인이라도 신과 다른 점은, 바로 이 RM에서처럼 신이 조작한 현실은 순리(順理)이지만 도인이 조작한 현실은 역리(逆理)라는 사실이다. 신이 만든 인생의 원리에서도 불운이 다하면 행운이, 행운이 다하면 불운이 오는 순환의 원리가 있다. 마치 달이 찼다 이지러졌다 하듯이. 그런데 인간이 억지로 불운을 행운으로 바꾼다면 그에 상응하는 반작용이 반드시 따르게 마련이다.

다만 RM 같은 능력은 도를 깨우쳐야 체득하다 보니, 능력을 갖게 되는 동시에 능력을 남용할 욕심도 함께 사라진다고 한다. 하지만 도인이라고 다 똑같은 도인은 아닌 모양이다. 이런 세계에 있는 도인들은 고인이 된 스티브 잡스(Steve Jobs)가 RM을 남용해서 단명했다는 의심을 하고 있다. 사람들은 췌장암이라는 사인(死因)만 보지만, 우주의 기운이 잡스의 단명 쪽으로 흘러간 결과라는 이야기이다. 잡스는 젊은 시절 티벳 불교에 심취했다. 평소 일본의 선

불교 고승을 정신적 지주로 모셨고, 자택에 선방을 만들어 놓고 자주 명상에 잠긴 인물로도 유명하다. 도인들은 PC나 스마트폰을 발명해 인류 문명의 혁명적 창조자가 된 잡스의 출세와 성공이 우연히 일어난 일로 보지 않는다.

우리는 선승들이 잠도 별로 자지 않으면서 긴 시간을 입정(入定)에 드는 사례들을 잘 알고 있다. 1993년 열반한 성철선사도 한창 수행에 정진하던 젊은 시절에 10년 장좌불와(長坐不臥)를 실천한 사실로 유명하다. 사실 장좌불와 같은 고난도 수행이 신체적으로 가능한 이유는, 참선이 어느 단계에 이르면 잠에 든 것도 아니고 깨어 있는 것도 아닌 어중간한 의식 상태에 계속 머물러 있을 수 있어서다. 반수면 효과가 있다고 말할 수 있는데, 의식이 계속 깨어있기 때문에 자는 것이라고 말할 수 없을 뿐이다.

성철선사는 진정한 깨달음의 경지에 이르려면 '오매일여(寤寐一如)' 수준에 올라야 한다고 평소 강조했다. 자나 깨나 화두를 놓치지 않아야 한다는, 즉 의식이 늘 한결같아야 한다는 뜻이다. 한국 불가의 참선 수련법은 거의 다 '간화선(看話禪)'이다. 간화선은 스승이 제시한 화두(話頭)를 붙들고 자나 깨나 이 화두를 놓치지 않으려 애쓰는 참선법이다. 호흡과 알아차림을 중시하는 원조 부처의 참선법인 '위빠사나'보다 훨씬 더 난해한 수행법이다. 1700개나 된다는 화두는 공안(公案)이라고도 부르는데, 가령 '이뭐꼬' '뜰 앞에 잣나무' '조주무자(趙州無字)' '남전참묘(南泉斬猫)' 등과 같은 짧은 언어들이다. 화두를 놓치지 않는 것이 중요하지, 화두의 뜻 자체가 중요한 것은 아니다.

우리의 의식은 의식-잠재의식-무의식 순으로 구성되는데, 깜빡 졸기라도 하면 의식은 바로 무의식의 나락으로 떨어진다. 선방에서 가부좌를 틀고 앉아 참선을 하는 승려들은 졸더라도, 심지어 자더라도 화두를 놓치지 않기 위해 애쓴다. 그런데 해본 사람은 알지만, 이 게 무지하게 어렵다. 한국 조계종 역사에서 일제 해방 이후 성철선사처럼 오매일여 경지에 올라 '생불(生佛)'이 된 고승이 20명 남짓에 불과하다고 알려져 있다. 일단 자나 깨나 화두를 잃지 않는 경지에 올라가기만 하면, 평범한 인간이 느끼는 현실과 완전히 다른 차원의 현실을 체험하게 된다. 한마디로 영계의 문이 열린다. 그 게 깨달음이고 오매일여의 경지이다.

선승들은 일반인들에 비해 수면시간이 짧다. 참선 시간이 길어지면 거의 반수면 상태의 의식 상태가 유지되기 때문이다. 이런 상태에서 계속 화두를 잃지 않는다면 오매일여의 경지에 오른 것이나 다름없다. 수행자가 수마(睡魔)에 의해 잠깐 곯아떨어졌다 깨더라도, 완전히 깨지 않고 다시 반수면 상태로 돌아오면 자신이 깜박 잠든 사실을 의식하지 못하고 계속 화두가 살아 있는 걸로 착각하기 때문이다. 그럼 결국 잠들었다 깬 건데 그 게 뭐 어렵냐고? 한번 해보시면 안다. 반수면 상태로 화두를 계속 붙들고 있다는 게 얼마나 어려운 일인지.

꿈과 현실의 한계를 넘어선 도인들은 언제든 RM을 구사할 능력을 얻게 된다. 임진왜란 때 사명대사가 묵는 방을 왜병들이 문을 폐쇄하고 무지막지하게 불을 때워 그를 태워 죽이려 했다. 그런데 나중에 문을 열어보니 방안 천장에 고드름이 매달려있어 왜병들이 모두 뒤로 나자빠졌다는 무용담이 있다. 이런 이야기가 실화라면 RM 말고는 설명할 방법이 없다. 흔히 '도력(道力)'을 발휘했다고 회자되는데 같은 이야기이다.

우리 자의식이 잠에 들어도 차단되지 않는 경지란 꿈과 현실의 경계가 사라지는 것을 의미한다. 그럼 꿈에서 내가 생각하는 대로 사물의 흐름이 바뀌듯이, 현실에서도 비슷한 현상이 나타나게 된다. 이 걸 양자역학 관점에서 해석한다면 '도약'이나 '중첩' 같은 원리가 적용 가능하다. 즉 꿈과 현실의 경계가 완전히 분리돼 있는 것 같지만, 원자 속의 전자가 서로 떨어진 궤도를 도약하듯이 인간 의식이 꿈의 차원에서 현실의 차원으로 도약하지 말란 법이 없다. 반대로 현실의 차원에서 꿈의 차원으로 도약하는 것 역시 마찬가지이다. 또 내가 사물을 관찰하느냐 하지 않느냐에 따라 결과가 달라지는 중첩 상태처럼, 내가 의식을 했느냐 하지 않았느냐에 따라 꿈에서처럼 현실에서도 사물이 중첩 상태가 된다고 볼 수 있다.

만일 이런 현상이 불가능하다면, 앞서 언급한 미국의 내 멘토가 한국의 친구들을 꿈속에서 만나 메시지를 전달했던 일도 불가능해야 한다. 하지만 이 건 드림요가 마스터가 되려면 누구나 경험하는 인증시험이다. 이런 인증시험을 꿈속의 사건이라 할 것인가 현실의 사건이라 할 것인가. 꿈과 현실은 별개 세상이라는 고정관념에 단단히 얽매인 사람이라면 RM의 원리를 이해하기란 불가능하다.

같은 인간인데도 도인들이 RM을 할 수 있는 이유는 수련을 통해서 인간의 언어나 오감에 얽매이지 않는 법을 터득하기 때문이다. 인간이라면 누구나 사로잡혀 있는 고정관념에서 벗어나는 법을 체득한다고 할 수 있다. 나의 멘토는 깨달음 뒤에 일어난 의식의 변화를 가리켜 '항상 두 개의 뇌가 동시에 작동하는 것 같다'고 표현했다. 한 개의 뇌는 평범한 인간들처럼 생각하고 느끼는 뇌이고, 다른 한 개의 뇌는 그런 뇌와 떨어져 그 뇌에서 일어나는 생각이나 느낌을 차분히 관찰하는 뇌이다.

그래도 사물의 현상을 바꾸는 기적이 단지 꿈에서나 가능하지 어떻게 현실에서도 가능하겠냐는 반문이 나올 수 있다. 맞는 말이다. 사물을 변화시킨다는 건 꿈에서는 누구나 가능하지만 현실에서는 절대로 누구나 할 수 없는 일이다. 꿈과 현실은 에너지필드 자체가 다르기 때문이다. 또 인간의 RM과 신의 RM이 같을 수 없는 이유이기도 하다.

알기 쉽게 컴퓨터의 인터넷 데이터 전송속도로 비유해 보자. 인간이 꿈에서 현상을 바꾸는 데 초당 1MB(메가바이트)의 속도가 필요하다면, 현실에서 현상을 바꾸려면 그 1천 배인 초당 1GB(기가바이트)의 속도가 필요하다고나 할까. 이런 데이터용량 단위의 비교가 잘 와 닿지 않으면 휴대폰 카메라 사진의 화소 수를 떠올려 보자. 휴대폰 카메라 사진의 화소 수는 2002년 30만으로 시작해서 20년이 지난 지금은 1억을 상회한다. 그러니까 꿈에서의 RM이 30만 화소 사진을 찍는 수준이라면, 현실에서의 RM은 1억 화소 사진을 찍는 수준이라고나 할까.

도인조차도 꿈이 아닌 현실에서는 30만 화소 수준의 작업도 힘들다. 도인도 인간이기 때문이다. 더구나 현실에서 물질을 '창조'하는 수준의 RM은 비록 작은 물질이라도 1억 화소 이상의 작업 능력이 있어야 한다. 따라서 예수 기적의 하이라이트인 '오병이어의 기적' 수준의 엄청난 물질 창조는 인간의 힘으로는 절대 불가능하다. 동서고금의 어느 종교에서도 예수 기적에 견줄 만한 기적을 실행한 교주는 존재하지 않았다. 왜 예수에게만 오병이어의 기적 같은 창조의 기적이 가능했는지는 이 책의 Ⅳ장에서 자세히 논의한다.

참고:
아래 참고 글은 불교 역사상 최고의 학자로 불리는 기원후 5세기경 인도 출신 스리랑카 승려였던 붓다고사라는 고승이 저술한 <청정도론(淸淨道論)>이라는 방대한 불학서적의 12장 '신통변화'에 등장하는 내용이다. 부처의 깨달음을 얻게 되면 자연적으로 생겨나는 신통력에 관한 설명을 담고 있다. 불가에서 신통력을 어떤 관점으로 보는지 이해를 돕기 위해 인용한다.

①신족통: 일곱 가지 대상, 물질적인 육체가 대상이라서 제한된 대상을 가진다.
신족통((s)rddhi, (p)iddhi)은 마음으로 육신을 만들거나 사라지게 할 수 있고, 벽을 통과할 수 있고, 물 위를 걸을 수 있고, 하늘을 날 수 있는 능력 등을 가리킨다. 신족통을 갖추고 있으면 수명을 연장할 수 있다.
②숙명통: 다음의 여덟 가지 대상이다, 제한된 대상, 고귀한 대상, 무량한 대상, 도의 대상, 과거 현재 미래의 대상, 안팎의 대상, 설

할 수 없는 대상

숙명통((s)purvaniva sanusmrti, (P)pubbenivasanusati)은 전생을 기억해내는 능력이다. 전생에 어디서 무엇을 했으며 부모형제가 누구였는지 등을 기억해 낼 수 있다. 숙명통에 뛰어난 자는 헤아릴 수 없는 과거의 생까지 기억해 낼 수 있다.

③천안통: 네 가지 대상, 즉 제한, 현재, 안과 밖의 대상

천안통((s)divyacaksus, (P)dibbacakkhu)은 보통사람들 눈에 보이지 않는 사물을 보는 능력이다. 중생들이 자기가 지은 업에 따라 태어나고 죽는 것을 보는 능력이다. 선업을 지은 중생은 좋은 곳에서 태어나고 악업을 지은 중생은 나쁜 곳에서 태어나는 모습을 본다. 사람의 육안으로는 볼 수 없는 것을 보는 신통력이다.

④)천이통: 소리의 대상, 네 가지 대상

천이통((s)divyas´rota, (P)dibbasotanana)은 보통사람들이 듣지 못하는 소리를 듣는 능력이다. 천상의 소리를 듣거나 아주 멀리 떨어진 곳에서 나는 소리를 들을 수 있다.

⑤타심통: 마음의 대상, 고귀한 대상, 과거와 미래와 현재의 대상을 가진다. 도와 과의 대상을 가진다.

타심통((s)cetahparyayajñana, (P)cetopariyañana)은 다른 사람의 생각이나 마음을 알 수 있는 능력이다. 타인이 어떤 생각을 하는지 어떤 감정을 가졌는지를 알 수 있다.

⑥)누진통

누진통((s)as´ravaksaya, (P)asavakkhaya)에서 '누'는 번뇌를 의미하며 누진은 번뇌를 모두 소멸시킨 상태를 일컫는다. 누진통을 성

취한 성인은 고통의 근원인 번뇌를 소멸시켜 고통에서 완전히 벗어난 존재이다. 육신통 중에서 최고의 능력은 누진통이다.

붓다고사의 글을 인용한 이유는 신통력이란 우리가 일상 현실에서 접하는 자연과 사물의 법칙으로는 설명되지 않지만, 영적 깨달음을 얻는 순간 자연스럽게 열리는 비밀스러운 속성이 있기 때문이다. 예수 그리스도가 보여준 기적들에 비하면 소소한 수준이지만, 인간들 역시 수련을 통해 영계의 비밀을 접하면 일반인 눈에는 기적처럼 불가사의한 능력을 얻을 수도 있다.

원조 부처인 고타마 싯다르타는 평생 거의 신통력을 행사하지 않았다. 부처는 80세 나이에 대열반에 들 때도(죽을 때도), 상한 음식을 먹고 한 달 동안 고생했다는 기록이 있다. 상한 음식 먹은 사실을 알아차리고 치료할 수도 있었지만, 뱃속의 미생물들을 죽일 수 없어서 식중독의 고통을 감수하며 버텼다고 한다. 불가에서는 이 사실을 두고 부처가 얼마나 지극한 자비심을 갖고 있던 인물인지를 드러내는 사례로 제시한다.

하지만 부처의 돌연사는 그 역시 한치 앞도 내다보지 못한 인간일 뿐이라는 사실을 반증하기도 한다.

예지몽의 신비

− 꿈의 세계는 시공의 장벽을 초월한다

성경에는 야곱, 요셉, 솔로몬, 다니엘, 마리아 등 많은 인물들의 꿈 이야기가 나온다. 대부분 미래를 내다보는 꿈에 관한 이야기들 인데, 이런 꿈을 예지몽(豫知夢)이라고 부른다. 이런 예지몽을 꾸거나 해석하는 능력은 기독교 역사에서 매우 중요한 신의 은사로 기록된다. 신은 인간에게 왜 꿈을 통해 미래를 보여주거나 메시지를 전달했을까. 아마도 그 건 인간의 의식이 가진 한계와 밀접한 연관이 있을 터이다. 즉 인간의 의식은 자유롭게 열려 있는 것 같지만, 사실 언어와 고정관념 등에 의해서 완고하게 외부 현상과 차단돼있다.

나사렛 예수가 대중 앞에 나타나 자신이 신의 아들이라고 주장했을 때의 상황도 마찬가지다. 사람들은, 특히 바리새인 율법학자 제사장 같은 유대족의 기득권 지배계층은 그의 고향과 출신에 집착했다. 시골에 살던 목수 한 사람이 어느 날 갑자기 '내가 하나님 아들'이라고 말하고 다녔으니, 그가 실제로 자신이 신의 분신이라는 수많은 기적을 보여주었음에도 그런 사실은 제쳐놓고 '시골 목수'라는 그의 외적인 조건에만 집착하고 있었다.

이처럼 언어와 고정관념이라는 장애물에 구애받지 않고 인간의

식이 현상 그대로를 받아들일 수 있는 세계가 바로 꿈이다. 꿈에서
는 의식이 차단되기 때문에 의식에 뿌리박힌 고정관념이 힘을 쓸
수 없다. 꿈은 어마어마한 무의식 세계로 연결되는 통로이다. 인간
의 의식은 무의식이 차지하는 전체 의식세계에 비하면 '빙산의 일
각'이라고 표현될 정도로 아주 협소한 세계에 지나지 않는다.

앞 편에서도 언급했지만, 19세기 후반에 출생해 20세기 정신의
학의 혁명을 몰고 온 지그문트 프로이트는 인간에게 내재된 잠재
의식과 무의식의 존재를 최초로 밝혀냈다. 인간 무의식을 반영하는
꿈을 오랜 기간 깊이 임상 연구한 끝에 <꿈의 해석>이라는 기념비
적 학술서적을 저술했다. 프로이트는 유대인 아들로 태어났으나 유
대교에 큰 관심이 없었고 자살로 생을 마감했을 만큼 특별히 종교
에 심취했던 인물도 아니다. 그는 정신적 문제를 갖고 있던 내원
환자들을 오로지 과학적 접근 방법으로 관찰해서 꿈과 최면을 통
해 인간 무의식 세계의 비밀을 벗기려고 노력했다.

그 결과 프로이트는 인간 무의식 세계에서는 과거 현재 미래와
같은 시간의 흐름이 무의미해진다는 사실을 밝혀냈다. 우리 의식에
서는 과거로 범주화된 사실도 무의식에서는 전혀 과거라는 틀에
얽매여 있지 않다. 미래 또한 같은 원리가 적용된다. 놀라운 발견
이었다. 프로이트가 발견한 무의식의 특징은 정확하게 영적 세계의
특징과 일치하기 때문이다. 그러니까 프로이트는 오로지 과학적인
접근만으로 인간의 무의식 세계에서 결과적으로 영적 세계와의 유
사성을 찾아낸 셈이다.

프로이트는 무의식세계가 의식세계로 드러나는 통로로서 꿈을

다루었는데, 사실 꿈이란 영적 세계와 연결된 통로이기도 하다. 인간은 살아가는 도중에 누구나 꿈을 통해 도저히 이해할 수 없는 영적 체험을 한다. 그 대표적인 경우가 바로 예지몽이다.

지난 20세기 미국에서 예지몽으로 널리 알려진 두 대가(大家)가 있는데, 바로 에드가 케이시(Edgar Cayce; 1877~1945)와 크리스 로빈슨(Chris Robinson; 1951~)이다. 두 사람 모두 '꿈꾸는 예언자' '현대판 노스트라다무스'라는 별명을 들었다.

미국의 에드가 케이시는 1929년 경제대공황 발발, 1937년 제2차 세계대전 발발, 1945년 프랭클린 루스벨트 대통령의 집무실 사망, 1963년 존 F. 케네디 대통령의 암살, 1975년 미국의 베트남전 패퇴, 1986년 체르노빌 원전 사고, 1990년 소비에트사회주의연방(소련)의 붕괴 등 숱한 역사적 사건을 예언했다. 그는 깊은 명상 혹은 최면 상태와 비슷한 렘(REM) 수면 상태에서, 즉 꿈을 꾸는 상태에서 세상에 일어날 일들을 내다보고 예언했다.

영국 태생의 크리스 로빈슨은 1988년 스코틀랜드 팬암 여객기 폭파, 1993년 페어포드 에어쇼 전투기 충돌, 1974년 아일랜드 해방군의 영국 폭탄 테러, 1986년 체르노빌 원전 사고, 1997년 다이애나 전 왕세자비 자동차 사고 사망, 2001년 뉴욕 9·11 테러 사건, 2010년 모스크바 지하철 1·2차 폭탄 테러 사건 등 현대사의 숱한 사건사고를 예언했다. 그는 2022년 현재 살아서 활동하고 있는 가장 유명한 예언가이다.

이 두 예언가는 꿈을 통해 미래를 내다보는 능력 외에도 몇 가지 공통점을 갖고 있다. 모두 임사체험(臨死體驗) 같은 강렬한 신체적 변화를 겪은 뒤에 예지 능력을 갖게 됐다는 점, 모두 독실한 기독교인이며 예언 활동을 신이 내린 소명으로 받아들였다는 점 등이다.

매스컴에 일일이 소개되지 않아서 그렇지, 예지몽을 꾸는 사람들은 전 세계적으로 적지 않다. 한국인 사례로는 가수 심수봉씨의 예지몽을 들 수 있다. 심씨 또한 현재 기독교 복음을 적극적으로 전파하는 독실한 크리스천이다. 심씨는 한국사의 물줄기를 바꾼 비극적 사건인 '10·26 사태'의 현장에 있던 인물로 더 유명하다. 심씨는 박정희 대통령이 김재규 중앙정보부장에게 피살되던 1979년 10월26일 밤의 서울 궁정동 만찬장에 있었다.

그런데 박대통령 피격 사건이 발생하기 몇 년 전부터 심씨는 박대통령에게 유고가 있을 것임을 암시하는 꿈을 여러 차례 꿨다. 1974년 8·15 광복절 경축식장에서 피살된 영부인 육영수 여사가 심씨의 꿈에 계속 나타나 애타는 모습으로 무엇인가를 전하려 했다. 그런 꿈이 되풀이될 때마다 육여사의 모습은 갈수록 더 초췌해져 갔다고 한다. 뭔가 알리려 했지만 계속 전달되지 않았던 그 꿈은 결과적으로 남편인 박대통령의 죽음과 함께 중단되었다.

심씨의 육여사 꿈 증언은 마치 영화 <인터스텔라>에서 블랙홀 속의 고차원 공간에 들어간 주인공 쿠퍼가 과거로 돌아가 자기 딸 머피에게 메시지를 전달하려 애쓰던 장면과 오버랩된다. 차원이 달라서 언어로 직접 메시지를 전달할 수 없자, 쿠퍼는 염력으로 책장에 꽂힌 책을 떨어트려 딸의 주의를 환기시킨다.

심씨의 예지몽 경험은 그뿐만이 아니다. 심씨는 어릴 적부터 신통한 꿈을 자주 꾸었다고 고백했다. 심씨가 아끼던 물건을 깬 뒤 숨겨놓은 지인의 모습을 꿈에서 봤는데, 그 꿈 이야기를 전해들은 당사자가 사실이 발각되자 소스라치게 놀랐다고 한다. 심씨가 살던 마을에서 8명이 집단자살을 하는 사건이 벌어졌을 때도, 심씨는 자다가 갑작스런 죽음의 공포가 엄습하는 꿈으로 크게 떨었다고 한다.(2012년 2월15일자 <뉴데일리> 기사)

비단 심수봉씨 경우가 아니더라도, 평범한 사람들 역시 이례적으로 특별한 꿈을 꾼 다음 신상에 큰 변화가 생기는 신기한 일이 종종 일어난다. 우리는 길몽을 꾼 뒤 복권을 사서 1등에 당첨됐다는 식의 예지몽 사연을 종종 듣는다. 임산부의 태몽 같은 경우도 대표적인 예지몽 사례이다. 태몽은 본인이 아니더라도 부모나 가까운 친지들이 대신 꾸기도 하는데, 한국에서는 새로운 생명의 탄생을 알리는 일종의 전통처럼 회자돼 왔다. 꿈의 현실성을 부정하는 사람들도 태몽의 현실성은 굳세게 믿는 가장 아이러니한 한국인 집단무의식의 일종이다.

이렇듯, 크고 작은 예지몽은 비범한 인물뿐 아니라 평범한 사람들의 일상에서도 쉽게 일어나는 영적 현상이다. 이러한 현상이 일어나는 원리는 모른 채, 사람들은 특이한 꿈을 꾸면 이를 해석하는 데만 골몰한다. 아마도 우리 의식에 '꿈의 생성 원리까지 아는 건 불가능한 일'이라는 고정관념이 입력되어 있기 때문이다.

꿈에 대한 고정관념이 사람들의 탓만은 아니다. 인간은 아직 우주 공간의 암흑물질이나 암흑에너지, 지구 내부 등과 같이 육안으로 관찰 가능하거나 조사 가능한 영역조차도 완벽하게 알아내지 못하고 있다. 하물며 무의식 상태에서 잠시 나타났다가 사라지는 꿈이겠는가. 어쩌면 그 생성 원리는 인간에게 영원한 미지의 영역으로 남을지도 모른다.

하지만 예지몽 사례에서 확실하게 알 수 있듯이, 무의식세계에서 일어나는 꿈이 적어도 의식세계에서 일어나는 공상(空想)처럼 현실과 동떨어진 현상은 아니라는 사실을 알아야 한다. 영계는 무의식을 통해 우리 인간이 보고 느끼는 현상계와 쉽게 접속된다. 영계란 인간의 상상 이상의 엄청난 영역이며, 무의식세계는 물론 의식세계까지 망라하는 가장 포괄적인 세계이다.

예지몽을 꾸는 원리는, 우리 인간의 의식이 평상시 3차원 현상계를 바라볼 때는 갇혀 있던 시공간이 꿈을 꿀 때는 열리기 때문이다. 꿈을 꾸면 열리는 무의식 세계야말로 시간의 순서와 공간의 위치가 무의미한 고차원 세계이다. 전율할만한 점은, 숱한 예지몽 사례들에서 알 수 있듯이 다가올 세상이 모두 예정돼 있다는 사실이다. 내일 일어날 사건을 미리 볼 수 있다면, 백년 뒤 천년 뒤 일어날 사건도 미리 보지 못할 이유가 없다.

성경보다 더 이 사실을 명확히 증명하는 책은 세상에 없다. 구약성경은 그리스도가 지상에 출현할 것이라는 예언을 수천 년 전부터 숱하게 했고 결국 실현됐다. 신약성경, 특히 <요한계시록>은 그리스도 재림 전의 말세에 일어날 사건들을 매우 구체적으로 기술하고 있다. 예수의 열두 제자 중 한 사람인 요한이 그리스 밧모섬에 갇혀 있을 때 본 환시를 기록한 글이다. 에드가 케이시나 크리스 로빈슨처럼 미래를 미리 내다본 건 같지만, 무려 이천년 전

기록이다 보니 사물의 명칭을 본인 느끼는 대로 표현해서 숱한 해석의 여지를 남겼다.

Ⅳ. 예수 기적의 비밀

앞서 현대과학 이론과 동양사상의 꿈을 중심으로 기적 발생의 기본 원리를 서술했다면, 이 장에서는 본격적으로 예수 기적의 비밀을 분석해 보려고 한다. 이 책의 목적이 예수 기적의 비밀을 밝히는 것이니까 앞서 다룬 이야기들이 서론이었다면 이제야 본론으로 들어가는 셈이다. 이천년 전에 세상에 태어난 예수라는 인물이 과연 우리 같은 인간이었을까? 아니었다면, 즉 예수가 정말 창조주 하나님의 아들이었다면 그 사실이 그가 행한 기적과 얼마나 관련되어 있을까? 그리고 그런 기적들이 어떻게 가능할 수 있었을까? 꼬리에 꼬리를 무는 의문들이 다뤄질 것이다. 또 예수 기적의 발생 원리와 직접 관련은 없지만, 예수의 정체를 인간보다 먼저 간파한 영적 존재들도 다뤄진다. 인간들은 예수의 기적을 직접 보고도 그가 누구인지 잘 몰랐는데, 귀신이라 불리는 영적 존재들은 예수를 보자마자 그의 정체를 꿰뚫어봤다. 이런 사건 역시 무지몽매한 인간을 일깨우는 또 다른 의미의 기적이나 다름없다.

예수 신성의 결정적 증거 '오병이어의 기적'

인류 역사상 최고의 베스트셀러는 주지하다시피 '성경(Bible)'이다. 이 성경의 주인공은 예수 그리스도이다. 성경은 구약과 신약, 즉 오래된 약속과 새로운 약속이라는 주제로 나뉘어져 있다. 구약은 여호와 하나님의 특명을 받은 그리스도가 세상에 올 것이라는 약속, 신약은 인류를 위해 세상에 왔던 그리스도가 최후의 심판을 위해 재림할 것이라는 약속이다.

예수 그리스도가 30세 나이에 접어들면서 평범한 목수 생활을 청산하고 3년 공생애 기간에 지속적으로 행한 일이 바로 우리가 '기적'이라 부르는, 일종의 RM(Reality Manipulation; 현실조작)이다. 예수의 기적도 편의상 앞장에서 언급한 RM이라 부르는 이유는, 예수의 기적들이 대부분 '의도를 갖고 일으킨 비현실적(초자연적) 사건'이기 때문이다.

인간도 도인이 되면 RM을 할 수 있다고 했는데, 그렇다면 예수도 도인의 한 사람이라는 뜻인가? 바로 이 대목에서 우리 인간들이 예수의 정체를 알 수 있는 단서가 제공된다. 예수의 RM은 인간계에서 가능한 수준을 한참 초월해 있기 때문이다. 예수가 3년간 보여준 기적들은 그가 도저히 우리 같은 인간일 수 없다는 사실을 입증한다. 가령 오병이어의 기적은 그 스케일에서 인류 역사

상 그와 비견할 만한 RM을 도저히 찾아볼 수 없다. 먼저 신약성
경 4대 복음서에 기록된 오병이어 기적의 현장을 마태 마가 누가
요한의 증언 순서대로 따라가 보자.

· 예수께서 들으시고 배를 타고 떠나사 따로 빈 들에 가시니 무리
가 듣고 여러 고을로부터 걸어서 좇아간지라
· 예수께서 나오사 큰 무리를 보시고 불쌍히 여기사 그 중에 있는
병인을 고쳐 주시니라
· 저녁이 되매 제자들이 나아와 가로되 이곳은 빈 들이요 때도 이
미 저물었으니 무리를 보내어 마을에 들어가 먹을 것을 사먹게 하
소서
· 예수께서 가라사대 갈것 없다 너희가 먹을 것을 주어라
· 제자들이 가로되 여기 우리에게 있는 것은 떡 다섯 개와 물고기
두 마리 뿐이니이다
· 가라사대 그것을 내게 가져오라 하시고
· 무리를 명하여 잔디 위에 앉히시고 떡 다섯 개와 물고기 두 마
리를 가지사 하늘을 우러러 축사하시고 떡을 떼어 제자들에게 주
시매 제자들이 무리에게 주니
· 다 배불리 먹고 남은 조각을 열 두 바구니에 차게 거두었으며
· 먹은 사람은 여자와 아이 외에 오천 명이나 되었더라

(마태복음 14장 13~21절)

· 이에 배를 타고 따로 한적한 곳에 갈쌔

· 그 가는 것을 보고 많은 사람이 저희인줄 안지라 모든 고을로부터 도보로 그 곳에 달려와 저희보다 먼저 갔더라

· 예수께서 나오사 큰 무리를 보시고 그 목자 없는 양 같음을 인하여 불쌍히 여기사 이에 여러가지로 가르치시더라

· 때가 저물어가매 제자들이 예수께 나아와 여짜오되 이곳은 빈 들이요 때도 저물어가니

· 무리를 보내어 두루 촌과 마을로 가서 무엇을 사 먹게 하옵소서

· 대답하여 가라사대 너희가 먹을 것을 주라 하시니 여짜오되 우리가 가서 이백 데나리온의 떡을 사다 먹이리이까

· 이르시되 너희에게 떡 몇 개나 있느냐 가서 보라 하시니 알아보고 가로되 떡 다섯 개와 물고기 두 마리가 있더이다 하거늘

· 제자들을 명하사 그 모든 사람으로 떼를 지어 푸른 잔디 위에 앉게 하시니

· 떼로 혹 백씩, 혹 오십씩 앉은지라

· 예수께서 떡 다섯 개와 물고기 두 마리를 가지사 하늘을 우러러 축사하시고 떡을 떼어 제자들에게 주어 사람들 앞에 놓게 하시고 또 물고기 두 마리도 모든 사람에게 나누어 주시매

· 다 배불리 먹고

· 남은 떡 조각과 물고기를 열 두 바구니에 차게 거두었으며

· 떡을 먹은 남자가 오천 명이었더라

(마가복음 6장 32~44절)

· 사도들이 돌아와 자기들의 모든 행한 것을 예수께 고한대 데리

시고 따로 벳새다라는 고을로 떠나 가셨으나

· 무리가 알고 따라왔거늘 예수께서 저희를 영접하사 하나님 나라의 일을 이야기하시며 병 고칠 자들은 고치시더라

· 날이 저물어가매 열 두 사도가 나아와 여짜오되 무리를 보내어 두루 마을과 촌으로 가서 유하며 먹을 것을 얻게 하소서 우리 있는 여기가 빈 들이니이다

· 예수께서 이르시되 너희가 먹을 것을 주어라 하시니 여짜오되 우리에게 떡 다섯 개와 물고기 두 마리 밖에 없으니 이 모든 사람을 위하여 먹을 것을 사지 아니하고는 할 수 없삽나이다 하였으니

· 이는 남자가 한 오천 명 됨이러라 제자들에게 이르시되 떼를 지어 한 오십 명씩 앉히라 하시니

· 제자들이 이렇게 하여 다 앉힌 후

· 예수께서 떡 다섯 개와 물고기 두 마리를 가지사 하늘을 우러러 축사하시고 떼어 제자들에게 주어 무리 앞에 놓게 하시니

· 먹고 다 배불렀더라 그 남은 조각 열 두 바구니를 거두니라

(누가복음 9장 10~17절)

· 그 후에 예수께서 갈릴리 바다 곧 디베랴 바다 건너편으로 가시매

· 큰 무리가 따르니 이는 병인들에게 행하시는 표적을 봄이러라

· 예수께서 산에 오르사 제자들과 함께 거기 앉으시니

· 마침 유대인의 명절인 유월절이 가까운지라

· 예수께서 눈을 들어 큰 무리가 자기에게로 오는 것을 보시고 빌립에게 이르시되 우리가 어디서 떡을 사서 이 사람들로 먹게 하겠

느냐 하시니

· 이렇게 말씀하심은 친히 어떻게 하실 것을 아시고 빌립을 시험코자 하심이라

· 빌립이 대답하되 각 사람으로 조금씩 받게 할찌라도 이백 데나리온의 떡이 부족하리이다

· 제자 중 하나 곧 시몬 베드로의 형제 안드레가 예수께 여짜오되

· 여기 한 아이가 있어 보리떡 다섯 개와 물고기 두 마리를 가졌나이다 그러나 그것이 이 많은 사람에게 얼마나 되겠삽나이까

· 예수께서 가라사대 이 사람들로 앉게 하라 하신대 그 곳에 잔디가 많은지라 사람들이 앉으니 수효가 오천쯤 되더라

· 예수께서 떡을 가져 축사하신 후에 앉은 자들에게 나눠 주시고 고기도 그렇게 저희의 원대로 주시다

· 저희가 배부른 후에 예수께서 제자들에게 이르시되 남은 조각을 거두고 버리는 것이 없게 하라 하시므로

· 이에 거두니 보리떡 다섯 개로 먹고 남은 조각이 열 두 바구니에 찼더라

· 그 사람들이 예수의 행하신 이 표적을 보고 말하되 이는 참으로 세상에 오실 그 선지자라 하더라

· 그러므로 예수께서 저희가 와서 자기를 억지로 잡아 임금 삼으려는 줄을 아시고 다시 혼자 산으로 떠나가시니라

(요한복음 6장 1~15절)

보리떡 다섯 개와 물고기 두 마리는 어린아이의 도시락 분량이

었다. 예수는 이 적은 분량으로 5천 명분 이상의 음식을 창조해냈다. 심지어 열두 광주리에 차고 넘칠 정도로 음식이 남았다. 5천 명은 젊은 남자이며 함께 온 부녀자와 노약자를 포함하면 1만 명이 훨씬 넘을 것으로 추산된다. 하지만 기적이라는 점에서는 5천 명이나 1만 명이나 다를 게 없으니, 편의상 5천 명으로 기록한다. 세계 그 어느 종교의 창시자도, 그 어떤 초인적인 인간도 이런 기적을 일으켰다는 기록이 없다.

증인들이 없는 기적은 아무 의미가 없다. 증인이 없다면 1인분으로 5만 명, 아니 50만 명인들 먹였다고 못 하겠는가. 하지만 오병이어의 기적은 마태 마가 누가 요한의 4대 복음서 필자들이 모두 기록했다. 5천 명이 넘는 증인들이 있는 사실을 놓고 예수의 사도들, 즉 기독교 최초의 성직자들이 작당하여 사기를 치는 일이 가능한가. 더구나 이 사도들은 자기 스승이 하나님의 아들이라는 믿음을 지키고자 목숨까지 바친 인물들이다. 무엇보다 기적의 현장을 지켜본 증인이 5천 명이 넘는 사건을 조작한다는 건 어불성설이다.

오병이어의 기적은 어쩌면 사실 여부보다 이런 기적이 어떻게, 어떤 원리로 가능하냐는 데 더 의문이 있다. 기적의 원리가 이해되지 않으니 실화도 실화로 잘 믿어지지 않는다. 내가 앞서 현대물리학의 성과와 동양사상의 초현실적 사례들을 장황하게 거론한 이유가 모두 이 오병이어의 기적을 설명하기 위한 배경지식들이었다.

오병이어의 기적 역시 본질적으로는 다른 기적들과 같은 연장선상에 있는 사건이다. 다른 기적들도 과학이론이 됐든 뭐가 됐든 논리적으로 설명되기 힘든 점은 마찬가지이다. 그런데 다른 기적들은 그래도 오병이어의 기적만큼 충격적이지는 않다. 불가해한 현상들 이기는 하지만 비교적 발생할 수 있는 사건이라는 인식이 있다. 가령 불치병 환자가 안수 기도를 받고 나았다든가, 귀신을 내쫓아서 병을 고쳤다든가, 안 잡히던 물고기가 갑자기 그물 한가득 잡혔다든가 등의 기적들이 그렇다. 심지어 물 위를 건넜다든가, 죽은 자가 살아났다든가 등의 기적들마저 불가능해 보이지는 않는다.

그런데 오병이어의 기적은 다르다. 이 건 완벽하게 무에서 유를 창조한 기적이다. 그것도 스케일부터 한꺼번에 5천 명 이상을 상대로 한 기적이다. 더구나 이런 엄청난 물질 창조의 기적을 한 번도 아니고 두 번이나 행한 걸로 복음서에 기록돼 있다. 아래 인용하는 성경 내용과 같이 떡 일곱 개와 작은 생선 두어 마리로 장정만 4천 명을 먹였다는 기록도 있다.

이 사건 역시 '칠병이어의 기적'이라고 불린다. 이 사실은 마태·마가 두 사도만 자기 복음서에 기록했다. 다른 두 사도 누가·요한은 아마도 오병이어의 기적과 비슷한 사례라서 굳이 자기 복음서에 추가하지 않은 걸로 보인다.

· 예수께서 제자들을 불러 가라사대 내가 무리를 불쌍히 여기노라 저희가 나와 함께 있은지 이미 사흘이매 먹을 것이 없도다 길에서 기진할까 하여 굶겨 보내지 못하겠노라
· 제자들이 가로되 광야에 있어 우리가 어디서 이런 무리의 배부를 만큼 떡을 얻으리이까

· 예수께서 가라사대 너희에게 떡이 몇 개나 있느냐 가로되 일곱 개와 작은 생선 두어 마리가 있나이다 하거늘

· 예수께서 무리를 명하사 땅에 앉게 하시고

· 떡 일곱 개와 그 생선을 가지사 축사하시고 떼어 제자들에게 주시니 제자들이 무리에게 주매

· 다 배불리 먹고 남은 조각을 일곱 광주리에 차게 거두었으며

· 먹은 자는 여자와 아이 외에 사천 명이었더라

(마태복음 15장 32~38절)

· 그 즈음에 또 큰 무리가 있어 먹을 것이 없는지라 예수께서 제자들을 불러 이르시되

· 내가 무리를 불쌍히 여기노라 저희가 나와 함께 있은 지 이미 사흘이매 먹을 것이 없도다

· 만일 내가 저희를 굶겨 집으로 보내면 길에서 기진하리라 그 중에는 멀리서 온 사람도 있느니라

· 제자들이 대답하되 이 광야에서 어디서 떡을 얻어 이 사람들로 배부르게 할 수 있으리이까

· 예수께서 물으시되 너희에게 떡 몇 개나 있느냐 가로되 일곱이로소이다 하거늘

· 예수께서 무리를 명하사 땅에 앉게 하시고 떡 일곱 개를 가지사 축사하시고 떼어 제자들에게 주어 그 앞에 놓게 하시니 제자들이 무리 앞에 놓더라

· 또 작은 생선 두어 마리가 있는지라 이에 축복하시고 명하사 이

것도 그 앞에 놓게 하시니

· 배불리 먹고 남은 조각 일곱 광주리를 거두었으며
· 사람은 약 사천 명이었더라 예수께서 저희를 흩어 보내시고
· 곧 제자들과 함께 배에 오르사 달마누다 지방으로 가시니라

(마가복음 8장 1~10절)

　인류 역사에 둘도 없는 이런 물질 창조의 기적의 진실이 궁금하
지 않다면 그게 오히려 더 이상한 일 아닌가. 그것도 전 세계에
서 가장 많은 교인과 가장 큰 영향력을 지닌 기독교 창시자의 정
체성과 직결돼 있는 문제이다. 하지만 어떻게 이런 기적이 가능했
는지 그 발생 원리에 대해서는 지금까지 어느 누구도 설명하려는
시도조차 하지 못했다. 그런 기적이 있었던 것은 정황상 모두 사실
이니 그냥 믿는 수밖에 다른 도리가 있느냐는 입장이다. 떡 하나
더 만들어내는 기적도 본 적 없는 평범한 사람들에게는 5천 명 식
사 분량의 떡을 더 만들어냈다는 이야기가 바로 믿어지는 게 오히
려 더 이상할 노릇이다.

　하지만 현대과학과 동양사상을 돌고 돌아 다시 기독교로 돌아온
내 눈에는 오병이어의 기적이 전혀 허구라는 생각이 들지 않았다.
20세기 이후 등장한 과학이론들, 그리고 꿈과 현실처럼 현상계의
이면에 감춰진 진실을 알고 나서는 오히려 오병이어의 기적이 충
분히 발생 가능한 사건이라는 생각이 들었다.

　나는 드림요가 마스터를 통해 꿈과 현실의 비밀을 알게 됐고,
그의 RM 경험을 통해 꿈에서 가능한 일이 어떻게 현실에서도 가

능한지 깨달았다. 이미 어떤 능력을 가진 사람들이 그처럼 꿈과 현실 가리지 않고 원하는 현실을 만들어 낼 수 있는지도 알게 되었다. 그래서 오병이어의 기적 같은 RM을 일으키려면 시도자가 어떤 수준의 존재이어야 가능한지 알기에 새삼 전율할 수밖에 없었다. 오랜 세월 감춰져 있던 천지창조의 증거를 발견한 느낌이었다.

이런 기적의 원리를 제대로 이해하지 못하니 신학자나 성직자들조차 오병이어의 기적을 성경기록 그대로 받아들이지 못하고 자의적 해석에 급급하게 된다. 가장 널리 알려진 자의적 해석 중 하나가 오병이어의 기적을 '나눔의 기적'이라고 주장하는 경우이다. 이 주장에 따르면, 예수가 어린아이의 도시락을 꺼내들어 하늘을 향해 기도하자 양심이 찔린 사람들이 각자 몰래 갖고 온 음식들을 꺼내놓고 함께 나누어 먹게 됐다는 것이다. 나눔의 기적은 18세기 계몽주의 신학자들이 발상한 이래, 20세기 이후 해방신학 등 주로 자유주의 신학자들이 적극 지지해온 해석이다. 예수를 인간적 관점에 치중해 설명하다보니 완전히 궤도를 이탈해 버린 대표적 성경 왜곡 사례이다.

성경을 원문 그대로 보자. 군중이 알아서 도시락을 준비해올 만한 상황이었다면 왜 예수와 제자들이 그들의 허기를 걱정해야 했겠는가. 도시락 챙겨온 어린아이가 있는 점을 봐서는 비상식량을 준비한 사람들이 전혀 없지는 않았을 터이다. 하지만 제자들이 걱정하는 걸 보면 그렇지 못한 사람들이 훨씬 더 많았음이 분명하다. 이 사실은 위 4대 복음서 증언 중에서 요한복음에 '빌립이 대답하되 각 사람으로 조금씩 받게 할지라도 이백 데나리온의 떡이 부족

하리이다'와 같이 명확하게 기록돼 있다. 이백 데나리온은 요즘 한국 화폐가치로 수천만 원에 해당하는 거액이다. 그 정도의 떡이 더 필요했다는 이야기는, 현장에서 추정되는 비상식량의 양이 거의 미미했다는 뜻이다. 숨겨온 도시락들을 겨우 나누어 먹는 수준인데 무슨 수로 5천 장정이 배불리 먹고도 열두 광주리에 차고 넘칠 정도로 음식이 남았겠는가.

나눔의 기적일 수가 없는 증거가 더 있다. 성경은 분명히 제자들이 예수에게 떡과 생선을 받아서 군중들에게 일일이 나눠주었다고 음식의 출처와 전달 과정을 명확하게 기록하고 있다. 양심에 찔린 군중들이 각자 숨겨온 음식을 꺼내서 서로 나눠 먹었다는 '소설'은 도대체 어떤 근거에서 시작된 주장인가. 4대 복음서 내용을 종합하면 떡과 물고기를 나눠준 방식과 경로가 아래와 같이 딱 떨어지게 일치된다.

1) 예수가 제자들에게 일러 군중들을 50명씩 무리를 지어 앉게 했다. 50명씩 앉아도 5천 명이면 1백 개의 무리가 형성된다. 워낙 많은 인원이다 보니 어떤 무리는 50명이 아니라 1백 명이 모이기도 했다.
2) 예수가 떡과 물고기를 든 다음 하늘을 우러러 축사하고 제자들에게 계속 떡과 물고기를 떼어줬다. 제자들은 예수가 건네주는 떡과 물고기를 받아 많은 무리들이 모여 앉아있는 자리 앞에 일일이 직접 전달했다.
3) 5천 명이 모두 배불리 먹었는데도 음식이 열두 광주리에 찰 정

도로 많이 남았다. 이런 기적을 목격한 군중들이 예수가 구세주이므로 왕으로 모셔야 한다며 웅성거리자 예수는 자리를 피한다.

4대 복음서는 마태 마가 누가 요한 네 사도의 기억과 현장 증언에 의해서 기록된 글이다. 그래서 오병이어의 기적이 벌어진 현장에 대한 기록도 똑같지는 않다. 하지만 각자 기억에서 조금씩 빠트린 내용은 있을지언정 똑같은 상황을 다르게 증언하는 내용은 전혀 없다. 주요 골자는 모두 아주 정확하게 일치한다. 아무리 눈을 씻고 읽어도 나눔의 기적 같은 해석이 끼어들 여지가 없다. 나눔의 기적 해석은 오병이어의 기적이 과학적으로 불가능한 현상이라는 전제 아래 성경의 증언을 무시하고 억지로 만들어낸 궤변이요 소설에 지나지 않는다.

오병이어의 기적이 나눔의 기적일 수 없는 더 결정적인 증거가 있다. 바로 '칠병이어의 기적'이다. 앞서 인용한 칠병이어의 기적을 읽어보면, 모두 4천 명의 무리들이 사흘 동안 예수 일행을 따라다니느라 굶주려서 기진한 상태라는 기록이 나온다. 나눔의 기적을 주장하는 이들의 논리대로라면, 칠병이어의 기적에서도 예수 일행을 따라다닌 무리들이 역시 숨겼던 도시락을 꺼내서 나누어 먹었어야 한다. 그런데 당일에 집에서 나온 사람들도 아니고 사흘 동안 예수 일행을 쫓아다닌 사람들이 무슨 수로 도시락을 준비했겠는가. 나눔의 기적을 적용하면 이야기의 앞뒤가 전혀 맞지 않는다.

나눔의 기적 같이 반성경적이고 인본주의적인 해석이 나오게 된 근본적인 이유는 오병이어의 기적이 병자들을 고치는 기적과는 다른 차원의 기적이기 때문이다. 오병이어의 기적은 한마디로 창조주의 기적이다. 그런데 물질을 창조하는 '비과학적' '초자연적' 현상을 영적 지도자라는 자기들조차 믿기는 힘들고, 하지만 설명은 해야겠고, 그러다보니 성경이 명확하게 전하는 사실조차 제쳐놓고 지극히 '인간적인' 상상력을 발휘한 셈이다. 자기가 믿지 못하는 사실을 가르치기 힘드니까 자기가 믿을 수 있는 이야기를 만든 셈이다.

나눔의 기적 해석자들이 주장의 근거로 제시하는 이유가 또 있다. 오병이어의 기적 같은 경험을 했다면, 즉 없는 물질도 창조하는 스승 예수의 모습을 직접 목격했다면, 어떻게 제자들이 자기 스승이 신이라는 사실을 의심했겠느냐는 설명이다. 예수가 십자가형을 당하기 전 체포될 때에 뿔뿔이 흩어져 도망쳤던 제자들을 가리키는 말이다. 예수가 떡과 물고기를 직접 창조하는 모습을 봤다면 예수가 신이라는 사실을 확고하게 믿지 않았겠냐는 뜻이다.

이런 오해는 인간이 얼마나 의심이 많은 존재인지 모르고 하는 소리이다. 예수의 제자들 중 부활한 예수를 첫눈에 알아본 자는 아무도 없었다. 심지어 도마는 먼저 예수를 만난 제자들의 증언을 듣고 예수를 봤는데도 의심했다. 예수의 옆구리에 창에 찔렸던 구멍과 손바닥의 못 자국을 직접 만져 보고서야 부활한 스승을 인정했다. 스승 예수가 이미 공생애 활동 기간에 자신이 죽고 난 뒤 사흘 만에 부활할 것이라고 누차 예고했는데도 그러했다.

제자들이 굳건한 믿음을 갖게 된 시점은 스승 예수가 부활 승천하는 과정을 모두 지켜본 뒤 오순절 마가 다락방에서 성령을 받고

난 이후였다. 예수가 체포될 때 도망쳤던 나약한 제자들은 사라지고, 모두 순교를 마다하지 않을 만큼 강인한 믿음의 전사들로 변신했다. 나눔의 기적 같은 해석이야말로 그 자체가 인간의 의심이 얼마나 뿌리 깊은지, 또 인간이 때로는 직접 보고 기록한 사실조차 믿지 못하는 얼마나 눈뜬 소경 같은 존재인지를 보여주는 사례이다.

신약성경 4대 복음서에 모두 크게 강조되고 자세히 기술된 오병이어의 기적을 나눔의 기적 같은 식으로 폄하하는 신학자나 성직자에게 다시 묻고 싶다. 그렇게 과학적으로 설명이 안 돼서 못 믿겠다면 예수가 물을 포도주로 바꾼 기적은, 파도가 출렁이는 갈릴리 호수 위를 걸어온 기적은, 죽은 지 나흘이나 지나 이미 부패가 시작된 시체를 되살리는 기적은 어떻게 설명하겠는가. 기독교 신앙은 예수가 하나님의 독생자라는 믿음에서 출발한다. 하나님이 천지를 창조한 사실은 믿는가? 그 사실을 믿는다면 고작 오병이어의 기적 같은 작은 창조를 왜 못 믿는가. 너무 앞뒤가 안 맞는 해석이라고 생각하지 않는가. 오병이어의 기적이 나눔의 기적에 불과하다면, 그런 기적은 예수 아니라 어떤 인간도 할 수 있는 퍼포먼스에 불과하다. 당신이 제자라면 그런 평범한 정신적 지도자의 말 한마디 믿고 자기 목숨까지 바칠 수 있겠는가. 십자가에 매달리고 굶주린 사자 굴에 던져질 수 있겠는가.

나눔의 기적 같은 인본주의적 해석의 심각성은, 이런 시각이 성경 전체를 부정할 수 있는 토대가 되기 때문이다. 성경의 신성(神性)을 부정함으로써 성경을 일개 전설이나 신화의 기록으로 격하시킬 위험성이 크다. 성경이라는 책 자체가 기적에서 시작해서 기적으로 끝나는 기록물이다. 하나님이 말씀으로 천지를 창조했다는 창세기 1장부터, 예수 그리스도의 재림과 세상에 대한 심판을 예언한 요한계시록 22장에 이르기까지, 성경은 창조주 하나님과 그의 독생자 예수에 대한 믿음 없이는 받아들이기 힘든 기적 이야기로 가득 차 있다.

예수가 행한 오병이어의 기적은 성경에 이미 그 전조와 같은 기적이 기록돼 있다. 구약성경 열왕기하 4장에 기록되었듯이, 엘리사 선지자가 보리떡 20개로 제자 100명을 배불리 먹인 기적이 바로 그것이다.

· 한 사람이 바알 살리사에서부터 와서 처음 익은 식물 곧 보리떡 이십과 또 자루에 담은 채소를 하나님의 사람에게 드린지라 저가 가로되 무리에게 주어 먹게 하라
· 그 사환이 가로되 어찜이니이까 이것을 일백명에게 베풀겠나이까 하나 엘리사는 또 가로되 무리에게 주어 먹게 하라 여호와의 말씀이 무리가 먹고 남으리라 하셨느니라
· 저가 드디어 무리 앞에 베풀었더니 여호와의 말씀과 같이 다 먹고 남았더라

(열왕기하 4장 42~44절)

엘리사 선지자는 예수가 탄생하기 800년 전의 인물이다. 예수 말고는 성경에 등장하는 그 어느 선지자보다 많은 기적을 행한 인

물로, 구약성경에 기록된 그의 기적만 해도 16가지나 된다. 물론 위에 인용한 보리떡의 기적도 오병이어의 기적에 비견할 수준은 못 된다. 엘리사와 제자들 간에만 있었던 사건이고, 떡을 취한 인원도 훨씬 적다. 하지만 이 기록에서도 우리가 간과할 수 없는 대목은 '여호와의 말씀이 무리가 먹고 남으리라 하셨느니라'이다. 엘리사가 여호와 하나님께 택함 받은 선지자의 삶을 살면서, 개인의 능력이 아닌 창조주의 대리인으로 기적을 행하였음을 확증하고 있기 때문이다.

어떤 도인이 순수한 개인의 능력으로 오병이어의 기적 같은 창조의 기적을 행하였다는 소리가 들리면 나 역시 내 눈으로 보기 전에는 절대 믿지 못한다. 오병이어의 기적은 절대로 인간 개인이 실행할 수 있는 기적이 아니기 때문이다. 나 역시 기적의 원리를 알고 나서야 비로소 깨달은 사실이다. 그 원리는 바로 다음 편에서 밝힌다.

예수 기적의 비결 '100% 믿음'

역사상 그 어떤 종교의 창시자도 예수 그리스도가 수많은 사람들 앞에서 직접 보여준 만큼 많은 기적을 행한 사례가 없다. 부처, 공자와 맹자, 노자와 장자, 마호메트 등 그 누구의 생애를 되짚어봐도 마찬가지이다.

왜 그랬을까? 답은 간단하다. 예수를 제외한 나머지 교주들은 모두 인간이었기 때문이다. 폄하하는 게 아니다. 주요 종교의 교주들 어느 누구도 단 한마디라도 자신이 신이라고 이야기한 적이 없다. 나는 과거에 그들이 저술하거나 저술케 한 경전들도 두루 읽었다. 기독교의 예수 말고는 모두 인간에 지나지 않는다는 지적에는 '신성모독' 같은 식의 반발 자체가 성립되지 않는다. 만일 그런 표현을 쓰는 종교인이 있다면 그는 인간인 교주를 신으로 조작하는, 그 교주도 원치 않았던 일을 함부로 자행하는 사이비 신도밖에 되지 않는다. 그래서 신성모독 대신에 '예수도 같은 인간일 뿐'이라는 반박밖에 나올 수 없다.

오직 예수라는 인물만이 유일하게 자신이 신이라고 주장하고도 이천년 세월이 지난 지금까지 사기꾼으로 몰리지 않고 건재한 유일한 교주이다. 주장이 설득력을 얻으려면 증명이 돼야 한다. 예수는 3년간 헤아릴 수 없이 많은 기적을 실행하여 자신이 하나님의 아들이라는 사실을 증명했다. 그리고 자기가 행한 기적들이야말로 자신이 누구인지를 증명한다고 아래 성경말씀과 같이 스스로 명백하게 밝혔다.

· 예수께서 대답하시되 내가 아버지께로 말미암아 여러가지 선한 일을 너희에게 보였거늘 그 중에 어떤 일로 나를 돌로 치려하느냐
· 유대인들이 대답하되 선한 일을 인하여 우리가 너를 돌로 치려는 것이 아니라 참람함을 인함이니 네가 사람이 되어 자칭 하나님이라 함이로라
· 예수께서 가라사대 너희 율법에 기록한바 내가 너희를 신이라 하였노라 하지 아니하였느냐
· 성경은 폐하지 못하나니 하나님의 말씀을 받은 사람들을 신이라 하셨거든 하물며 아버지께서 거룩하게 하사 세상에 보내신 자가 나는 하나님 아들이라 하는 것으로 너희가 어찌 참람하다 하느냐
· **만일 내가 내 아버지의 일을 행치 아니하거든 나를 믿지 말려니와**
· **내가 행하거든 나를 믿지 아니할지라도 그 일은 믿으라 그러면 너희가 아버지께서 내 안에 계시고 내가 아버지 안에 있음을 깨달아 알리라 하신대**
· 저희가 다시 예수를 잡고자 하였으나 그 손에서 벗어나 나가시니라

(요한복음 10장 32~39절)

그러니 예수의 기적들을 어떻게 믿거나 말거나 식으로 받아들이

겠는가. 성경에 따르면, 예수의 공생애 시절에도 그의 기적을 그가 하나님의 아들이라는 징표로 받아들인 사람들이 많았다. 성경이 표현하는 대로 기적이 아닌 신의 '표적(sign)'으로 이해했다. 또는 예수가 어떻게 기적을 일으킬 수 있는지 이해되지는 않지만 어쨌든 특별한 능력이라는 사실만은 인정하고 넘어간 부류들도 있었다. 두 경우 모두 예수의 기적을 가능케 하는 원리까지 이해하지는 못했지만, 전자는 기적의 본질을 정확하게 이해했고 후자는 그렇지 못했던 차이가 있다.

하지만 이런 기적이 이루어지는 원리를 이해한다면, 예수의 기적은 창조주에게서나 가능한 현상들이라는 걸 대번에 알 수 있다. 예수의 기적은 인간이 보여줄 수 있는 클래스를 한참 초월한 수준이다. 역사상 그 어떤 인간이 5천 명이 눈 뜨고 뻔히 보고 있는 상황에서 5천명분의 떡과 물고기를 창조해서 나누어준 적이 있다는 말인가.

그 정도 기적은 인간에게는 사물현상을 임의로 조작하는 자각몽에서조차 거의 불가능한 수준이다. 자각몽에서 복제는 어느 정도 가능하다. 이 건 나도 직접 경험해 봐서 알 수 있다. 하지만 인간은 꿈에서조차 사물 몇 개 복제하는 데도 고도의 집중력을 유지해야 한다. 하물며 실제 현실이겠는가. 생각해 보라. 힉스입자처럼 존재 여부가 의심스럽던 극소의 물질 하나를 순간적으로 포착해내는 데도 11조원의 제작비가 투입된 지름 8km, 둘레 27km의 어마어마한 초대형 강입자충돌형가속기(LHC)가 필요했다.

양자역학이 출현하기 전까지, 인류가 과학적 근거를 갖고 예수의 기적에 접근하기란 아예 불가능했다. 예수가 보여준 기적들은 고전 물리학의 원리로는 도저히 설명되지 않는 불가사의한 사건들이었다. 특히 떡과 물고기라는 물질을 현장에서 바로 대량 창조한 오병이어의 기적 같은 사건은 인류 역사상 유례를 찾아볼 수 없다.

하지만 양자역학이 밝혀온 현상계의 비밀 덕분에 오병이어의 기적에 대한 과학적 접근에도 파란불이 켜졌다. '관찰' '중첩' '도약' '얽힘' 등과 같이 미시세계에서 일어나는 사물의 원리는 인간이 기적이라 부르는 현상들처럼 평상시 인간의 직관이나 상식과 맞지 않는다. 같은 사물이 단지 내가 볼 때와 보지 않을 때 다른 형질이나 속성으로 변화한다는 게 상식적으로 말이 되는가? 하지만 '관찰' 조건의 유무에 따라 전자가 입자일 수도 있고 파동일 수도 있다는 사실에서 이 '비상식적'인 현상은 이미 현실로 입증되었다. 서울에 있던 사람이 갑자기 부산에서 나타나는 현상이나 다름없는 '도약'도 마찬가지이다. 눈에 보이지 않지만 존재하는 걸로 입증된 힉스입자는 또 어떠한가.

앞서 나는 꿈과 현실은 분리된 현상세계가 아니라는 사실을 실제 사례까지 들어가며 밝혔다. '드림요가와 RM' 편에서 제시했던 초현실적 사례들도 인간이 꿈과 다르다고 여기는 현실 역시 꿈과 같은 '현상'이기에 가능한 증거들이다. '자각몽의 기적' 편에서 내 경험도 인용하며 평범한 사람도 꿈에서는 얼마든지 사물을 변형시키거나 창조할 수 있다고 이야기했다. 이 건 인간이 꿈에서 자기의 식만 유지할 수 있다면, 즉 자각몽 조건에서라면 누구에게나 가능한 일이다.

그런데 인간에게도 꿈에서는 가능한 RM이 현실에서는 일어나지 않는 이유가 뭘까?

그 건 바로 내 생각과 물질계 사이에 가로막혀 있는 거대한 장벽인 '불신(不信)' 때문이다. 다른 언어로 표현하면 '불가능'이라는 고정관념이다. 우리가 어떤 일이 불가능하다고 생각하는 한, 그 일은 절대 일어나지 않는다. 양자역학의 이중슬릿 실험이 입증했듯이, 우리가 관찰할 때 입자인 전자는 절대 파동의 속성을 드러내지 않았다. 전자라는 물질은 그것이 입자 반응을 보일 것이라고 철석같이 믿는 관찰자의 고정관념에 절대적으로 부응했다. 이 실험은 물질세계가 인간의 의식세계와 얼마나 밀접한 연관을 갖고 밀착돼 있는지를 드러냈다.

인간이 물질을 창조한다는 건 인간 두뇌에 아주 강하게 불가능한 일로 각인돼 있다. 더 불가능하다고 간주될 만한 일을 떠올리기 힘들 정도이다. 물질 창조는 시도 자체도 하지 못하지만, 미친 척하고 시도한다 하더라도 무에서 유를 창조하는 현상은 절대 일어나지 않는다. 하지만 예수라는 인물은 고정관념에 지배되는 인간과 달랐다. 그에게는 처음부터 '불가능'이라는 단어가 무의미했다. 그렇지 않았다면 그가 행한 기적들은 언감생심 시도조차 할 수 없는 것들이었다. 아래 인용하는 성경의 한 대목은 예수가 생각하는 '믿음'이라는 의식작용의 본질에 대해 생각하게 만든다.

· 그들이 무리에게 이르매 한 사람이 예수께 와서 꿇어 엎드려 이르되

148

· 주여 내 아들을 불쌍히 여기소서 그가 간질로 심히 고생하여 자주 불에도 넘어지며 물에도 넘어지는지라
· 내가 주의 제자들에게 데리고 왔으나 능히 고치지 못하더이다
· 예수께서 대답하여 이르시되 믿음이 없고 패역한 세대여 내가 얼마나 너희와 함께 있으며 얼마나 너희에게 참으리요 그를 이리로 데려오라 하시니라
· 이에 예수께서 꾸짖으시니 귀신이 나가고 아이가 그 때부터 나으니라
· 이 때에 제자들이 조용히 예수께 나아와 이르되 우리는 어찌하여 쫓아내지 못하였나이까
· 이르시되 너희 믿음이 작은 까닭이니라 진실로 너희에게 이르노니 만일 **너희에게 믿음이 겨자씨 한 알 만큼만 있어도 이 산을 명하여 여기서 저기로 옮겨지라 하면 옮겨질 것이요 또 너희가 못할 것이 없으리라**

(마태복음 17장 14~20절)

이 성경 대목에서 알 수 있듯이, 예수가 생각하는 가능한 일과 불가능한 일의 차이는 '믿음'의 차이였다. 이 마태복음 17장 구절 말고도 예수가 사람들에게 믿음만 있다면 불가능이란 없다고 가르치는 대목은 성경에 아주 여러 차례 등장한다.

· 이에 그들이 제자들에게 와서 보니 큰 무리가 그들을 둘러싸고 서기관들이 그들과 더불어 변론하고 있더라

149

· 온 무리가 곧 예수를 보고 매우 놀라며 달려와 문안하거늘

· 예수께서 물으시되 너희가 무엇을 그들과 변론하느냐

· 무리 중의 하나가 대답하되 선생님 말 못하게 귀신 들린 내 아들을 선생님께 데려왔나이다

· 귀신이 어디서든지 그를 잡으면 거꾸러져 거품을 흘리며 이를 갈며 그리고 파리해지는지라 내가 선생님의 제자들에게 내쫓아 달라 하였으나 그들이 능히 하지 못하더이다

· 대답하여 이르시되 믿음이 없는 세대여 내가 얼마나 너희와 함께 있으며 얼마나 너희에게 참으리요 그를 내게로 데려오라 하시매

· 이에 데리고 오니 귀신이 예수를 보고 곧 그 아이로 심히 경련을 일으키게 하는지라 그가 땅에 엎드러져 구르며 거품을 흘리더라

· 예수께서 그 아버지에게 물으시되 언제부터 이렇게 되었느냐 하시니 이르되 어릴 때부터니이다

· 귀신이 그를 죽이려고 불과 물에 자주 던졌나이다 그러나 무엇을 하실 수 있거든 우리를 불쌍히 여기사 도와주옵소서

· 예수께서 이르시되 **할 수 있거든이 무슨 말이냐 믿는 자에게는 능히 하지 못할 일이 없느니라** 하시니

· 곧 그 아이의 아버지가 소리를 질러 이르되 내가 믿나이다 나의 믿음 없는 것을 도와 주소서 하더라

· 예수께서 무리가 달려와 모이는 것을 보시고 그 더러운 귀신을 꾸짖어 이르시되 말 못하고 못 듣는 귀신아 내가 네게 명하노니 그 아이에게서 나오고 다시 들어가지 말라 하시매

· 귀신이 소리 지르며 아이로 심히 경련을 일으키게 하고 나가니 그 아이가 죽은 것 같이 되어 많은 사람이 말하기를 죽었다 하나
· 예수께서 그 손을 잡아 일으키시니 이에 일어서니라

(마가복음 9장 14~27절)

· 사도들이 주께 여쭈오되 우리에게 믿음을 더하소서 하니
· 주께서 이르시되 **너희에게 겨자씨 한 알만한 믿음이 있었더라면 이 뽕나무더러 뿌리가 뽑혀 바다에 심기어라 하였을 것이요 그것 이 너희에게 순종하였으리라**

(누가복음 17장 5~6절)

예수의 가르침을 통해 우리가 알 수 있는 사실은 예수 기적의 비결은 바로 '완벽한 믿음', 즉 순도 100%의 믿음이다. 이는 기적을 행한 당사자가 직접 밝힌 비결이다. 동시에 예수는 자신이 행한 기적을 통해서 하나님의 아들인 자신의 정체도 알 수 있다고 누차 이야기했다. 완벽한 믿음이 기적의 원동력이며 자신이 행한 기적을 통해 자신이 하나님 아들이라는 사실을 알 수 있다는 예수의 이 두 가지 가르침에서 우리는 신과 인간이 지닌 믿음의 질적 차이를 깨닫게 된다. 다른 말로 정리하면, 믿음이라는 정신현상 또는 의식현상에서 신과 인간 사이에는 근본적인 차이가 존재한다는 사실이다.

예수가 보기에 인간에게는 겨자씨 한 알만한 믿음조차 없다. 산을 옮길 정도의 믿음? 역사상 그런 믿음을 보여준 인간이 예수 말

고 단 한 사람이라도 존재했던가? 예수가 말한 겨자씨 한 알만한 믿음의 비유는 달리 설명하면 인간은 그만큼 본질적인 의미의 완벽한 믿음을 갖기 힘들다는 뜻이다. 인간은 늘 '불가능'을 이야기하는 고정관념 덩어리이기 때문이다. 인간은 고정관념으로 뭉쳐진 부모와 사회의 교육을 받고 자란, 거의 벗어나기가 불가능할 정도로 완고한 고정관념의 화신이다.

성경에서 믿음의 조상이라 일컬어지는 아브라함, 다윗, 다니엘 등 구약시대의 인물들은 물론 스테판, 바울, 베드로 등 목숨을 초개와 같이 던진 신약시대의 순교자들마저 예수 수준의 믿음을 가졌던 존재였다고 볼 수는 없다. 만일 그렇지 않다면, 즉 인간도 예수가 일으킨 기적을 모두 행할 정도의 믿음을 가질 수 있는 존재라면, 예수의 기적을 보고 예수가 하나님의 아들이라는 사실을 판단할 근거 자체가 사라진다.

다만 성령의 역사로 영적 변화가 생기면 믿음의 수준이 달라진다. 우리는 여호와 하나님이 세운 엘리사 선지자의 기적을 통해 신만이 가능한 창조의 기적이 어떻게 인간인 엘리사에게서 가능할 수 있었는지를 보았다. 또 예수 승천 후에 성령을 받은 제자들이 행한 기적의 행진을 보면, 비록 오병이어의 기적 같은 창조의 기적까지는 아니더라도 일반인 시각에서 보면 거의 예수 기적에 버금가는 수준이었다. 예수가 말한 겨자씨 한 알의 믿음이란 어쩌면 예수 승천 후 성령을 받은 제자들이 보인 믿음이었을 수 있다. 그들이 보인 기적도 기적이려니와, 자기 목숨을 초개와 같이 내던질 정도의 믿음이라면 산을 옮길 만한 믿음보다 작다고 할 수 없다.

믿음에는 믿는 대상과 목적이 있다. 예수가 말한 믿음의 대상은 창조주 하나님이다. 그러니까 언어와 관념으로 프로그래밍이 된 존재인 우리 인간이 기적을 일으킬 수 있는 방법은 프로그래머인 창조주를 믿고 그에게 기적을 의뢰하는 수밖에 없다는 뜻이다. 창조주 하나님에 대한 믿음이야말로 인간이 누구나 가장 수월하게 기적을 기대할 수 있는 방법이다. 인간이 창조주 하나님께 기도해도 기적이 일어나지 않는 이유는 믿음이 부족해서이든지, 아니면 창조주의 뜻이나 계획에 어긋나는 기도를 해서든지 이 두 가지 때문이다.

· 내가 진실로 진실로 너희에게 이르노니 나를 믿는 자는 나의 하는 일을 저도 할 것이요 또한 이보다 큰 것도 하리니 이는 내가 아버지께로 감이니라
· 너희가 내 이름으로 무엇을 구하든지 내가 시행하리니 이는 아버지로 하여금 아들을 인하여 영광을 얻으시게 하려 함이라
· 내 이름으로 무엇이든지 내게 구하면 내가 시행하리라

(요한복음 14장 12~14절)

믿음의 화신인 하나님의 아들 예수 그리스도마저도 유일하게 기도의 응답을 받지 못했던 때가 있다. 바로 하나님의 뜻에 어긋난 기도를 했을 때였다. 예수는 십자가에서 죽기 전날, 겟세마네 동산에서 밤새 피땀을 흘리며 '아버지 뜻에 어긋나지만 않는다면 가능한 한 살게 해 달라'는 요지로 간절히 하나님께 기도했다. 하나님

은 아무런 응답을 하지 않았고, 예수는 이를 자신이 예정된 희생의 길을 가야 한다는 응답으로 받아들였다. 예수가 십자가에서 흘린 피는 고통 없이 이루어진 창조주의 자작극이 아니다. 십자가야말로 위대한 신의 사랑이 낳은 자기희생(Self-sacrifice)의 상징이다. 인간의 영혼을 구원하려는 십자가의 희생이 없었다면 가톨릭이나 기독교가 탄생할 수 없었다.

신약성경 복음서에는 예수가 평범한 사람들의 믿음을 칭찬한 아래와 같은 사례들도 나온다. 평범한 사람들은 그런 믿음으로 자신들이 간절히 원했던 바를 이루게 된다. 그러니까 인간이 예수처럼 스스로 기적을 행하기는 어렵지만, 예수를 전적으로 믿고 의지함으로써 그 어떤 방법보다 기적에 가까이 다가설 수 있게 된다.

· 열 두 해를 혈루증으로 앓는 한 여자가 있어
· 많은 의원에게 많은 괴로움을 받았고 있던 것도 다 허비하였으되 아무 효험이 없고 도리어 더 중하여졌던 차에
· 예수의 소문을 듣고 무리 가운데 섞여 뒤로 와서 그의 옷에 손을 대니
· 이는 내가 그의 옷에만 손을 대어도 구원을 얻으리라 함일러라
· 이에 그의 혈루 근원이 곧 마르매 병이 나은 줄을 몸에 깨달으니라
· 예수께서 그 능력이 자기에게서 나간 줄을 곧 스스로 아시고 무리 가운데서 돌이켜 말씀하시되 누가 내 옷에 손을 대었느냐 하시니

· 제자들이 여짜오되 무리가 에워싸 미는 것을 보시며 누가 내게 손을 대었느냐 물으시나이까 하되
· 예수께서 이 일 행한 여자를 보려고 둘러보시니
· 여자가 제게 이루어진 일을 알고 두려워하여 떨며 와서 그 앞에 엎드려 모든 사실을 여짜온대
· 예수께서 가라사대 딸아 네 믿음이 너를 구원하였으니 평안히 가라 네 병에서 놓여 건강할찌어다

(마가복음 5장 25~34절)

· 어떤 백부장의 사랑하는 종이 병들어 죽게 되었더니
· 예수의 소문을 듣고 유대인의 장로 몇을 보내어 오셔서 그 종을 구원하시기를 청한지라
· 이에 저희가 예수께 나아와 간절히 구하여 가로되 이 일을 하시는 것이 이 사람에게는 합당하니이다
· 저가 우리 민족을 사랑하고 또한 우리를 위하여 회당을 지었나이다 하니
· 예수께서 함께 가실쌔 이에 그 집이 멀지 아니하여 백부장이 벗들을 보내어 가로되 주여 수고하시지 마옵소서 내 집에 들어오심을 나는 감당치 못하겠나이다
· 그러므로 내가 주께 나아가기도 감당치 못할 줄을 알았나이다 말씀만 하사 내 하인을 낫게 하소서
· 저도 남의 수하에 든 사람이요 제 아래에도 군병이 있으니 이더러 가라 하면 가고 저더러 오라 하면 오고 제 종더러 이것을 하라

하면 하나이다

· 예수께서 들으시고 저를 기이히 여겨 돌이키사 좇는 무리에게 이르시되 내가 너희에게 이르노니 이스라엘 중에서도 이만한 믿음은 만나보지 못하였노라 하시더라

· 보내었던 사람들이 집으로 돌아가 보매 종이 이미 강건하여졌더라

(누가복음 7장 2~10절)

평범한 인간도 꿈에선 눈앞의 현상을 좌우할 수 있는데, 그 이유는 누구나 꿈에서는 불가능이라는 고정관념의 지배를 덜 받기 때문이다. 의식이 각성된 현실에서만큼 불가능을 의심하거나 두려워하지 않는다. 자각몽을 꾸며 변화를 시도해본 사람은 알겠지만, 아무리 자의식이 살아있다고 해도 자각몽도 꿈속이기는 마찬가지이다. 현실에서만큼 자의식이 생생하지는 않다. 그러다보니 역으로 의심, 두려움 같은 잡생각까지 할 만큼 의식이 여유롭지 못하다. 내 경험으로 봐도 자각몽 상태에서는 약간의 의심도 품어본 기억이 없다. 그냥 어떤 변화를 생각하면 동시에 그 변화가 이루어졌다. 예수가 현실에서 기적을 일으킬 때의 영적 상태가 인간의 자각몽 의식 상태와 비슷할 수도 있다.

베드로가 물 위를 걷는 스승 예수를 보고 따라서 물 위를 걷다가 의심이 드는 순간에 바로 물에 빠진 사례는 믿음의 순도가 얼마나 중요한지 말해준다. 물에 빠진 베드로를 건져주며 예수는 "믿음이 적은 자여 왜 의심하였느냐"라고 말했다.(마태복음 14장 31

절) 기적을 일으키는 힘은 안 될 거라는 의심이 전혀 없는, 불가능한 일이라는 고정관념 자체가 전혀 없는, 순도 100%의 완벽한 믿음이다. 그래서 예수는 인간의 영혼이 천국에 가려면 순수한 어린아이 영혼 같아야 한다는 사실을 강조했다.

진실로 너희에게 이르노니 너희가 돌이켜 어린 아이들과 같이 되지 아니하면 결단코 천국에 들어가지 못하리라

(마태복음 18장 3절)

세계적 화제를 몰고 다니는 미국 테슬라(Tesla)사 최고경영자 '일론 머스크'는 한 TV 토크쇼에서 '이 세상이 시뮬레이션이 아닐 확률은 10억분의 1'이라고 말했다. 일론 머스크는 '닉 보스트롬' 교수(영국 옥스퍼드대)의 모의실험으로 유명한 시뮬레이션 다중우주 이론의 신봉자이다. 컴퓨터 시뮬레이션과 같은 원리로 이 대자연과 우주가 창조되었다면, 창조주는 이 거대한 시뮬레이션 프로그램을 만든 위대한 프로그래머이다. 프로그래머가 사물을 자기가 원하는 대로 조작하는 건 얼마든지 가능한 일이다. 컴퓨터 원리로 따져도 프로그래머는 프로그램 '예외값'이라는 변수를 활용해서 얼마든지 '기적'이라는 예외현상을 일으킬 수 있다.(Ⅴ. '베드로의 기적' 편 참조) 가는 곳마다 기적을 일으켰던 예수의 믿음은 이처럼 우주만물의 프로그램을 만든 프로그래머 수준의 자기 확신이었다.

오병이어의 기적도 마찬가지이다. 창조주에게는 전혀 어려운 일

이 아니다. 인간에게나 기적이지 창조주에게는 상식처럼 당연한 일이다. 예수가 이 기적을 행할 수 있었던 원리는, 사실 이 책의 앞장들에서 이미 다 밝혔다. 마음을 열고 앞장들을 모두 읽은 독자라면, 자기도 모르는 사이에 내가 제시한 예수 기적의 원리를 이미이해하며 여기까지 왔을 것 같다.

내가 어떻게 기적의 원리에 도달할 수 있었을까 생각해 보면, 양자역학이라는 현대물리학 이론과 동양사상 RM의 원리에서 본질적인 접점을 찾아내었기 때문이다.

첫 번째 접점은 '물질과 현상의 공존'이다. 이 충격적인 진실은 과학의 역사를 바꾼 양자역학 실험인 이중슬릿 실험으로 밝혀졌지만, 동양에선 도인들이 이미 수천 년 전부터 영적 직관으로 간파했던 사실이다.

두 번째 접점은 '의식과 물질의 상호작용'이다. 양자역학 이전까지 과학계에서 인간의 의식과 물질은 당연히 분리된 존재로 간주돼 왔다. 인간의 의식에 따라 물질의 속성이 변화할 수 있다는 사실은 미신에 속했다. 하지만 드림요가와 RM 사례에서처럼 차원의 경계를 넘나드는 동양의 도인들은 이미 체득한 사실이었다. 이중슬릿 실험의 결과로 과학적으로도 증명되었을 따름이다.

과학적 근거를 가지고 예수 기적의 원리에 접근한 책은 아직 보지 못했다. 위의 두 가지 큰 접점을 발견하지 못했다면 나 또한 이 책을 쓸 엄두조차 내지 못했다. 다만 과학자는 이 책의 논리에 거부감을 가질 게 분명하다. 가장 큰 이유가 양자역학에서 밝혀진 미시세계 현상을 거시세계에 확대 적용한 사실 때문이다. 이 책에서처럼 거시세계에서도 같은 원리가 적용된다고 단정할 근거는 아직 과학적으로 확정되지 않았다.

그럼에도 내가 밀고 나간 것은 개인적 추측이 아니라 자각몽, 드림요가와 RM 사례들을 통해 해당 원리를 현실에서 직접 확인했기 때문이다. 이미 확인한 사실을 두고 그것을 단지 일반 과학자들의 실험으로 풀어내지 못했다고 해서 밝히지 못할 이유는 없었다. 이 책을 논문 형식이 아닌 에세이 형식으로 쓸 수밖에 없는 이유도 그 때문이다. 내게는 한시라도 빨리 예수 기적이 실화라는 사실의 근거를 전하는 일이 더 중요하다.

위에 적은 두 가지 접점을 토대로 예수 기적의 원리를 정리하면 다음과 같다.

첫째, '물질은 곧 현상이다.'

우리 인간이 기적을 이해하지 못하는 가장 큰 이유는 우리가 바라보는 세계에 대한 오해에서 비롯된다. 인간에게 눈에 보이는 물질세계는 인간의 의식과는 완전히 분리된 듯한 존재이다. 하지만 창조주인 예수는 물질세계의 정체를 정확히 알고 있었다. 물질이 곧 현상이며, 현상이 곧 물질이라는 진실이다. 이것이 <반야심경>에 나오는 '색즉시공 공즉시색'의 실체이기도 하다. 눈에 보이지 않지만 결국 존재가 입증된 힉스입자를 생각하자. 창조주가 만든 물질세계가 현상의 속성을 갖고 있지 않다면, 5천 명을 먹일 떡과 물고기가 무슨 수로 허공을 뚫고 나타날 수 있었겠는가.

둘째, '물질도 생각에 따라 변한다.'

우리 인간의 직관과 오감은 눈에 보이는 현상계에 매몰돼 있지만, 영계를 자유로이 넘나드는 예수에게는 시공(時空)의 제약도 없고 고정된 사물이라는 현상계의 제약도 없다. 최근 물리학이론에 속하는 조화객관환원이론에서는 인간의 의식도 양자물질로 주장하고 있다. 양자역학을 통해서 인간의 의식조차 물질작용일 수 있다는 사실이 드러나고 있다. 그렇다면 의식과 물질의 상호작용이란, 본질적으로 물질과 물질의 상호작용인 셈이다. 물질과 물질이 상호작용하는 당연한 사실에는 누구도 의문을 품지 않는다. 만물의 설계자 예수는 이 비밀을 정확히 알았기에 물질에 명령할 수 있었다. 설계자의 의식대로 피조물이 변화하는 것은 물질 간 상호작용의 순리이다. 예수가 바다의 풍랑을 꾸짖어 잠재우자 제자들은 "이 어떠한 사람이기에 바람과 바다도 순종하는고"(마태복음 8장 27절)라면서 입을 다물지 못했다. 창조주가 떡과 물고기가 필요하다고 생각하는 순간, 떡과 물고기라는 물질이 생겨날 수 있었다. 이렇듯 물질은 언제든 인간의 의식(생각)에 따라 변할 수 있는 현상이다.

셋째, '예수의 생각은 창조주의 생각이다.'

예수의 초현실적 초자연적 기적이 지속적으로 가능했던 이유는, 예수의 의식이 우주만물의 설계자인 하나님의 의식과 늘 연결돼 있었기 때문이다. 우리 인간의 눈에 보이는 세계에 기적이라 부르는 사건이 나타나는 이유는, 눈에 보이지 않는 세계에서 인간의 눈에 보이는 세계를 관찰하는 누군가의 의식이 변하였기 때문이다. 그 누군가의 의식이 바로 만물의 설계자인 창조주의 의식이다. 창조주의 의식과 연결되어 있으려고 창조주의 분신인 예수조차도 늘 기도했다. 예수의 기도는 순도 100% 믿음의 기도였기에 경이로운 기적들이 항상 일어날 수 있었다. 예수는 제자들에게 믿음과 기도로 기적이 일어난다고 가르쳤다. "너희에게 믿음이 겨자씨 한 알만큼만 있어도 이 산을 명하여 여기서 저기로 옮겨지라 하면 옮겨질 것이요 또 너희가 못할 것이 없으리라."(마태복음 17장 20절) "아무 것도 염려하지 말고 오직 모든 일에 기도와 간구로, 너희 구할 것을 감사함으로 하나님께 아뢰라"(빌립보서 4장 6절)

이상 세 가지 정도로 예수 기적의 원리를 정리했다. 믿음의 중요성을 설명한 다음의 성경 구절 역시 위와 같은 기적의 원리를 설명하는 말씀이기도 하다.

· 믿음은 바라는 것들의 실상이요 보지 못하는 것들의 증거니
· 선진들이 이로써 증거를 얻었느니라
· 믿음으로 모든 세계가 하나님의 말씀으로 지어진 줄을 우리가 아나니 보이는 것은 나타난 것으로 말미암아 된 것이 아니니라
(히브리서 11장 1~3절)

실로 오묘한 말씀이다. 믿음은 '바라는 것들의 실상'이라고 했다.

창조주를 믿고 바라는(기도하는) 것은 실제로 나타나게 된다. 또 믿음은 '보지 못하는 것들의 증거'라고 했다. 보이지 않는 세계에 대한 믿음이 보이는 세계로 나타나서 그 믿음의 증거가 된다. '보이는 것은 나타난 것으로 말미암아 된 것이 아니니라'라는 구절은 우리 눈에 보이는 세계가 저절로 생긴 것이 아니라 하나님의 피조물이라는 사실을 말하고 있다. 따라서 피조물은 '나타나게 만든' 창조주의 뜻대로 언제든 변화될 수 있다.

가장 큰 예수 기적 중 하나인 오병이어의 기적은 다세계이론으로도 설명된다. 예수의 기도와 그에 응답하는 창조주의 의식 변화로 떡과 물고기가 부족한 세계가 떡과 물고기가 넘쳐나는 세계로 대체됐을 수 있다. 현실은 늘 중첩 상태여서 관찰자의 의식이 결정하는 대로 세계가 선택된다. 이때 군중이 속한 떡 없는 세계를 떡 많은 세계로 송두리째 바꾼 의식은 바로 창조주와 연결된 예수의 의식이며, 인류는 이때 예수의 의식에 의해 선택된 세계를 지금까지 살고 있다는 해석이다. 위에 기술한 세 가지 기적의 원리들과 상충되지 않는다.

나는 앞장에서 기적의 대상이 되는 '사물'은 사물 자체가 변형되거나 창조되는 게 아니라 그 '사물 현상'이 다른 사물 현상으로 대체되는 것이라고 이미 수차례 설명했다. 한 사물 현상이 다른 사물 현상을 떠올린 자의 머릿속에 있는 생각이나 이미지로 대체된다는 말이다. 평범한 인간은 사물이 물질이라는 고정관념에 단단히 갇혀 있기 때문에 변화를 일으키지 못한다. 물질에 대한 고정관념은 대단히 완고한 관성을 지니고 있다. 우리 직관이나 오감으로 세상을 바라보면 이 생생한 자연과 사물이 어떻게 현상일 수 있겠는가. 하지만 사물이 물질이자 현상일 수도 있다는 사실을 인정하지 못하면, 아무리 고민해도 기적이라는 수수께끼는 풀리지 않는다.

인간의 의식이나 영혼이 과학과 분리되었던 시절에 '믿음'은 아주 관념적이고 추상적인 언어였다. 하지만 이제 시대가 달라졌다. 조화객관환원이론 식으로 분석하면, 믿음은 인간의식을 형성하는 우리 두뇌 미세소관의 양자물질이 특정 타깃을 향해 일제히 밀집하는 현상일 수도 있다. 이를테면 기도란 인간의 염원이 신의 생각과 연결될 수 있도록 영적 주파수나 코드를 맞추는 행위인데, 간절히 기도할 때 신을 향해 집중된 양자적 정보와 물질이 신으로 하여금 의식을 바꾸게 하고, 이 바뀐 의식이 중첩 상태인 사물이라는 현상에 다시 변화를 준다는 해석이 가능하다. '기도가 하늘에 상달(上達)된다'는 표현이 있는데, 신을 향해 집중된 양자물질이 신의 의식에 변화를 일으키는 현상을 일컫는 말일 수도 있다.

믿음의 원리는 범용성이 있는 자연의 원리이기도 하다. '지성(至誠)이면 감천(感天)'이라는 한국의 오랜 격언이 있다. 지극 정성으로 기도하거나 노력하면 하늘이 감동해서 원하는 바를 이뤄준다는 뜻이다. 이 격언도 믿음의 원리라는 맥락에서는 상통한다. 창조주를 모르는 인간에게도 창조주가 만든 자연의 원리만큼은 적용된다. 다만 대상이 누구인지 정확히 모르고 하는 기도는 과녁 없이 날아가는 화살과 같다. 창조주에 대한 믿음이 굳센 기독교인이 기도의 응답을 잘 받는 반면, 믿음이 부족하거나 믿음의 대상이 애매한 사람들의 기도가 응답을 받기가 쉽지 않은 이유이다. '하나님을 완벽하게 믿고 간절하게 기도해야' 응답이라는 현상의 변화가 발생 가능하다.

사실, 기적의 원리에 대한 내 해석들은 조금이라도 과학적 원리가 이해되지 않으면 도저히 예수의 기적이 실화라는 사실에 믿음이 안 가는 사람들을 위한 설명이다. 예수의 기적이 그냥 믿어지는 사람들에겐 불필요한 설명이다. 당사자인 예수가 직접 밝힌 바와 같이 어차피 기적은 인간의 논리가 아닌 창조주 하나님에 대한 믿음으로 일어난다.

앞서 '꿈의 진실' 편에서 자세히 설명했지만, 우리 인간은 대부분 꿈과 현실이 다르다는 고정관념에 사로잡혀서 살아간다. 그런 고정관념에서 벗어나지 못하면 이 책은 잘 읽혀지지 않을 것이다. 눈에 보이는 물질세계만 확실한 세계이며 꿈과 현실은 완전히 다른 세계라고 철석같이 믿는 사람이 오병이어의 기적 같은 예수 기적의 원리에 다가서기란 요원한 일이다. 자각몽에서 인간이 꿈속의 사물을 창조할 수 있듯이, 현실이라는 또 다른 꿈속에서 예수 그리스도가 떡과 물고기를 창조할 수 있었던 것은 동일한 원리에서 이루어진 일이다.

예수와 귀신들

성경을, 특히 복음서를 읽다 보면 이 역시 어느 종교에서도 찾아보기 힘든 아주 특이한 사건들이 계속 나타난다. 사람에게 빙의된 귀신들이 예수를 향해 계속 하나님의 아들이라고 소리치는 장면들이다. 당시 바리새인, 율법학자, 제사장 등 유대족의 지배계층은 예수가 신성모독을 하고 다닌다고 난리였는데, 정작 눈에 보이지 않는 영적 존재인 귀신들은 예수만 나타나면 기겁을 하며 그의 정체를 폭로하기에 바빴다. 성경에서 몇 가지 사례를 인용하면,

· 또 예수께서 건너편 가다라 지방에 가시매 귀신 들린 자 둘이 무덤 사이에서 나와 예수를 만나니 그들은 몹시 사나워 아무도 그 길로 지나갈 수 없을 지경이더라
· 이에 그들이 소리 질러 이르되 **하나님의 아들이여 우리가 당신과 무슨 상관이 있나이까** 때가 이르기 전에 우리를 괴롭게 하려고 여기 오셨나이까 하더니
· 마침 멀리서 많은 돼지 떼가 먹고 있는지라
· 귀신들이 예수께 간구하여 이르되 만일 우리를 쫓아내시려면 돼지 떼에 들여보내 주소서 하니
· 그들에게 가라 하시니 귀신들이 나와서 돼지에게로 들어가는지

라 온 떼가 비탈로 내리달아 바다에 들어가서 물에서 몰사하거늘

· 치던 자들이 달아나 시내에 들어가 이 모든 일과 귀신 들린 자의 일을 고하니

· 온 시내가 예수를 만나려고 나가서 보고 그 지방에서 떠나시기를 간구하더라

(마태복음 8장 28~34절)

· 갈릴리의 가버나움 동네에 내려오사 안식일에 가르치시매

· 그들이 그 가르치심에 놀라니 이는 그 말씀이 권위가 있음이러라

· 회당에 더러운 귀신 들린 사람이 있어 크게 소리 질러 이르되

· **아 나사렛 예수여 우리가 당신과 무슨 상관이 있나이까 우리를 멸하러 왔나이까 나는 당신이 누구인 줄 아노니 하나님의 거룩한 자니이다**

· 예수께서 꾸짖어 이르시되 잠잠하고 그 사람에게서 나오라 하시니 귀신이 그 사람을 무리 중에 넘어뜨리고 나오되 그 사람은 상하지 아니한지라

· 다 놀라 서로 말하여 이르되 이 어떠한 말씀인고 권위와 능력으로 더러운 귀신을 명하매 나가는도다 하더라

· 이에 예수의 소문이 그 근처 사방에 퍼지니라

(마가복음 1장 21~28절)

· 예수께서 일어나 회당에서 나가사 시몬의 집에 들어가시니 시몬

의 장모가 중한 열병을 앓고 있는지라 사람들이 그를 위하여 예수
께 구하니

· 예수께서 가까이 서서 열병을 꾸짖으신대 병이 떠나고 여자가
곧 일어나 그들에게 수종드니라

· 해 질 무렵에 사람들이 온갖 병자들을 데리고 나아오매 예수께
서 일일이 그 위에 손을 얹으사 고치시니

· 여러 사람에게서 **귀신들이 나가며 소리 질러 이르되 당신은 하
나님의 아들이니이다** 예수께서 꾸짖으사 그들이 말함을 허락하지
아니하시니 이는 자기를 그리스도인 줄 앎이러라

(누가복음 4장 38~41절)

이런 대목들은 예수의 기적만큼이나 예수가 누구인지를 보여주
는 아주 중요한 사건들이다. 예수의 기적을 믿지 못하는 이들에게
는 이 같은 귀신들의 증언 역시 비현실적으로 들릴 터이다. 아니
귀신들의 증언 이전에 귀신들 자체가 존재하는지 여부에 대해서도
의심할 수 있다.

신약성경 복음서를 통해 당시 유대인들이 귀신에 대해 갖고 있
는 시각이 어떠했는지 알 수 있다. 핵심을 정리하면 아래와 같다.

— 귀신의 존재를 당연시했다
— 귀신은 인간이 보지 못하는 영적 실체를 보는 능력을 가졌다
— 귀신은 인간에게 빌붙어 질병이나 정신착란 등 고통을 주는 존
재다

– 귀신에게 붙들리면 인간은 그의 종노릇 한다

귀신들은 예수를 만났을 때만 민감하게 반응한 것이 아니다. 예수의 제자들을 보고도 이들이 누구인지 알아보고 증언하기도 했다. 바울이 디모데를 데리고 마게도냐(마케도니아)에 전도 여행을 갔을 때의 기록 중 일부를 인용한다. 귀신 일화 그리고 이어지는 당시의 사건 역시 기적의 사례여서 함께 인용한다.

· 우리가 기도하는 곳에 가다가 점하는 귀신 들린 여종 하나를 만나니 점으로 그 주인들을 크게 이하게 하는 자라
· 바울과 우리를 좇아와서 소리 질러 가로되 이 사람들은 지극히 높은 하나님의 종으로 구원의 길을 너희에게 전하는 자라 하며
· 이같이 여러 날을 하는지라 바울이 심히 괴로와하여 돌이켜 그 귀신에게 이르되 예수 그리스도의 이름으로 내가 네게 명하노니 그에게서 나오라 하니 귀신이 즉시 나오니라
· 종의 주인들은 자기 이익의 소망이 끊어진 것을 보고 바울과 실라를 잡아 가지고 저자로 관원들에게 끌어갔다가
· 상관들 앞에 데리고 가서 말하되 이 사람들이 유대인인데 우리 성을 심히 요란케 하여
· 로마 사람인 우리가 받지도 못하고 행치도 못할 풍속을 전한다 하거늘
· 무리가 일제히 일어나 송사하니 상관들이 옷을 찢어 벗기고 매로 치라 하여

· 많이 친 후에 옥에 가두고 간수에게 분부하여 든든히 지키라 하니
· 그가 이러한 영을 받아 저희를 깊은 옥에 가두고 그 발을 착고에 든든히 채웠더니
· 밤중쯤 되어 바울과 실라가 기도하고 하나님을 찬미하매 죄수들이 듣더라
· 이에 홀연히 큰 지진이 나서 옥터가 움직이고 문이 곧 다 열리며 모든 사람의 매인 것이 다 벗어진지라
· 간수가 자다가 깨어 옥문들이 열린 것을 보고 죄수들이 도망한 줄 생각하고 검을 빼어 자결하려 하거늘
· 바울이 크게 소리질러 가로되 네 몸을 상하지 말라 우리가 다 여기 있노라 하니
· 간수가 등불을 달라고 하며 뛰어 들어가 무서워 떨며 바울과 실라 앞에 부복하고
· 저희를 데리고 나가 가로되 선생들아 내가 어떻게 하여야 구원을 얻으리이까 하거늘
· 가로되 주 예수를 믿으라 그리하면 너와 네 집이 구원을 얻으리라 하고
· 주의 말씀을 그 사람과 그 집에 있는 모든 사람에게 전하더라
(사도행전 16장 16~32절)

귀신의 존재는 예수의 제자들이 성경을 기록한 이천년 전에만 해당되는 이야기가 아니다. 동서고금을 막론하고 귀신이라 불리는 영적 존재는 늘 존재했다. 서구에서는 영매(靈媒)나 퇴마사(退魔師)

같은, 한국에서는 무당(巫堂) 같은 사람들처럼 전문적으로 귀신을 상대하는 직업인이 존재한다. 인류가 부족 생활을 하던 시절부터 중세에 이르기까지 이런 영적 능력을 가진 인간들의 지위는 늘 사회 최상위 계층에 있었다.

지난 2018년 영국의 세계적 시사주간지 <더 이코노미스트> 지가 한국의 점술시장을 특집 보도한 바 있다. 한국의 점술시장은 4조 원 규모에 달해 영화 관람시장(2조8천억 원)보다 훨씬 더 컸다. 이 보도에 따르면 한국에서만 주로 사주팔자로 운세를 점치는 역술인 30만 명, 무당이라 불리는 무속인은 15만 명 이상 활동하는 것으로 추산되었다.

한국에서 무당이 되려면 신기(神氣)가 있는 사람이 '신내림' 의식이라 불리는 강신제(降神祭)를 거쳐야 한다. 자기 안에 사자의 영혼을 들이고 그 영혼을 통해서 점을 보러 오는 내방객들의 과거 현재 미래를 들여다본다. 막 신내림 받아서 이른바 '신빨'이 넘치는 무당한테서 점을 쳐본 이들은 그 무당을 다시 찾게 되는 경우가 많다. 환갑이 넘은 재벌·정치인 등이 스무 살짜리 어린 무당의 호통 앞에서 쩔쩔매기도 한다. 거울 들여다보듯 자신의 과거와 현재 상황을 알아보고, 종종 다가올 미래까지 족집게처럼 맞추는 경험을 한번 하고나면 그 신기함에 혀를 내두르게 마련이다. 이런 능력은 물론 무당 본인에게서 나오는 것이 아니다. 무당에 빙의한 사자의 영혼, 즉 귀신에게서 나온다. 귀신이라는 어감이 좋지 않아서, 무당들은 대개 귀신을 '영가(靈駕)'라고 부른다.

무당과 귀신 이야기를 장황하게 늘어놓는 이유는, 성경 복음서에 자주 등장하는 귀신 이야기들과 직접적인 연관이 있기 때문이다. '귀신(鬼神)'은 영어 성경에서 evil, demon, spirit 등으로 다양하게 불리는데 일반적으로 '사자(死者)의 영혼'을 한국식으로 일컫는 표현이다. 즉 무당에게 빙의한 사자의 영혼도 성경식으로 표현하면 귀신이 된다. 성경의 귀신을 신학적으로는 사탄을 추종하다가 함께 타락한 천사들로 해석하기도 한다. 하나님을 대적하는 타락한 천사장 '루시퍼(Lucifer)'가 '사탄(Satan)'이며 함께 타락한 수하 천사들의 우두머리이다.

　나는 귀신이 사자의 영혼이라고 생각한다. 이에 대한 증거들은 언급할 필요조차 없을 정도로 무수하게 많다. 하지만 귀신들 중에 타락한 천사가 있더라도 상관없다. 중요한 건 귀신이 영적 존재라는 사실이다. 사자의 영혼이든 타락한 천사이든 영적 존재라는 사실까지 달라지진 않는다. 귀신이 영적 존재라는 사실은 대단히 중요한 의미를 지닌다. 그것이 하찮은 귀신들조차 인간과 달리 예수를 보자마자 그의 정체를 정확하게 꿰뚫어볼 수 있었던 이유이기 때문이다.

　우리는 무속인들의 경험담을 통해서, 그들이 대개 어릴 적부터 남들에게는 없는 영안(靈眼)을 갖고 있었다는 사실을 듣게 된다. 즉 그들 눈에는 일반인의 눈에는 보이지 않는 귀신이 보였다. 육안(肉眼)으로는 귀신이 안 보이는 게 정상이니, 귀신 보는 눈을 영안이라고밖에 표현할 방법이 없다. 영안에는 귀신만 보이는 게 아니라 남의 이마에 노란 빛이 보인다는 식으로 그 사람에게 닥칠 사고나 사망 등의 표식이나 징조가 보인다는 증언도 많다.

부산에서 26년간 유명 무속인(무당)으로 활동하다가 기독교인이 된 심선미 집사가 설명하는 귀신의 존재를 요약하면 이렇다. 영체인 귀신은 우리 인간이 육신을 보듯이 늘 고정된 형체를 갖고 나타나는 존재가 아니다. 인간의 심리나 그가 처한 상황에 따라 자유자재로 변신해서 나타난다. 심지어 천사의 모습으로 나타나기도 한다. 자신이 굿을 했던 집에서 갑자기 개의 모습을 한 영체가 나타나 자신에게 말을 건넨 적도 있다. 알고 보니 그 집에서 키우던 개가 있었는데 주인남자가 죽여서 몰래 유기했다. 개가 어떻게 인간의 말을 하겠는가. 귀신이 개의 모습으로 나타났던 경우였다.

위와 같은 심집사의 귀신 설명은 그가 오랜 세월 자나 깨나 귀신을 상대했던 인물이었기에 곱씹어볼 가치가 있다. 그는 영매인 무속인들이 귀신을 형체뿐 아니라 느낌, 냄새, 소리 등 다양한 방식으로 인지한다고 전했다. 그는 자신이 기도 도량으로 소유한 큰 바위 터에서 갑자기 섬광처럼 빛나는 십자가 환상을 보고 압도되는 체험을 한 뒤 기독교에 귀의한 인물이다.

귀신을 보는 능력은 사실 타고나지 않아도 고도로 영적 수련을 쌓으면 나타나는 현상이기도 하다. 내가 만나본 도인 중에는 명상 훈련을 시작한 지 불과 몇 개월 만에 영안이 열리고 귀신들을 본 사람도 있었다. 물론 이런 영적 수련도 일반 운동처럼 소질을 타고나는 사람들이 있다. 불가에서는 이런 소질을 '근기(根機)'라고 표현한다.

타고난 것이든 수련에 의해 개발된 것이든, 영적인 능력은 육안으로 보이지 않는 현상을 보게 만드는 힘이 있다. 어쨌든 귀신처럼 평범한 사자의 영혼도 신(神)을 바로 알아볼 수 있다는 사실은 절대 간과해서는 안 되는 대목이다. 귀신이 그런 '안목(眼目)'을 갖게 되는 이유는 대단한 존재여서가 아니다. 귀신이 속한 환경 자체가 그런 능력을 당연히 갖게 만든다. 그 환경이란 4차원 세계, 즉 영계를 의미한다.

우리가 익히 배웠듯이, 4차원이란 시간과 공간의 제한이 없는 곳이다. 이런 환경에서는 과거 현재 미래라는 시간 흐름이 무의미해진다. 즉 4차원 세계에서의 시간이란 3차원 세계에서처럼 직선적으로 흐르지 않는다. 단순하게 표현하면 과거 현재 미래를 한꺼번에 볼 수도 있다. 아래 개념도를 참고하면 이해하기가 좀 더 쉬울 수 있다. 개념도에서 A는 과거, B는 현재, C는 미래를 뜻한다. 현실에서, 또 육안으로는 A B C가 동시에 보이지 않지만, 4차원에서는 위아래로 겹쳐진 유리판 세 장을 수직으로 관통해서 보는 원리이다.

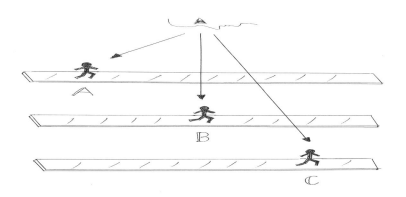

많은 과학이론이 반영된 영화 <인터스텔라(Interstellar)>에는 블랙홀을 들어갔다 나온 주인공 일행이 3차원 세계 사람들보다 수십년 이상 덜 늙는 충격적인 영상이 나온다. 주인공 쿠퍼의 어린 딸 머피가 폭삭 늙은 할머니가 되어 여전히 젊은 아빠와 병상에서 상봉하는 장면도 나온다. 이 영화에서 주인공 쿠퍼는 시공간이 극도로 굴절되는 블랙홀 안의 고차원 세계에서 과거에 일어난 일들을 모두 보게 된다.

<인터스텔라>는 어쨌든 영화에 불과하다고 치자. 꼭 영화에서 표현된 것 같은 고차원 공간이 아니더라도, 인간은 깊은 영적 상태에서 시간과 공간을 초월하는 경험을 한다. 하물며 4차원 세계에서 살아가는 귀신같은 존재라면 어떻겠는가. 예수를 만난 귀신들의 눈에는 3차원 인간의 눈에는 보이지 않는 창조주 분신의 찬란한 영적 위상이 그대로 보였을 터이다.

즉 차원의 문제야말로 인간의 육안으로 보이지 않는 영적 실체가 귀신의 눈에는 보이는 이유이다. 그러니 성경에 등장하는 귀신들의 일화를 단순하게 읽어 넘겨서는 안 된다. 한두 사람이 증언한 사실도 아니고, 한두 번 일어난 사건도 아니다. 이런 사실과 사건을 무심코 지나간다면 '영계의 비밀'이라는 시험과목에서 시험 문제와 정답을 미리 보고도 정작 시험 볼 때는 답을 못 맞히는 격이다.

이미 예수가 활동하던 당대에도 지배계층을 포함한 수많은 유대인이 귀신만도 못한 안목으로 예수를 사기꾼으로 내몰지 않았던가. 인류의 구원자를 직접 대면하는 영광을 쓰레기 취급하며 복을 화로 바꾼 그들의 사후는 과연 어찌 되었을까. 문제는 그처럼 우매한 상황과 역사가 지금도 여전히 되풀이되고 있다는 사실이다.

예수와 사탄

성경에는 사탄(Satan)이라는 모든 악의 대명사 같은 존재가 등장한다. 사탄은 히브리어로 '대항하는 자'라는 뜻이다. 사탄이라는 이름 외에도 루시퍼, 리비야단, 바알, 바알세불, 마귀, 옛뱀, 큰 용, 계명성 등 다양한 호칭으로 불린다. '온 천하를 꾀는 자' '미혹하는 자' '세상 권세 가진 자' '세상 임금' '어둠의 권세 가진 자' 등과 같은 설명형 호칭도 있다.

성경에서 사탄의 존재를 빼면 성경의 존재 이유가 있겠느냐고 반문할 정도로 이 우두머리 악령(惡靈)은 가히 절대적인 비중을 차지한다. 성경 첫 경전인 <창세기>부터 등장하는 존재로서, 인간의 조상인 아담과 하와를 낙원에서 쫓겨나게 만든 장본인이다. 기독교 신학에서는 하나님을 찬양하는 직분의 천사장 루시엘(Luciel)이 하나님과 맞서다 징계를 받아 어둠의 세계에 갇혀 지내게 된 뒤 사탄인 루시퍼(Lucifer)가 된 걸로 해석한다.

인간세상은 기본적으로 사탄이 장악하고 영적 권세를 휘두르는 곳이다. 사탄은 인간의 생각을 통해 인간을 유혹하고 세상사를 주무른다. 사탄은 하나님의 분신인 예수마저 유혹했을 정도로 강력한 영적 존재이다. 그러니 일반 성도는 물론 성직자들 역시 사탄의 마수를 피해가기 힘들다. 암흑시대라 불리는 중세시대에 절대적 지배

세력이었던 가톨릭 성직자들이 신의 뜻을 빙자해 '면죄부(免罪符)'를 남발해 자기들 배를 불린 사례가 대표적이다. 오늘날 교회 목사가 입에 담기도 부끄러운 죄를 범하는 사건들 역시 종종 뉴스를 통해 보도된다. 대부분 목사들이 일생을 신에게 바쳐 헌신하는 삶을 살지만, 일부 탈선한 목사들 때문에 도매금으로 함께 매도당하는 현실이 반복된다.

예수 사례에서도 보듯, 사탄은 예나 지금이나 영향력이 큰 정신적 지도자들부터 집중 공격한다. 하나님처럼 무소부재의 존재가 아니기 때문에, 악령의 우두머리 사탄은 선택적으로 활동한다. 하지만 인간처럼 시공의 제한에 얽매이지 않기 때문에 활동반경은 대단히 넓다. 이 글을 읽는 당신 주변에 늘 범죄의 유혹을 보내거나 정신을 어지럽히는 악령들이 얼쩡거리고 있다면, 그 존재들은 대개 사탄의 졸개들일 가능성이 크다. 악령 세계에도 계급이 있으니까.

사탄에 비하면 성경에 자주 등장하는 '더러운 귀신' 따위는 영적으로 비교조차 할 수 없는 조무래기들이다. 4대 복음서가 증언하듯이 귀신들은 예수를 보자마자 마치 사자를 만난 염소새끼들처럼 두려워서 난리법석을 떨었다. 하지만 사탄은 예수가 요한에게 세례를 받은 뒤 40일간 광야에서 금식기도를 하던 동안에도 무려 세 번이나 예수 앞에 나타났다. 예수가 누구인지 뻔히 알면서도 그와 하나님의 관계를 이간질하기 위해 엄청난 유혹 공세를 펼쳤다.

사탄은 유혹으로 예수를 제압하지 못하자 그를 죽음으로 내몰기 위해 갖은 공작을 펼쳤다. 결국 예수의 열두 제자 중 가룟 유다의 영혼을 사로잡아 예수를 팔아넘기고 십자가에 못 박아 죽이기까지 거침없이 내달렸다.

열 둘 중에 하나인 가룟인이라 부르는 유다에게 사단이 들어가니

(누가복음 22장 3절)

마귀가 벌써 시몬의 아들 가룟 유다의 마음에 예수를 팔려는 생각
을 넣었더니

(요한복음 13장 2절)

　하지만 예수가 사흘 만에 부활하고 승천함으로써 사탄의 계략은
수포로 돌아간다. 지금 관점에서 보면 사탄이 멍청하기 그지없어
보이지만, 그 건 우리가 성경 덕에 이런 영적 전쟁의 전말을 알기
때문이다.
　일반 사람들은 사탄을 어떻게 생각할까. 예수를 믿지 않는 일반
인에게 사탄은 그저 동화 속 악마처럼 비현실적 가상의 존재에 지
나지 않는다. 사람들은 눈으로 보이지 않는 존재에 대해선 일단 존
재한다고 믿지 않는다. 문제는 자신이 기독교인이라고 생각하고 교
회를 다니는 사람들조차 사탄에 대해서는 그냥 '악(惡)'이라는 추상
적 개념으로 이해하는 경우도 적지 않다는 점이다.
　내 아들이 대학교의 초교파 기독교 동아리에 들어갔을 때의 일
이다. 아들 입에서 사탄, 귀신 이야기만 나오면 갑자기 표정이 어
두워지는 남녀 회원들이 있었다. 결국 어느 날 이 친구들은 아들에
게 사탄, 귀신에 대한 화제는 삼가는 게 좋겠다고 직접 제동을 걸

었다. 그 이유를 묻자 사탄, 귀신처럼 부정적 이미지를 풍기는 존재에 대한 이야기는 별로 유익하지 않은 것 같다는 대답이 돌아왔다.

물론 아직 어린 20대 젊은이들의 이야기일 수 있지만, 나는 이들의 생각이 오늘날 한국 기독교계의 한 단면을 보여주는 것 같아 씁쓸함을 감출 수 없었다. 이런 인식에 머무는 신앙인들에게 성경은 이천년 전에 마지막으로 집필된 훌륭한 교양서적에 불과할 수도 있다. 영혼 구원의 문제를 걸고 죽기 전까지 절박한 영적 전쟁을 벌여야 하는 사람들의 생존 지침서가 되기는 힘들다. 적을 제대로 모르는데 어떻게 전쟁에서 이길 수 있겠는가. 잘 몰라도 되는 적이라면 성경이 왜 그렇게 대적해야 할 상대로 강조했겠는가.

사탄이 눈에 보이지 않기는 이천년 전에도 지금이나 매일반이었다. 귀신 역시 마찬가지이다. 하지만 똑같이 눈에 보이지 않는 존재에 대해서도 지금보다는 이천년 전 사람들이 훨씬 더 진지하게 상대했던 것으로 보인다. 과학·철학 등의 발전과 학습 기회의 확대로 사람들은 이제 보이지 않는 실체나 현상의 문제를 영적 지도자들보다는 과학자, 철학자나 의사들에게 더 의존하게 됐다.

사탄은 다양한 이름으로 <창세기>부터 <요한계시록>까지 성경 전체를 통틀어 숱하게 등장한다. 굳이 특정 구절만 인용할 필요가 없을 정도이다. 내가 굳이 사탄의 실체에 대해 주의를 환기하고자 하는 이유는, 예수가 우리 눈앞에 나타난 창조주의 분신이 맞는다면 사탄 역시 필연적으로 존재하는 악의 축일 수밖에 없기 때문이다. 이 눈에 보이지 않는 악령이 우리 인생에서 눈에 보이는 적이나 장애물보다 훨씬 더 위험한 존재임을 깨달아야 한다.

사탄이나 더러운 귀신 등 악령들이 보이지 않는다고 생각하는 것은 인간의 착각일 수도 있다. 사실 살아있는 악한들의 눈에서 우리는 얼마든지 그 모습을 발견하게 된다. 평범한 사람들도 분노에 차서 정신줄을 놓치는 순간, 언제든 악령의 모습을 드러낼 수 있다. 인간이라는 외피에 가려져 그 영적 실체가 잘 드러나지 않을 뿐이다. 쾌감을 위해 사람을 연속 살해하다가 체포되었는데도 일말의 뉘우침마저 없는 살인마의 눈을 들여다보면, 굳이 악령의 실체를 따로 보려고 애쓸 필요가 없다.

나는 어릴 적부터 평범한 사람들보다는 성인(聖人)이나 악한(惡漢)처럼 극과 극의 인간 부류에 관심이 많았다. 두 존재 모두 신기하기는 마찬가지였다. 특히 이해가 되지 않았던 부류가 악한들이었다. 비슷한 환경에서 태어나고 자랐어도 전혀 다른 인생길을 걷는 사람들이 있다. 불우한 환경에서 무시 받으며 살았지만 꿋꿋하게 이겨내고 올곧게 성장하는 사람들도 있다. 하지만 비슷한 성장 배경을 가졌는데 왜 어떤 사람들은 그리도 잔인하고 극악무도한 범죄자로 전락하는지 늘 미스터리였다. 이 설명하기 힘든 간극에 인생의 비밀이 숨어 있는 것 같았다.

내가 아직 어렸던 1975년, 한국을 떠들썩하게 한 엽기적인 살인마가 출현했다. 바로 김대두라는 26세 젊은이였는데 3개월간 전국을 돌아다니며 남녀노소 가리지 않고 17명이나 닥치는 대로 살해했다. 범죄 수법은 그 뒤로도 그만큼 잔인한 사례를 찾아보기 힘들만큼 최악이었다. 그는 검거돼 사형수가 되었는데, 기독교에 귀의해 자신의 범죄를 참회하고 죽었다. 당시에 나는 그가 기독교에 귀의한 뒤 사형을 당했다는 기사를 읽으면서, 그런 범죄를 저지른 인간에게도 정말 참회라는 게 가능할까 의문을 품었다.

나중에 알고 보니 김대두 사건 이전인 1963년, 상관 가족 6명을 무참히 살해한 고재봉이라는 병사 역시 체포돼 사형을 선고받았으나 기독교에 귀의한 뒤 참회하며 죽었다. 고재봉이나 김대두 이후에 세상을 떠들썩하게 한 후안무치의 살인범들도 검거된 뒤에는 기독교에 귀의한 뒤 형장에서 최후를 맞이했다. 특히 1994년 한국을 떠들썩하게 했던 지존파 일당 7명은 전원이 참회의 눈물을 흘리며 기독교에 귀의했다.

지존파 사건은 내가 사회부 기자 시절에 직접 범인들 손으로 건축한 집(일명 '살인공장')을 조사하고 범인들의 현장검증 활동을 취재했기 때문에 그들의 악마성에 치를 떨었던 사건이다. 20대 초중반 나이에 불과했던 그들이 참회하며 기독교에 귀의했다는 소식은 나중에 언론 보도로 접했는데, 내가 봤던 참혹한 장면들이 떠올라 좀처럼 실감이 나지 않았다.

내가 사탄 이야기를 하다가 갑자기 한국의 살인범들을 화제의 도마에 올린 이유는 바로 그들이 검거된 뒤에 보인 인간적 변화 때문이다. 사탄을 위시한 악령들의 존재를 이해하지 못하면 이 문제를 풀기가 어렵다. 살인마들이 저지른 끔찍한 범죄를 생각하면, 그들이 어떻게 그처럼 빨리 회개하고 참회의 눈물을 흘릴 수 있었는지 혼란스럽다. 가슴에 조금이라도 양심이 살아있는 사람들이었다면 도대체 증오와 원한, 혹은 탐욕이 얼마나 컸기에 그처럼 극악한 살인마가 될 수 있었던 걸까.

과거 서울구치소 관계자에 따르면, 실제 사형 집행을 앞둔 사형수들은 대부분 종교, 특히 기독교에 귀의했다고 한다. 사형수들도 당장 지옥에 떨어질 것 같은 절망적 상황에 이르면 지푸라기라도 잡고 싶었던 건 아닐까. 마치 요즘 사형이 집행되지 않는 사형수들이 예전보다 종교, 특히 기독교에 귀의하는 비율이 낮아진 이유는 바로 그 절박함이 줄어들었기 때문인 것 같다.

살인범들 역시 가슴에 양심이 살아있는 인간들이라면, 잡히기 전에는 대체 무슨 이유로 그런 극악한 범죄를 저질렀던 것일까. 이런 의문에 대해 철학적인 접근은 거의 무의미했다. 다양한 종교에서 다양한 해석들이 시도됐는데 그 가운데 예전에 가장 내 관심을 끌었던 설명은 불교의 인과응보(因果應報), 즉 업보(業報) 이론이었다. 이 이론은 원인과 결과라는 자연의 원리에 가장 근접한 이론이어서 설득력이 있었다. 쉽게 풀자면, 현생에서 살인범에게 희생된 피해자가 전생에는 반대로 가해자였을 수 있다는 해석이 인과응보 원리이다.

우리 인간은 살아가면서 매일 업(業; Karma)을 짓는다. 우리가 하는 말과 행동, 심지어 생각까지도 모두 업이 된다. 이 걸 현대적으로 해석하면 우리 인간의 생각, 말, 행동은 모두 두뇌의 생각과 연결된 에너지 활동이다. 두뇌에 전류가 흐르지 않는 상태, 즉 죽은 상태가 되기 전까지 이 에너지 활동은 중단되지 않는다.

그런데 모든 에너지는 불변한다. 이 에너지 불변의 법칙, 또는 에너지 보존의 법칙은 우리가 정신작용이라고 간주하는 생각, 말,

행동에도 그대로 적용된다. 우리는 이 책 Ⅱ장에서 이미 펜로즈와 해머로프의 조화객관환원이론을 살펴보며 인간의식이 양자물질의 조화라는 주장을 접했다. 우리가 관념이라고 여기는 생각마저도 뇌과학은 물론 양자역학 관점에서 얼마든지 물질과 에너지로 치환될 수 있다.

이러한 업보이론을 뒷받침하는 증거가 바로 '전생(前生)'에 대한 기억이다. 프로이트는 정신분석학을 개척할 때 인간 무의식을 탐구하기 위해 꿈을 분석하는 한편 무의식을 직접 들여다보기 위해 최면요법도 활용했다. 그런데 최면요법을 사용하다보니 환자 본인이 평소 까맣게 잊고 지내던 유아기 시절뿐 아니라 환자 자신의 기억일 수 없는 아주 예전 다른 인물의 기억을 떠올리는 현상들도 포착됐다.

최면요법은 현재의 의식세계에 영향을 미치는 원인을 무의식에서 탐구하기 위해 지금도 정신의학에서 활용되고 있다. 직업적 최면술사들은 아예 전생을 찾아내 준다며 호기심 많은 개인들에게 돈을 받고 영업하기도 한다.

그런데 이런 업보이론은 몇 가지 중요한 약점이 있다. 범죄를 예로 들어 설명하자면,

첫째, 내가 무의식 가운데 떠올린 범죄의 기억이라고 해서 지금의 내가 그 기억 속의 범죄자라는 증거가 없다.

업보이론에 따르면 내가 당한 범죄의 원인이 내가 전생에는 반대로 그 같은 범죄의 가해자였기 때문이라는 해석이 적용된다. 그 근거로 최면 등을 통해 무의식 세계에서 건져 올린 전생의 기억을

들기도 한다. 하지만 '무아(無我)'를 주장한 부처의 깨달음에 따르면, 영원불멸하는 영혼이란 인간의 착각에 지나지 않는다. 인생이란 잠시 생겨났다 부서지는 파도의 포말 같은 일시적 현상일 뿐이다. 그래서 부처의 사상에 따르면, 업에 따른 윤회는 있되 그 업을 지은 자의 영혼은 사라지므로 전생이라는 표현 자체에 모순이 발생한다. 그런데도 불교가 전파된 지역의 사람들은 뜻도 모르고 전생이라는 표현을 쓰며 현실의 모든 문제에 대해 전생 탓을 해 왔다. 지금도 사람들은 문제가 생기면 습관적으로 "어이구, 내가 전생에 무슨 죄를 지어서..." 같은 식의 한탄을 한다. 불교의 역사가 오랜 한국에서는 거의 집단무의식 수준이다.

둘째, 모든 범죄의 원인이 과거 탓으로 환원되기에 범죄 예방 효과가 떨어진다.

업보이론은 모든 인간의 운명이 태어날 때부터 이미 정해져 있다는 결정론적 사고를 야기한다. 내가 저지르는 잘못의 원인이 모두 전생 탓이 되어 버린다. 지금 내가 범한 죄 역시 다음 생의 결과를 야기할 새로운 업이 되어버릴 뿐이다. 그 업을 야기하는 주체인 나는 이번 삶에서 모든 책임과 의무가 끝나는 한시적 존재에 불과하다. 내가 지은 죄의 대가를 내 대신 다음 생에 태어날 어떤 존재가 대신 치르게 되는지라 내가 온전한 책임의식을 갖기란 쉽지 않다. 범죄의 원인에 대한 해석으로서뿐 아니라, 범죄 예방을 위한 정신적 수단으로서도 업보이론은 큰 약점을 지니고 있다.

그렇다면 업보이론을 능가하는 원인에 대한 분석과 예방 이론은 없는 걸까?

바로 이 대목이 내가 기독교 세계관의 핵심인 사탄의 문제를 제기하는 이유이다. 사탄, 즉 모든 악령의 총수를 모르고 범죄의 원인을 진단한다는 것은 적장(敵將)을 모르고 전쟁 이야기를 하는 것과 다를 게 없다.

성경적으로도 인류에게 범죄를 가져온 악의 조상은 바로 사탄이다. 아담의 후손인 가인과 아벨의 사례에서 보듯이, 아담이 신의 명령을 거역하고 악의 유혹에 넘어간 뒤 바로 그 자식 대에서 살인이라는 극악한 범죄가 벌어졌다. 가인은 하나님이 자신의 제사를 받지 않고 동생 아벨의 제사만 받자 '무시' 당했다는 감정과 동생에 대한 '질투'라는 감정에 사로잡혔다. 오늘날 자행되는 대부분 범죄의 원인과 전혀 다를 게 없다. <창세기>에는 가인의 살인에 대해 가인의 내면에 잠재한 악의 본성 이상의 부연 설명은 없지만, 나는 이 역시 악령의 총수인 사탄의 개입으로 보고 있다.

과거 인류 역사는 물론이고 오늘날에도 크고 작은 모든 정신적 문제의 배경에는 악한 영들의 활동이 있다. 성경 복음서에는 정신이 미쳐 날뛰던 이들이 예수를 만나서 귀신이 떠난 뒤에는 온전히 제 정신을 회복하는 사례가 자주 등장한다. 이런 현상은 오늘날까지 이어지고 있으며, 우리 주변에서도 자주 목격되고 회자된다.

만일 앞서 지적한 살인마들, 또 21세기에 출현한 유영철 정남규 강호순 등 인면수심의 연쇄살인마들이 범죄를 저지르기 전에 기독교를 믿었다면 상황이 어떻게 달라졌을까? 그처럼 끔찍한 범죄를 저지른 인간들이 예수를 제대로 만났더라면 악령들의 개입을 막을 수 있었다. 21세기 연쇄살인마들이 회개했다는 소식은 아직 들려오지 않는다. 다만 그 이전 살인범들이 참회의 눈물을 흘리며 변화했던 모습을 떠올려보면, 극악한 범죄라도 단순히 범죄자의 성격과 심리, 그들이 살아온 환경의 문제로만 풀이하는 게 맞는 것인지 의문을 제기하지 않을 수 없다.

검거된 살인마들이 '내 안에 악마가 있다' '악마의 속삭임을 들었다' 등의 이야기를 하면, 범죄심리학자들은 대개 성격파탄자인 사이코패스의 책임회피식 발언이라고 치부한다. 물론 처음엔 분노나 원한이 임계점을 넘어서 혹은 다른 이유로 살인충동이 일어났겠지만, 범죄자 자신조차 정신을 차리고 나면 이해하기 힘든 잔인함의 이면에는 사실 악령의 작용이 존재한다고 밖에 볼 수 없다.

나는 AI를 설명한 이 책의 앞장에서, 인간의 두뇌와 생각을 컴퓨터와 AI에 빗대어 그 작동 원리의 유사성에 대해 설명했다. 이런 관점에서 악령의 개입을 설명한다면, 악령은 컴퓨터의 바이러스(Virus) 프로그램과 매우 유사하다. 사용하던 컴퓨터에 바이러스 프로그램이 침투해 피해를 당해 본 사람들은 이해한다. 갖고 있던 원래 파일이 손상되거나 삭제되는 경험 말이다.

악령에 빙의된 사람들의 특징도 이와 유사하다. 이들은 정상적이고 상식적인 사고 능력과 판단 기능을 상실한다. 바이러스 프로그램은 이메일이나 SNS의 URL 링크 같은 침투 경로를 이용해 숙주(宿主)인 PC 하드디스크에 잠입한다. 이처럼 악령의 침입을 받는 사람들도 반드시 악령에게 침투 경로와 숙주를 제공한다. 그 침투 경로라는 게 대부분 우울, 비관, 분노, 좌절, 의심, 원망 등과 같은 정신적 스트레스나 부정적 사고방식이다. 이런 침투 경로에서 분석을 끝내면 범죄심리학의 영역이 되는 것이고, 그 이면까지 더 들어가면 악령의 영역이 된다.

악령들이 타깃으로 삼은 인간에게 침투하는 데 성공하면, 침투당한 인간이 눈에 보이지 않는 이들의 암약(暗躍)을 인식하기란 매우 힘들다. 악령들은 인간의 정신활동만 교란하는 게 아니다. 정신과 연결된 몸에 직접 작용해 질병을 유발하기도 한다.

내 고등학생 시절 짝꿍 친구는 어머님의 오랜 속병이 교회에서 축사(逐邪; 귀신을 내쫓음)를 통해 치유되는 경험을 했다. 이 분은 병원을 다녀도 낫지 않는 속병 때문에 10년을 고생하셨고, 원래 불교를 믿던 분이라 절에 가서 치성도 오래 드렸던 분이다. 그런데 지인이 권유해서 축사로 유명했던 동네 교회에 가서 축사 한방에 고질병이 낫는 체험을 한 뒤로 바로 기독교에 귀의했다. 이런 영적 사건들은 동서고금을 막론하고 기독교의 역사에서 이루 헤아릴 수 없이 많았다.

컴퓨터 바이러스 프로그램의 침투를 예방하기 위해 백신 프로그램이 개발되고 설치되듯이, 우리 영혼에도 백신 프로그램이 필요하다. 악령 바이러스의 개입을 강력하게 방어하는 백신 프로그램이 바로 성경말씀이다. 아래 신약성경 구절은 사도 바울이 에베소교회에 보낸 서신의 일부이다. 사도 바울이 그리스도인의 영적 무장을 강조한 아주 유명한 글이다.

· 마귀의 궤계를 능히 대적하기 위하여 하나님의 전신갑주를 입으라

· 우리의 씨름은 혈과 육에 대한 것이 아니요 정사와 권세와 이 어두움의 세상 주관자들과 하늘에 있는 악의 영들에게 대함이라

· 그러므로 하나님의 전신갑주를 취하라 이는 악한 날에 너희가 능히 대적하고 모든 일을 행한 후에 서기 위함이라

· 그런즉 서서 진리로 너희 허리띠를 띠고 의의 흉배를 붙이고

· 평안의 복음의 예비한 것으로 신을 신고

· 모든 것 위에 믿음의 방패를 가지고 이로써 능히 악한 자의 모든 화전을 소멸하고

· 구원의 투구와 성령의 검 곧 하나님의 말씀을 가지라

(에베소서 6장 11~17절)

　영혼의 적인 악령이 동원하는 최고의 전술은 자신의 존재를 희석시키는 기만술이다. 과학을 앞세워 인간의 악을 인간 두뇌에서 발생하는 생리적 문제로 풀게 만든다. 사이코패스 범죄는 양심 기능을 담당하는 대뇌의 전두엽이 제대로 발달되지 않은 탓이라는 식이다. 악령이 눈에 보이지 않다 보니 이처럼 과학을 앞세운 전략은 아주 효과적으로 작동해 왔다.

　악령이 선호하는 또 다른 전술은 신 중심의 세계관을 부정하고 인간을 중심에 내세우는 휴머니즘적 세계관이다. 보이지 않는 신 대신 보이는 인간을 더 존중하겠다는 전술이다. 누가 봐도 악령의 작전처럼 보이지 않기 때문에 이 역시 매우 효과적인 전술이다. 휴머니즘이 무슨 문제이냐고? 마르크스주의 철학보다 더 휴머니즘적인 철학이 있었던가. 하지만 이 철학의 신봉자들이 주도한 사회주

의혁명에 희생된 무수한 인명들을 생각해 보라. 사람 몇 명 죽이는 사이코패스 범죄와 규모 면에서는 비교조차 되지 않는다.

휴머니즘을 추구하는 문학도 마찬가지이다. 작가들이 가장 혐오스러워 하는 대상들 중 하나가 선악의 이분법으로 세상을 재단하는 유신론자이며 그 대표적인 종교가 기독교이다. 선이나 악이 없다는 건 아니지만, 선과 악이란 때로는 아주 상대적이다. 하나님과 사탄이라는 절대적 기준으로 선악을 구분하는 기독교 세계관에서는 선이 악이 되고 악이 선이 될 수도 있는 상황윤리란 인정하기 쉽지 않다. 그러다보니 작가들의 눈에 기독교적 세계관 아래서는 세상이 단순해지고 깊이가 없어진다. 이분법적 시각으로 세상을 함부로 재단한다며 교계 지도자들을 오히려 위험한 존재로 바라본다. 신의 이름으로 자행된 중세 '마녀사냥' 같은 사건들이 대표적 사례다.

하지만 작가들이 모르는 사실이 있다. 천사의 탈을 쓰고 범죄를 저지르는 성직자들도 없지 않지만, 인간을 신으로부터 떼어놓으려는 악령의 실체를 모르고 본의 아니게 그 종노릇하는 '인간적인' 작가들도 많다는 것을. 사탄이 고상한 휴머니즘을 앞세워 인간의 생각에 잠입할 수 있다는 사실을 어떤 문학도나 철학도가 인정하고 싶겠는가. 하지만 작가들은 안다. 작품에서는 번득이는 식견을 담아내기도 하지만 실제 현실에서는 얼마나 파탄된 인격을 드러내는 작가들이 있는지를.

독자 중에 작가가 있다면 알레르기 반응이 일어나는 이도 있겠지만 어쩔 수 없다. 소설가 김승옥처럼 한국문학사를 통틀어 기념

189

비적인 감수성으로 명성을 떨쳤던 작가도, 한국 지성계를 대표하던 인물인 이어령 교수 같은 문학평론가도 신을 등지고 살다가 결국 그 앞에 모두 무릎을 꿇었다. 이런 사례들이 단순히 인문주의자들의 무기력한 변절일까. 그렇게 뛰어난 직관과 통찰을 자랑하던 그들이 변화한 이유는 모두 영적인 기적과 연관돼 있다. 인간을 중심에 앞세우던 백가지 관념도 기적 같은 영적 체험을 한번 거치고 나면 다 무너져 내린다.

문학과 철학의 가치를 부정하는 건 결코 아니다. 뛰어난 문학작품이나 철학서에는 때로는 작가조차 의도하지 못한 신성이 깃들어 있다. 그런 마스터피스(masterpiece; 걸작)에는 영혼을 살찌우는 힘이 있다. 굳이 사례를 하나 들자면 1976년 발표된 이청준의 소설 <당신들의 천국> 같은 작품이다. 기독교인이라면 제목부터 불경스러운 느낌을 받을지 몰라도 이 작품이 더 고민하는 건 '우리들의 천국'이다. 한센병 환자들이 모여 사는 소록도에서 벌어지는 외지인 병원장과 환자 원생들 간의 갈등을 다룬 소설이다. 내가 말로만 신의 사랑을 떠드는 부류의 인간은 아닌지 되돌아보게 만드는 작품이다.

순수한 문학과 철학의 소중한 가치를 점점 더 잃어가는 작금이야말로 악령이 더 판치는 시대라고 생각한다. 앞서 내가 저격한 작가란 인생에 대한 경건한 사색과 반성 없이, 진정한 구원에 대한 깊은 통찰 없이, 자기가 무엇을 떠드는지도 모른 채 글을 써 갈기는 스타일리스트들이다. 다음과 같은 예수의 가르침이 떠오른다.

'소경이 소경을 인도하면 둘이 다 구덩이에 빠지리라'

(마태복음 15장 14절)

V. 예수 사후의 기적과 제자들

예수는 신성모독이라는 누명을 쓰고 십자가에 매달려 죽었다. 그리고 생전에 수차례 예언했듯이 사흘 만에 부활하고 제자들과 40일을 지내다가 그들이 지켜보는 가운데 승천했다. 이 사건 이후에 예수의 제자들은 성령을 받았고, 스승이 없는 세상에서 예전보다 훨씬 더 강력한 믿음의 전사들이 되어서 스승 버금가는 기적을 행하게 된다. 예수 사후의 기적이라는 제목으로 스데반·바울·베드로 이 3인의 기적을 조망하는 이유는, 그들의 기적이 극적인 데다 모두 예수의 기적과 유기적인 연관을 맺고 있기 때문이다. 즉 예수는 승천했고 제자들은 이 땅에서 다시 스승의 모습을 볼 수 없게 됐지만, 예수는 기적을 통해서 여전히 제자들과 함께 했고 또 그들의 복음 전도를 지원했다. 제자들의 기적이 예수의 기적과 어떤 관계인지 분석해 보자. 마지막 편에서는 그 기적들이 21세기 오늘날에도 현재진행형이라는 사실을 역시 쉽게 믿어지지 않는 사례들과 함께 살펴본다.

스데반의 기적

　예수의 기적을 제대로 논하려면 예수가 십자가에서 죽은 후 부활 승천한 뒤에 일어난 기적들에 대해서도 언급하지 않을 수 없다. 예수와 직접 관련된 기적들이기 때문이다. 신약성경의 <사도행전>은 예수 사후에 제자들이 행한 기적에 대해 가장 많은 사례를 기록하고 있다.

　가장 먼저 스데반의 순교 사건을 언급하고 싶다. 스데반도 성령이 충만했고 '은혜와 권능이 충만하여 큰 기사와 표적을 민간에 행했던' 성도였다. (사도행전 6장 8절) 스데반은 유대인들 앞에서 그들이 그리스도를 핍박해 십자가에 못 박은 사건을 비판하다가 성난 유대인들에게 집단으로 돌팔매질을 당해 죽었다. 아래는 당시 사건을 기록한 내용 중 후반부에서 발췌한 대목이다.

· 목이 곧고 마음과 귀에 할례를 받지 못한 사람들아 너희가 항상 성령을 거스려 너희 조상과 같이 너희도 하는도다
· 너희 조상들은 선지자 중에 누구를 핍박지 아니하였느냐 의인이 오시리라 예고한 자들을 저희가 죽였고 이제 너희는 그 의인을 잡아준 자요 살인한 자가 되나니
· 너희가 천사의 전한 율법을 받고도 지키지 아니하였도다 하니라

· 저희가 이 말을 듣고 마음에 찔려 저를 향하여 이를 갈거늘

· 스데반이 성령이 충만하여 하늘을 우러러 주목하여 하나님의 영광과 및 예수께서 하나님 우편에 서신 것을 보고

· 말하되 보라 하늘이 열리고 인자가 하나님 우편에 서신 것을 보노라 한대

· 저희가 큰 소리를 지르며 귀를 막고 일심으로 그에게 달려들어

· 성 밖에 내치고 돌로 칠쌔 증인들이 옷을 벗어 사울이라 하는 청년의 발 앞에 두니라

· 저희가 돌로 스데반을 치니 스데반이 부르짖어 가로되 주 예수여 내 영혼을 받으시옵소서 하고

· 무릎을 꿇고 크게 불러 가로되 주여 이 죄를 저들에게 돌리지 마옵소서 이 말을 하고 자니라

(사도행전 7장 51~60절)

스데반이 하늘에 계신 예수의 환상을 본 사실이 예수의 기적과 무슨 상관이 있냐고 물을 수 있다. 내가 이 사실을 언급하는 이유는 이 일이 스데반의 의지로 일어난 현상이라고 보지 않기 때문이다. 즉 스데반의 눈앞에 전개된 하늘의 영광은 스데반의 믿음이 메시아 예수의 의지와 만나 일어난 기적이다. 누구의 의지가 뭐 그리 중요하냐고 반문할 수 있지만 내 눈에는 중요하게 보인다. 예수는 인간의 오해와 멸시를 뒤집어쓰고 제자들마저 모두 도망간 외로운 상황에서 십자가에 못 박혀 죽었다. 하지만 첫 순교자의 죽음은 예

수만큼 외롭지 않았다. 예수가 보여준 하늘의 영광으로 스데반은 돌 맞아 죽는 사람답지 않게 평안한 죽음을 맞았다. 그리고 기독교의 최초 순교자인 스데반의 이러한 모습은 그 뒤에 잇따를 수많은 순교자들에게 큰 용기를 줄 수 있었다.

<사도행전>이 증언하는 더 큰 예수 사후의 기적은 그 다음에 등장한다. 위에 인용한 성경 구절을 보면 스데반 순교 현장을 지켜보는 사울이라는 인물이 등장한다. 스데반에게 돌을 던지는 유대인들이 벗어둔 옷을 자기 발아래 두고 지켰던 사람이다.

이 사울이 기독교 역사상 최고의 전도자 '사도 바울'이다. 바울 사도는 신구약 성경 66권 집필자 40명 가운데 혼자 13권을 집필했을 정도로 하나님이 크게 쓰신 인물이다. 바울이 아니었다면, 기독교가 그처럼 급속히 서아시아와 유럽 전역으로 전파되기 쉽지 않았다. 그는 기독교의 세계화를 이끌어낸 최초이자 최고의 전도자였다.

그런데 이처럼 지대한 업적을 남긴 사도 바울이 예수의 기적을 접하기 전에는 반대로 가장 악랄하게 기독교를 박해한 인물이었다. 바울 사도의 인생을 180도 바꿔 버린 다메섹 도상의 기적이야말로 예수의 기적을 논할 때 빠트릴 수 없는 사건이다.

바울의 기적

사도 바울의 원래 이름은 사울로서 원래 로마 시민권을 보유한 유대인 부모 밑에서 출생 성장한 인물이다. 이스라엘 부족 베냐민 지파 후손으로서 가장 엄격한 율법주의자 집단인 바리새파의 일원이었다. 출신 성분으로 보자면 요즘말로 금수저 중의 금수저이다. 신앙이 독실했을 뿐 아니라 학식도 풍부하고 외국어에 두루 능통한 인재였다.

다른 바리새인들이 그러했듯이, 사울도 처음에는 예수를 제대로 이해하지 못하고 오히려 그를 함부로 신을 참칭(僭稱)하는 인물이라며 마귀 취급했다. 예수가 사라진 뒤 사울은 급속히 교세를 확장해 가는 초대교회 신도들을 강력하게 탄압하는 무리의 선봉에 섰다. 사울은 어느 날 다메섹(현 시리아의 다마스커스)에 예수쟁이들이 많이 모여 있다는 첩보를 접한다. 이들을 체포하려고 다른 일행들과 함께 길을 재촉하던 중, 그는 아래와 같은 엄청난 사건에 직면한다.

· 사울이 주의 제자들을 대하여 여전히 위협과 살기가 등등하여 대제사장에게 가서
· 다메섹 여러 회당에 갈 공문을 청하니 이는 만일 그 도를 좇는

사람을 만나면 무론남녀하고 결박하여 예루살렘으로 잡아 오려 함
이라

· 사울이 행하여 다메섹에 가까이 가더니 홀연히 하늘로서 빛이
저를 둘러 비추는지라

· 땅에 엎드러져 들으매 소리 있어 가라사대 사울아 사울아 네가
어찌하여 나를 핍박하느냐 하시거늘

· 대답하되 주여 뉘시오니이까 가라사대 나는 네가 핍박하는 예수
라

· 네가 일어나 성으로 들어가라 행할 것을 네게 이를 자가 있느니
라 하시니

· 같이 가던 사람들은 소리만 듣고 아무도 보지 못하여 말을 못하
고 섰더라

· 사울이 땅에서 일어나 눈은 떴으나 아무 것도 보지 못하고 사람
의 손에 끌려 다메섹으로 들어가서

· 사흘 동안을 보지 못하고 식음을 전폐하니라

· 그 때에 다메섹에 아나니아라 하는 제자가 있더니 주께서 환상
중에 불러 가라사대 아나니아야 하시거늘 대답하되 주여 내가 여
기 있나이다 하니

· 주께서 가라사대 일어나 직가라 하는 거리로 가서 유다 집에서
다소 사람 사울이라 하는 자를 찾으라 저가 기도하는 중이다

· 저가 아나니아라 하는 사람이 들어와서 자기에게 안수하여 다시
보게 하는 것을 보았느니라 하시거늘

· 아나니아가 대답하되 주여 이 사람에 대하여 내가 여러 사람에

게 들사온즉 그가 예루살렘에서 주의 성도에게 적지 않은 해를 끼쳤다 하더니

· 여기서도 주의 이름을 부르는 모든 자를 결박할 권세를 대제사장들에게 받았나이다 하거늘

· 주께서 가라사대 가라 이 사람은 내 이름을 이방인과 임금들과 이스라엘 자손들 앞에 전하기 위하여 택한 나의 그릇이라

· 그가 내 이름을 위하여 해를 얼마나 받아야 할 것을 내가 그에게 보이리라 하시니

· 아나니아가 떠나 그 집에 들어가서 그에게 안수하여 가로되 형제 사울아 주 곧 네가 오는 길에서 나타나시던 예수께서 나를 보내어 너로 다시 보게 하시고 성령으로 충만하게 하신다 하니

· 즉시 사울의 눈에서 비늘 같은 것이 벗어져 다시 보게 된지라 일어나 세례를 받고

· 음식을 먹으매 강건하여지니라 사울이 다메섹에 있는 제자들과 함께 며칠 있을쌔

· 즉시로 각 회당에서 예수의 하나님의 아들이심을 전파하니

· 듣는 사람이 다 놀라 말하되 이 사람이 예루살렘에서 이 이름 부르는 사람을 잔해하던 자가 아니냐 여기 온 것도 저희를 결박하여 대제사장들에게 끌어가고자 함이 아니냐 하더라

· 사울은 힘을 더 얻어 예수를 그리스도라 증명하여 다메섹에 사는 유대인들을 굴복시키니라

(사도행전 9장 1~22절)

199

사울이 다메섹 도상에서 체험한 이 놀라운 사건은 인류의 역사를 바꾼 실로 엄청난 기적이다. 사울은 역사적으로 분명히 실존했던 인물이고, 그의 행적 또한 자신의 서신들은 물론 다양한 서적들에 의해 증언되고 있다. 사울이 정신병자가 아닌 다음에야 특정 종교를 탄압하다가 하루아침에 그 종교를 옹호하는 인물로 180도 변신할 수 있었겠는가. 천상에서 들려온 예수의 음성과 메시지, 자신의 실명(失明)과 시력회복 등 그가 직접 체험한 기적이 아니었다면 불가능했던 일이다. 종교가 됐든 특정 신념이 됐든 무언가를 열렬히 신봉해본 사람이라면 이 말이 무슨 의미인지 이해할 수 있다.

사울 역시 바울로 개명을 하고 사방천지를 돌아다니며 자신이 직접 체험한 예수의 기적을 목숨 걸고 간증했다. 이 기적을 체험하지 않았다면 예수가 그리스도라는 사실을 절대 인정하지 못했을 것임은 자명하다. 그리고 그 자신 역시 성령의 권능을 받아 숱한 기적을 행하고 다녔다.

성경에서 바울의 기적을 읽거나 설교를 통해 들어본 사람들은 종종 이렇게 말한다. "나도 바울 같은 강렬한 체험을 하면 바울 같은 믿음을 가질 수 있을 거 같다." 그러면서 왜 그런 기적이 성경에만 나오고 나에게는 일어나지 않는 건지 의문을 제기한다. 자신은 물론이고 주변에서 그처럼 강렬한 영적 체험을 한 사람을 본 적이 없다는 말과 함께. 예수는 왜 이천년 전 다메섹 도상의 바울한테만 그런 기적을 보여주셨느냐는 원망이 섞여 있다. 지금 우리는 뭘 보고 믿으라는 거냐고.

두 가지를 알려드리고 싶다. 우선 성경에서 하나님이 또 천상에 계신 예수 그리스도가 '자연의 일상'을 깨고 직접 세상과 인생에 개입하는 기적을 보일 때는 다 그만한 이유가 있을 때였다는 사실이다. 그 필요성은 우리 인간의 시각이나 잣대로 재단할 수 있는 것이 아니다. 우리 인간은 항상 피조물이라는 사실을 망각하고 창조주인 신과 같은 반열에서 의문을 제기하는 오류를 범한다. 예수는 보지 않고 믿는 자가 더 복이 있다고 말했다.

내가 '자연의 법칙'이라고 표현하지 않고 '자연의 일상'이라고 표현한 이유는 자연의 법칙도 하나님이 정하는 것이기 때문이다. 예수가 공생애 기간에 행한 기적들이, 또 사후에 인간 세상에 개입한 기적들이 자연의 법칙과 어긋나는가. 그렇지 않다. 우리가 비일상적 현상이어서 설명하지 못했던 것일 뿐, 자연의 법칙을 위배한다고 말할 수는 없다. 우리 인간이 자연의 법칙에 맞지 않는다고 생각하는 이유는 아직 자연의 법칙을 더 깊이, 완벽하게 이해하지 못했기 때문이다. 오늘날 과학, 특히 양자역학으로 설명되는 자연의 신비들이 과거에는 모두 미신 취급받던 현상들이었음을 기억하자.

다른 한 가지는 바울이 다메섹 도상에서 겪었던 사건만큼 강렬하지 않을지는 몰라도, 하나님이 살아계심을 증명하는 기적들은 지금도 세계 도처에서 무수히 일어나고 있다는 사실이다. 앞서 인용한 바 있지만, 특히 이슬람교 국가들에서 무슬림들이 예수의 환상을 보거나 기적을 체험하고 기독교로 개종하는 사례들이 속출하고 있다. 사도행전이 증언하는 이천년 전 상황이 오늘날에도 여전히 지속되고 있다는 뜻이다.

베드로의 기적

신약성경에서 예수의 기적을 이야기할 때 빠트릴 수 없는 가장 중요한 인물이 바로 베드로이다. 베드로는 본래 어부였고 본명은 '시몬'이었다. '반석(盤石)'이라는 뜻을 가진 베드로라는 이름은 예수가 직접 지어준 이름이다. 신약성경에서 예수가 직접 새 이름을 지어준 유일한 제자였을 정도로, 베드로는 스승 예수를 공생애 기간에 가장 지근거리에서 보좌한 수제자이다.

그런 만큼 베드로는 예수 기적의 현장에 거의 빠짐없이 동행한 가장 유력한 증인이다. 예수가 가나의 혼인잔치에서 물을 포도주로 바꾼 첫 기적 현장에도 동행했고, 이 책 서두에 기술한 모든 예수 기적의 현장에 대부분 그가 있었다. 베드로는 단순한 목격자가 아니다. 그는 스승 예수가 물 위를 걸어올 때 배에서 뛰어내려 함께 물 위를 걷는 기적을 체험한 유일한 제자였다. 이 수상보행 사건은 본인이 아니라 목격자인 제자 마태가 복음서에 기록한 사실이다.

· 밤 사경에 예수께서 바다 위로 걸어서 제자들에게 오시니
· 제자들이 그 바다 위로 걸어오심을 보고 놀라 유령이라 하며 무서워하여 소리지르거늘
· 예수께서 즉시 일러 가라사대 안심하라 내니 두려워 말라

· 베드로가 대답하여 가로되 주여 만일 주시어든 나를 명하사 물 위로 오라 하소서 한대

· 오라 하시니 베드로가 배에서 내려 물 위로 걸어서 예수께로 가되

· 바람을 보고 무서워 빠져 가는지라 소리질러 가로되 주여 나를 구원하소서 하니

· 예수께서 즉시 손을 내밀어 저를 붙잡으시며 가라사대 믿음이 적은 자여 왜 의심하였느냐 하시고

· 배에 함께 오르매 바람이 그치는지라

· 배에 있는 사람들이 예수께 절하며 가로되 진실로 하나님의 아들이로소이다 하더라

(마태복음 14장 25~33절)

베드로가 물 위를 걸었던 이 기적은 매우 의미심장한 사건이다. 이 사건은 앞장에서 예수 기적의 비결로 지목한 '완벽한 믿음'의 본질을 보여주고 있기 때문이다. 예수는 자신의 능력으로 물 위를 건넜지만, 베드로는 예수의 말을 믿음으로써 물 위를 건넜다는 그 차이점에 주목해야 한다.

베드로의 수상보행 기적은 믿음이라는 영적 상태에서 사람들이 일반적으로 생각하는 자연의 법칙이 얼마나 무의미해지는지를 보여주는 대표적 사건이다. 이 이야기 역시 기적을 믿지 않는 사람들에게는 예수와 그 제자들이 꾸며낸 허구에 불과하다. 만일 당신이 기독교인이 아닌데도 이 사건이 허구가 아닌 것 같다고, 설명할 수

는 없지만 왠지 실제로 일어난 사건인 것 같다고 생각한다면, 지금 당신은 예수가 그리스도라는 사실을 인정하는 셈이다. 생각해 보라. 그 어떤 종교의 제자가 교주인 스승 말만 믿고 물 위를 함께 걷는 동반 기적을 일으켰단 말인가.

베드로가 물 위를 걸었던 기적이 얼핏 대단하게 보이지 않을 수도 있다. 한국에서도 무당들이 굿판에서 날이 시퍼렇게 선 작두를 타지 않던가. 그러고도 발바닥이 멀쩡하다. 작두 타는 무당들에 따르면, 작두날에 올라탄 자기 무게가 전혀 느껴지지 않는다고 한다. 물 위를 걷는 현상이나 작두를 멀쩡하게 타는 현상이나 부력, 중력 같은 자연의 법칙을 초월한 점에서 발생 원리는 유사하다.

하지만 베드로가 물 위를 걸은 사건은 차원이 좀 다르다. 베드로는 무당처럼 신내림을 받은 상태도, 굿하느라 무아지경에 빠진 상태도 아니었다. 도대체 베드로가 물 위를 걷게 만든 그 초능력은 어디서 발생한 것일까.

이 사건은 우주와 사물이 컴퓨터 시뮬레이션과 같은 원리로 창조된 현상이라는 주장과 상통하는 사례이다. 먼저 컴퓨터의 전송 원리를 이해할 필요가 있다. 우리가 사용하는 PC나 스마트폰은 컴퓨터이다. 전문용어로 '클라이언트(client) 컴퓨터'라고 부른다. PC나 스마트폰이 컴퓨터 역할을 할 수 있는 이유는 여기에 모든 정보를 전송해주는 '서버(server) 컴퓨터'가 따로 존재하기 때문이다. 즉 PC나 스마트폰 화면에 뜨는 글 · 사진 · 동영상 등 모든 정보 데이터는 통신사와 포털 · 콘텐츠 사업자가 운영하는 서버컴퓨터들이 있기 때문에 가능하다.

우주와 자연 현상을 PC나 스마트폰의 3차원 입체 게임이라고 가정해 보자. 우리가 매일 체험하는 이 3차원 입체 게임을 만든 프로그래머가 누구인지는 설명할 필요가 없다. 바로 창조주 하나님이다. 우리 인간이 게임 캐릭터의 플레이어라고 가정해 보자. 게임 캐릭터들은 몸이 강이나 바다에 닿으면 가라앉는 중력이 적용되도록 프로그래밍이 돼 있다. 실제로 모든 게임 캐릭터들은 게임 속의 강이나 바다에 가면 풍덩 빠진다. 그런데 이 게임 캐릭터가 물에 빠지지 않게 하려면 어떻게 해야 하는가?

그건 이 3차원 입체 게임을 만든 프로그래머가 '예외 값'이라는 변수를 프로그램에 설정해줘야 한다. 예외적 특정 조건에서는 물에 빠지지 않게 별도의 프로그램을 입력해 두는 것이다. 여기서 주의할 점은, 게임 캐릭터가 물에 빠지지 않는 건 그 게임 캐릭터의 능력 때문이 아니라는 사실이다. 그 게임 캐릭터의 플레이어가 게임 프로그램의 예외값을 알아내어 실행했기 때문이다.

다시 베드로의 사례로 돌아가 보자. 베드로의 육중한 육신이라는 게임 캐릭터는 '완벽한 믿음'이라는 예외값을 알아낸 베드로의 플레이어(영혼) 덕분에 물 위를 걸을 수 있었다. 이런 경우 말고는 중력·부력 같은 자연의 기본법칙은 절대 예외를 허용하지 않는다. 그게 이 우주와 자연의 기본 프로그램, 다른 말로 '창조 질서'이기 때문이다.

창조주의 분신인 예수에 대한 믿음이 베드로가 물 위를 건너게 한 힘이라면, 똑같이 중력의 원리를 거스르는 무당의 작두 타기는 어떻게 설명할까. 답은 자명하다. 예외값은 자연의 원리인데 무엇이 문제이겠는가. 창조주가 만든 태양은 사람을 가려가며 빛을 비추지 않는다. 남녀노소 누구에게나 비춘다. 성인에게도 악한에게도 마찬가지이다. 창조질서는 다른 말로 자연의 섭리이다. 귀신에 빙의(憑依)된 무당이 신명이 올라 중력을 거스르는 초능력을 보이는 건, 자연의 섭리를 만든 프로그래머가 3차원 존재(무당)와 4차원 존재(귀신)가 영적 합일을 경험할 때 예외값이 발생하도록 프로그래밍을 해둔 덕분이다. 이 건 선악의 문제가 아니다. 다른 예외값도 있다. 3차원 존재의 의식이 현상계의 장벽을 뚫고 4차원을 넘나드는 경우이다. 이 책 앞장에서 거론했던 도인들 사례가 여기에 해당한다.

다만 무당에게 적용되는 예외값의 신비함이란 초라한 수준이다. 작두 타는 무당이야 볼 수 있지만, 파도가 출렁이는 호수 위를 건너는 무당을 본 적 있는가. 또 스승인 무당의 말만 믿고 신내림도 못 받은 제자가 작두를 타는 광경을 본 적이 있는가. 믿음이라는 예외값이 내 의지에 달린 것과 달리, 빙의라는 예외값은 귀신의 의지에 달렸다.

베드로는 다른 제자들과 함께 예수를 수행할 때 이미 스승이 부여한 권능으로 귀신을 쫓아내고 병자들을 고치는 기적을 널리 행했다. 예수 사후의 사도들 행적이 기록된 <사도행전>을 보면, 베드로는 스승 예수가 부활 승천한 상황에서도 아래 언급하는 사례와 같이 거의 스승이 보였던 수준에 버금가는 기적들을 숱하게 실행했다.

· 제 구시 기도 시간에 베드로와 요한이 성전에 올라갈쌔
· 나면서 앉은뱅이 된 자를 사람들이 메고 오니 이는 성전에 들어가는 사람들에게 구걸하기 위하여 날마다 미문이라는 성전 문에 두는 자라
· 그가 베드로와 요한이 성전에 들어 가려함을 보고 구걸하거늘
· 베드로가 요한으로 더불어 주목하여 가로되 우리를 보라 하니
· 그가 저희에게 무엇을 얻을까 하여 바라보거늘
· 베드로가 가로되 은과 금은 내게 없거니와 내게 있는 것으로 네게 주노니 곧 나사렛 예수 그리스도의 이름으로 걸으라 하고
· 오른손을 잡아 일으키니 발과 발목이 곧 힘을 얻고
· 뛰어 서서 걸으며 그들과 함께 성전으로 들어가면서 걷기도 하고 뛰기도 하며 하나님을 찬미하니
· 모든 백성이 그 걷는 것과 및 하나님을 찬미함을 보고
· 그 본래 성전 미문에 앉아 구걸하던 사람인줄 알고 그의 당한 일을 인하여 심히 기이히 여기며 놀라니라

(사도행전 3장 1~10절)

아래 언급하는 아나니아 삽비라 부부의 사례는 베드로가 행한, 기적 같지 않은 기적에 관한 이야기이다. 초대교회 시절에 성령이 충만했던 그리스도인들은 각자 모든 재산을 처분해 공동 소유하고 공동 분배하는 이상적인 공동체 생활을 했다. 이러한 공동체 모습은 19세기 사회주의 사상가들이 지향하는 이상사회의 모델이 됐을 정도였다. 하지만 아나니아 삽비라 부부의 급사 사건은 그런 초대

교회에서도 모든 신도들의 영적 상태가 똑같지 않았다는 사실을 보여준다. 여기서 지적하고 싶은 건, 이들의 비밀을 꿰뚫어보고 있는 베드로의 능력이다. 그는 심지어 먼저 죽은 남편 아나니아에 이어 부인 삽비라도 곧 똑같은 방식으로 급사할 것을 예언했는데 이 역시 그대로 적중했다.

· 아나니아라 하는 사람이 그 아내 삽비라로 더불어 소유를 팔아
· 그 값에서 얼마를 감추매 그 아내도 알더라 얼마를 가져다가 사도들의 발 앞에 두니
· 베드로가 가로되 아나니아야 어찌하여 사단이 네 마음에 가득하여 네가 성령을 속이고 땅값 얼마를 감추었느냐
· 땅이 그대로 있을 때에는 네 땅이 아니며 판 후에도 네 임의로 할 수가 없더냐 어찌하여 이 일을 네 마음에 두었느냐 사람에게 거짓말 한 것이 아니요 하나님께로다
· 아나니아가 이 말을 듣고 엎드러져 혼이 떠나니 이 일을 듣는 사람이 다 크게 두려워하더라
· 젊은 사람들이 일어나 시신을 싸서 메고 나가 장사하니라
· 세 시간쯤 지나 그 아내가 그 생긴 일을 알지 못하고 들어 오니
· 베드로가 가로되 그 땅 판 값이 이것뿐이냐 내게 말하라 하니 가로되 예 이뿐이로라
· 베드로가 가로되 너희가 어찌 함께 꾀하여 주의 영을 시험하려 하느냐 보라 네 남편을 장사하고 오는 사람들의 발이 문앞에 이르렀으니 또 너를 메어 내가리라 한대

· 곧 베드로의 발 앞에 엎드러져 혼이 떠나는지라 젊은 사람들이 들어와 죽은 것을 보고 메어다가 그 남편 곁에 장사하니

· 온 교회와 이 일을 듣는 사람들이 다 크게 두려워하니라

· 사도들의 손으로 민간에 표적과 기사가 많이 되매 믿는 사람이 다 마음을 같이하여 솔로몬 행각에 모이고

· 그 나머지는 감히 그들과 상종하는 사람이 없으나 백성이 칭송하더라

· 믿고 주께로 나오는 자가 더 많으니 남녀의 큰 무리더라

· 심지어 병든 사람을 메고 거리에 나가 침대와 요 위에 뉘이고 베드로가 지날 때에 혹 그 그림자라도 뉘게 덮일까 바라고

· 예루살렘 근읍 허다한 사람들도 모여 병든 사람과 더러운 귀신에게 괴로움 받는 사람을 데리고 와서 다 나음을 얻으니라

(사도행전 5장 1~16절)

베드로는 심지어 스승 예수처럼 병들어 죽은 자를 소생시키는 기적도 행했다.

· 욥바에 다비다라 하는 여제자가 있으니 그 이름을 번역하면 도르가라 선행과 구제하는 일이 심히 많더니

· 그 때에 병들어 죽으매 시체를 씻어 다락에 뉘우니라

· 룻다가 욥바에 가까운지라 제자들이 베드로가 거기 있음을 듣고 두 사람을 보내어 지체 말고 오라고 간청하니

· 베드로가 일어나 저희와 함께 가서 이르매 저희가 데리고 다락

에 올라가니 모든 과부가 베드로의 곁에 서서 울며 도르가가 저희
와 함께 있을 때에 지은 속옷과 겉옷을 다 내어 보이거늘
· 베드로가 사람을 다 내어보내고 무릎을 꿇고 기도하고 돌이켜
시체를 향하여 가로되 다비다야 일어나라 하니 그가 눈을 떠 베드
로를 보고 일어나 앉는지라
· 베드로가 손을 내밀어 일으키고 성도들과 과부들을 불러 들여
그의 산 것을 보이니
· 온 욥바 사람이 알고 많이 주를 믿더라

(사도행전 9장 36~42절)

예수 사후에 확 달라진 베드로의 모습을 보면서, 그리고 그가
행한 기적들을 보면서 우리는 예수 기적의 본질을 깨달을 수 있다.
베드로는 지극히 평범한 어부에 지나지 않았다. 세속적인 고학력자
도 아니었고 귀족 신분의 특권층도 아니었다. 하지만 대중 앞에서
웅변을 토하거나 너무도 거침없이 병자들을 고치는 권능을 행사하
는 그의 모습은 거의 예수의 모습을 보는 듯하다. 무엇이 베드로를
그처럼 변화시킬 수 있었을까.

해답은 성령 충만의 믿음에 있다. 베드로는 이미 예수를 3년이
나 밤낮으로 수행한 수제자였다. 가장 지근거리에서 그리스도의 가
르침을 3년이나 직접 받았다. 스승의 말씀이 그의 뇌리와 골수에
사무쳐 있을 판인데, 오순절 마가 다락방에서 다른 제자들과 함께
불의 혀처럼 강림한 성령을 뜨겁게 받았다.(사도행전 2장) 그가 누
구보다 열렬히 성령의 세례를 받았을 것임은 의심할 여지가 없다.

예수가 체포되던 날 밤, 죽음의 공포에 사로잡혀 첫 닭이 울기 전에 예수 제자라는 사실을 세 번 부인하고 통곡한 과거의 베드로는 사라졌다. 이제 수제자인 자신이 예수 그리스도의 분신이 되어 복음을 전파하고 교회를 건설하는 사명의 선두에 서야 한다. 성령 충만한 예수의 수제자 베드로의 믿음은 이미 철옹성처럼 강건해져 있었으리라.

믿음은 단순한 관념이 아니다. 믿음은 몸과 마음, 피와 땀이 하나가 된 '영적 결정체'이다. 예수가 행한 기적을 우리 인간이 행하지 못하는 이유는 바로 그 영적 결정체가 없기 때문이다. 예수는 그 영적 결정체를 '겨자씨 한 알'에 비유했다. 예수 승천 이후의 베드로에게서 우리는 바로 그 겨자씨 한 알을 비로소 보게 된다. 물론 그 겨자씨는 베드로뿐 아니라 다른 사도들에게서도, 특히 최초로 세계 선교의 중책을 맡은 사도 바울에게서도 보인다.

중요한 사실은 그 같은 기적의 행진이 현대사회의 우리 일상에서도 그대로 이어지고 있다는 사실이다. 성경의 기적들이 이천년 전에 수명을 다한 화석 같은 이야기였다면, 나는 이 책을 쓸 생각이 들지 않았을 수도 있다. 이천년 전 그들만의 잔치였다면 오늘을 사는 우리와 무슨 상관이 있겠는가. 나는 성경을 읽고 기도를 하면서, 도대체 어떻게 이런 일들이 일어날 수 있는 건지 신기하기 그지없는 생활 속 기적들을 종종 체험한다. 시련으로 마음이 무거울 때, 기도하다 들려오는 위로의 음성에 큰 힘을 얻은 적도 여러 번 있었다. 그러니 여전히 현재진행형인 예수의 기적을 어떻게 전하지 않을 수 있겠는가.

지금 여기, 21세기 대한민국

　신약성경 <사도행전>에 기록된 예수 제자나 사도들의 기적을 이야기하다가 시대와 장소를 21세기 대한민국 땅으로 훌쩍 뛰어넘었다. 두 시대의 간격은 이천년이나 된다. 한국의 독자들이 읽기에는 아마도 지금 인용하려는 기적 이야기들이 훨씬 더 현실감 있게 와닿을 수 있어서다. 무엇보다 예수의 기적과 그 제자들의 기적이 이천년 전에 시효가 끝난 전설이나 신화가 아니라는 사실을 알리기 위해서다.

　내가 이 책을 쓰는 시점은 코로나19 바이러스로 한국을 포함한 전 세계가 2년 넘게 몸살을 앓고 있던 시기이다. 코로나19 방역대책이 장기간 시행되다 보니 6만 개가 넘는 한국의 교회들 중 1만 개가 넘는 교회가 문을 닫았다는 가슴 아픈 이야기를 들었다. 오랜 세월 교회를 등지고 살며 하나님께 큰 죄를 지은 내가 이 책을 쓰게 된 이유 중 하나이다.

　그리스도인들이 생활에서 경험하는 크고 작은 기적들을 일일이 열거하자면, 아마 현재 한국의 사례만 찾아내 열거해도 수백, 수천 권의 책으로도 부족할 게 분명하다. 이런 은혜로운 기적의 사례들은 아마도 6만에 달하는 교회에서 나날이 간증되고 전파되었을 터이다. 그 숱한 기적들 중에서 한 사역자가 전하는 두 가지 기적의 사례를 인용하게 된 계기는, 마침 이 책을 집필하는 도중에 알게 되었기 때문이다. 내 아들이 먼저 그 기적들이 수록된 책을 읽고 신기하다며 알려주었다.

지난 2020년 출간된 <카이로스>(고성준 지음, 규장 간)라는 단행본 서적에 수록된 기적의 사례들이다. 아래 인용하는 두 사례 가운데 첫 번째는 저자가 당사자에게 듣고 기록한 기적이고, 두 번째는 저자가 선교사로 활동하던 외국에서 직접 목격한 기적이다. 원문 그대로 인용한다.

사례 1:

오래 전 한 대학생에 대한 이야기를 들었다. 재정적인 어려움으로 학교를 휴학하고 등록금을 모으고 있던 이 청년이, 하루는 학생 식당에서 점심을 사먹을 돈이 없었단다. 청년은 간절히 기도했다.

"주님, 5천원만 주세요. 점심 먹을 돈이 필요합니다."

성령께서 말씀하셨다.

"믿음으로 취해라!"

다시 성령님께 물었다.

"믿음으로 취하는 것이 뭡니까?"

성령께서 다시 말씀하셨다.

"공중에 손을 내밀어 돈을 꺼내라!"

청년은 아무도 방해할 사람이 없는 학생회관 구석으로 가서 말씀대로 공중에 손을 내밀어 믿음으로 취했다. 그런데 눈을 떠보니 놀랍게도 5천원이 손에 들려 있었다. 주변에 아무도 없었는데 말이다. 이 믿을 수 없는 이야기를 대학부 전도사에게 전해 듣고, 그 청년을 교회 목양실로 불렀다.

"5천원 이야기를 들었는데, 정말이냐?"

청년은 수줍은 듯 얼굴을 떨구더니 "예, 정말입니다!"라고 대답했다. 내가 알고 있던 세상의 원리들이 무너지는 순간이었다. 에너지 보존의 법칙부터 양자역학의 원리까지, 알고 있던 어떤 법칙으로도, 아무것도 없는 공중에서 5천원이 나타나는 이것을 설명할 수 없었다.

"내가 알고 있는 세상과는 다른 세계가 있구나!"

그렇다. 영적 세계는 자연 세계만큼이나 실재하는 세계다.

(중략)

5천원을 꺼내왔던 청년은 신학교를 졸업하고 우리 교회 사역자가 되었다.

사례 2:

2005년 순종하며 열린 하늘 속으로 들어갔다. 중동 사역이 시작되었다. 먼저 청년들이 중동 땅을 밟았고, 뒤이어 장기 선교사들이 들어가기 시작했다. 청년들이 레바논 땅을 처음 밟았을 때, 그곳에 하나님의 말씀이 임했다.

"무슬림들이 사는 마을로 들어가라!"

말씀에 순종하여 마을에 들어갔을 때 15살 정도 된 눈먼 한 소녀를 만났다. 날 때부터 검은 눈동자가 없던 소녀였다. 소녀의 눈은 흰자위뿐이었다. 그곳에서 기도를 시작했을 때 다시 하늘이 열렸다. 흰자위뿐이던 소녀의 눈에 검은색이 돌기 시작하더니, 점점 또렷한 눈동자가 되었다! 이것을 목격한 가족과 마을사람들이 예수께 돌아오고 그곳에 교회가 세워졌다. 더욱 감사한 것은 14년이 지난 지금, 그 땅을 밟았던 청년들이 모두 목회자나 선교사가 되었다는 것이다.

두 가지 사례 모두 지어낸 이야기 아닌지 의심이 들 만큼 일반인 상식으로는 도저히 수용하기 힘든 수준의 기적들이다. 이 기적들을 기록한 저자는 미국 명문대인 UC버클리대학에서 수학박사 학위를 받았으나 하나님의 사명을 받고 인생 진로를 바꾼 인물이다. 사례 2는 함께 목격한 동료 선교사들이 많으니까 저자가 진실이라는 해명을 할 필요조차 없지만, 사례 1은 홀로 기적을 체험한 사람의 간증이라서 해당 사례가 실화라는 믿음이 필요하다. 다행히 간증한 인물이 신학교에 진학하고 현재 저자가 목회하는 교회의 사역자가 돼 있다니 실화라는 사실에 무게가 실린다.

사실 성경을 아예 믿지 않는 불신자나 성경의 기적을 실화라고 확신하지 못하는 기독교인이 너무 많다보니 위와 같은 사족을 붙이게 됐다. 일상 속에서 기도의 위력을 직접 체험하는 그리스도인들이라면, 상식적으로 납득되지 않는 기도의 응답을 받아본 성도들이라면, 인용한 두 기적의 사례들을 읽어도 별다른 의심이 들지 않을 터이다. 그래도 신기한 마음은 비슷하지 않을까 생각한다. 그럴 만한 것이 기적이란 당연한 현상이 아니지 않은가. 나는 내가 직접 겪은 일상의 기적들도 생각할 때마다 신기하다.

두 기적의 사례를 전한 저자가 양자역학의 원리로도 배고픈 대학생의 손에 갑자기 5천원이 생긴 현상을 이해할 수 없다고 한 대목은 약간 아쉬운 대목이다. 그래도 양자역학이 거의 유일하게 인간이 기적이라 부르는 초자연적 현상에 접근 가능한 과학이론이기 때문이다. 양자역학이 출현하지 않았다면 오늘날과 같은 이론물리학의 발전도 불가능했고, 우주와 자연의 비밀도 과학적으로는 영원히 베일에 가려질 수밖에 없었다.

두 가지 기적 모두 순수한 믿음과 간절한 기도의 바탕에서 일어난 사실을 간과해선 안 된다. 지폐가 허공에서 갑자기 나타나 배고픈 학생의 손에 쥐어지고, 15년간 흰자위밖에 없던 맹인소녀의 눈에 갑자기 검은 눈동자가 나타나는 현상은 내가 이 책에서 누누이 강조한 기적의 원리와 전혀 상충되지 않는다. 우리 인간이 현실이라고 부르는 이 거대한 물질세계도 본질적으로는 꿈같은 현상에 지나지 않는다. 세상이 우리 인간이 배운 자연의 법칙대로만 움직인다면, 인용된 두 기적 이야기도 100% 날조된 허구에 지나지 않는다. 물질이 곧 현상일 수도 있다는 양자역학의 발견처럼, 이 세상 자체가 인간이 착시현상을 일으키도록 고도로 프로그래밍이 된 시뮬레이션이기 때문에 기적 같은 예외적 현상이 가능해진다.

그러니 이런 세상을 프로그래밍을 한 존재, 즉 창조주가 원하기만 하면 예외값을 코딩해서 우리 인간이 볼 때 말도 안 되는 현상이 벌어지게 된다. 예외값 코딩이란, 앞서 설명한 기적의 원리대로 표현하면 '온전한 기도를 받은 창조주의 의식 변화'이다. 인간의 눈에 보이는 세계에 기적이 나타나는 이유는, 눈에 보이지 않는 세계에서 눈에 보이는 세계를 바라보는 창조주의 의식이 변화함으로써 그 변화상이 눈에 보이는 세계의 현상으로 나타나는 것이다. 창조주의 의식을 움직이게 하는 계기는 바로 피조물인 인간의 간절한 기도이다.

세상을 바라볼 때 물질세계라는 고정관념에만 갇혀 있으면 물질이 급격히 변하거나 없던 물질이 생겨나는 현상은 도무지 이해되지 않는다. 사례 1처럼 허공에 내민 손에 5천 원짜리 지폐가 느닷없이 출현하는 일이 도대체 말이 되는가. 물질세계의 숨겨진 정체가 꿈처럼 현상이기도 하다는 사실을 이해하지 못하면, 죽었다 깨어나도 사례 1 같은 이야기를 실화로 받아들일 수 없다. 이런 기적은 우리가 알 수 없는 하나님의 뜻에 의해 갑자기 일어난다.

위대한 프로그래머인 창조주 하나님에게는 너무도 당연한 현상계의 변화를 우리 인간은 기적이라고 부를 뿐이다. 이 책의 목적은 예수 기적의 원리를 제대로 이해하고, 우리가 어떻게 하면 기적이 가능한 삶을 살 수 있는지를 배우자는 것이다. 기적을 성경에만 나오는 이야기로 오해하니까 전국 어느 곳을 가도 교회가 있는 축복받은 나라 대한민국에 살면서도 아직 교회 문지방도 넘어보지 못한 국민이 많다. 하나님께 기도하는 자들은 살아서도 크고 작은 기적의 축복을 누리고, 죽을 때도 평화로운 천국 백성이 될 생각에 편안히 눈을 감을 수 있다. 이보다 더 큰 축복이 어디 있겠는가.

창조주의 아들 예수를 3년이나 지근거리에서 수행하며 온갖 기적을 목격한 제자 중에서도 가롯 유다 같은 어리석은 인간이 나타났다. 가롯 유다는 예수가 유대인의 왕으로 등극하면 아마도 재상이나 한자리 맡으려는 부류의 인간이었을 터이다. 그런 사욕으로 찌들어 있던 탓에 자기가 직접 본 기적의 의미도 모른 채 눈뜬 소경으로 살다가 비참한 최후를 맞이했다.

VI. 예수 기적이 남긴 생각들

예수 기적의 비밀을 집필하게 된 동기는 영적 무지에서 빠져나올 줄 모르는 영혼들에게 경종을 울리고 싶어서였다. 지금부터 하려는 이야기들은 예수 기적의 비밀과 직접 관련된 이야기들은 아니다. 다만 평소 내가 인간의 영적 구원과 관련 있다고 생각하던 주제들이다. 우리 인간에게는 풀리지 않는 미지의 영역들이 너무 많다. 그 중에서도 항상 모순이거나 문제라고 생각하던 이슈들에 대한 내 의견이다. 사실 기도와 명상 속에서 일어난 생각들이라 내 의견이 아닐 수도 있다. 인간의 잣대로는 어차피 정답을 매길 수 없는 모순 같은 이슈들이다. 특히 타 종교인 불교에 대한 논의는 가급적 피하고 싶었지만, 좀 더 성숙한 기독교인의 신앙을 위해 함께 짚어 보자는 뜻에서 다루었다.

운명예정설 vs 자유의지설

우리 인류는 양자역학을 통해 서로 양립할 수 없다고 생각되던 입자와 파동의 두 속성이 전자라는 한 물질에서 공존하는 현상을 발견했다. 인간의 머리에 박힌 고정관념으로는 도저히 받아들일 수 없던 모순적 현상이 과학적으로 입증된 것이다. 관찰과 중첩이라는 용어로 명명된 이 모순의 공존은 자연의 원리로 인정하지 않을 수 없게 되었다.

모순이 공존할 수 있다는 원리는 '운명예정설(運命豫定設)'과 '자유의지설(自由意志說)'이라는 서로 상반되는 두 주장에도 똑같이 적용될 수 있다. 운명예정설은 인간의 모든 운명은 태어날 때 이미 영화 시나리오처럼 정해져 있다는 주장이다. 반대로 자유의지설은 인간의 운명은 인간의 의지에 따라 달라진다는 주장이다. 이 두 주장이 모순이라는 사실은 초등학생 정도의 독해력만 있어도 이해할 수 있다.

성경의 역사만 살펴보면, 단연 운명예정설이 힘을 얻는다. 유대 민족에게 그리스도가 출현할 것이라는 예언이 예수 탄생 수천 년 전부터 전래됐다는 사실 자체가 이를 증명한다. 그리스도로 태어날 인물의 생애까지도 이미 다 예언돼 있었다. 구약성경의 이사야 선지자를 통해 예언된 그리스도의 외모와 운명을 읽다보면, 그 정확성에 모골이 송연해질 정도이다. 이사야는 예수가 탄생하기 700년 전에 훗날 출현할 그리스도에 대해 매우 자세한 기록을 남겼다. 다음은 구약성경 <이사야>의 예언인데, 읽어보면 알지만 하나하나 모두 어김없는 예수 그리스도의 생애이다.

· 우리의 전한 것을 누가 믿었느뇨 여호와의 팔이 뉘게 나타났느뇨
· 그는 주 앞에서 자라나기를 연한 순 같고 마른 땅에서 나온 줄기 같아서 고운 모양도 없고 풍채도 없은즉 우리의 보기에 흠모할 만한 아름다운 것이 없도다
· 그는 멸시를 받아서 사람에게 싫어 버린바 되었으며 간고를 많이 겪었으며 질고를 아는 자라 마치 사람들에게 얼굴을 가리우고 보지 않음을 받는 자 같아서 멸시를 당하였고 우리도 그를 귀히 여기지 아니하였도다
· 그는 실로 우리의 질고를 지고 우리의 슬픔을 당하였거늘 우리는 생각하기를 그는 징벌을 받아서 하나님에게 맞으며 고난을 당한다 하였노라
· 그가 찔림은 우리의 허물을 인함이요 그가 상함은 우리의 죄악을 인함이라 그가 징계를 받음으로 우리가 평화를 누리고 그가 채찍에 맞음으로 우리가 나음을 입었도다
· 우리는 다 양 같아서 그릇 행하여 각기 제 길로 갔거늘 여호와께서는 우리 무리의 죄악을 그에게 담당시키셨도다
· 그가 곤욕을 당하여 괴로울 때에도 그 입을 열지 아니하였음이여 마치 도수장으로 끌려가는 어린 양과 털 깎는 자 앞에 잠잠한

양 같이 그 입을 열지 아니하였도다

· 그가 곤욕과 심문을 당하고 끌려 갔으니 그 세대 중에 누가 생각하기를 그가 산 자의 땅에서 끊어짐은 마땅히 형벌 받을 내 백성의 허물을 인함이라 하였으리요

· 그는 강포를 행치 아니하였고 그 입에 궤사가 없었으나 그 무덤이 악인과 함께 되었으며 그 묘실이 부자와 함께 되었도다

· 여호와께서 그로 상함을 받게 하시기를 원하사 질고를 당케 하셨은즉 그 영혼을 속건제물로 드리기에 이르면 그가 그 씨를 보게 되며 그 날은 길 것이요 또 그의 손으로 여호와의 뜻을 성취하리로다

· 가라사대 그가 자기 영혼의 수고한 것을 보고 만족히 여길 것이라 나의 의로운 종이 자기 지식으로 많은 사람을 의롭게 하며 또 그들의 죄악을 친히 담당하리라

· 이러므로 내가 그로 존귀한 자와 함께 분깃을 얻게 하며 강한 자와 함께 탈취한 것을 나누게 하리니 이는 그가 자기 영혼을 버려 사망에 이르게 하며 범죄자 중 하나로 헤아림을 입었음이라 그러나 실상은 그가 많은 사람의 죄를 지며 범죄자를 위하여 기도하였느니라 하시니라

(이사야 53장 1~12절)

이사야 선지자가 예언한 구세주의 모습은 평범한 사람들이 생각하는 영웅의 모습과는 완전히 딴판이다. 그렇게 힘없고 볼품없는 인간이 어떻게 구세주로 그려졌는지 이해하기 힘들 정도이다. 순한

양 같고 자기 몸이 찔리고 채찍에 맞을 정도로 세속의 권세도 없는 인간이 구세주로 묘사되었다. 이처럼 특이하게 구체적으로 예언된 구세주의 생애가 모두 실현된 사실은 도저히 우연의 일치로 받아들이기 힘들다.

이사야 선지자가 이 예언을 하던 2700년 전과 예수가 탄생한 2000년 전 사이의 세월은, 우리 한국으로 치자면 대한민국과 고려 시대 만큼이나 멀리 떨어져 있다. 말하자면 고려시대의 어떤 도인이 박정희, 김대중, 노무현 같은 대한민국 당대 인물의 외모와 출신성분, 그가 겪을 죽음과 무덤장소까지 자세히 예언했다는 게 아닌가.

운명예정설이 힘을 얻는 구절은 아주 많다. 대표적인 사례 중 하나로 예수의 열두 제자 중 한 사람이었던 가룟 유다의 배신과 자살도 꼽을 수 있다. 구약성경은 가룟 유다가 예수를 팔아넘긴 대가로 받은 은화 30냥의 사용처까지 예언하고 있다.

· 때에 예수를 판 유다가 그의 정죄됨을 보고 스스로 뉘우쳐 그은 삼십을 대제사장들과 장로들에게 도로 갖다 주며
· 가로되 내가 무죄한 피를 팔고 죄를 범하였도다 하니 저희가 가로되 그것이 우리에게 무슨 상관이 있느냐 네가 당하라 하거늘
· 유다가 은을 성소에 던져 넣고 물러가서 스스로 목매어 죽은지라
· 대제사장들이 그 은을 거두며 가로되 이것은 피 값이라 성전고에 넣어 둠이 옳지 않다 하고

· 의논한 후 이것으로 토기장이의 밭을 사서 나그네의 묘지를 삼
았으니
· 그러므로 오늘날까지 그 밭을 피밭이라 일컫느니라
· 이에 선지자 예레미야로 하신 말씀이 이루었나니 일렀으되 저희
가 그 정가 된 자 곧 이스라엘 자손 중에서 정가한 자의 가격 곧
은 삼십을 가지고
· 토기장이의 밭 값으로 주었으니 이는 주께서 내게 명하신 바와
같으니라 하였더라

(마태복음 27장 3~10절)

　　예레미야 선지자 역시 예수가 탄생하기 640년 전에 활동했던,
이사야 선지자 버금가게 오래 전의 인물이다. 이런 인물이 예수를
배신한 제자 가룟 유다가 받은 사례금 액수와 그 용처까지 정확하
게 예언했다. 이런 예언은 이미 구약성경에 기록돼 전해져 오던 내
용이라 조작 운운할 여지도 없는 명백한 사실이다.

　　문제는 이렇게 우리 인간의 운명이 모두 정해져 있다면, 인간의
모든 악행도 이미 예정돼 있다는 것이고, 그렇다면 선(善)뿐 아니
라 악(惡)도 모두 창조주의 작품인데 왜 악에 대한 책임을 사탄에
게만 묻느냐는 의문이 들 수도 있다. 또 운명이 예정돼 있다면 인
간의 자유의지란 인간의 착각일 뿐 원초적으로 존재하지 않고, 선
을 향한 인간의 노력도 마치 쳇바퀴를 도는 다람쥐의 발구름처럼
허망한 행위가 될 수 있다. 기독교인의 구원 여부도 이미 정해져
있다면, 그들은 왜 영혼 구원을 위해 온갖 세속적 유혹을 끊고 밤

낮으로 기도하면서 순결하고 거룩한 삶을 살아가야 하는가.

나 역시 이 풀리지 않는 모순의 수수께끼를 품고 반세기 넘게 인생을 살았다. 하지만 양자역학이 제시하는 관찰과 중첩의 원리는, 그리고 이런 근거에서 출발한 다세계이론은 나의 오랜 의문에 해결의 실마리를 제공했다.

즉 우리 인간의 운명은 예정된 것이 맞다. <요한계시록>처럼 이 세상의 종말까지 예정되어 있는 마당에 일개 인간의 삶이랴. 다만 인간의 운명은 다중우주에서처럼 어쩌면 하나가 아닐 수 있다. 쉽게 말해 인생이라는 길이 인간의 자유의지에 따라 계속 갈라진다고 치자. 각각의 길은 모두 출생부터 사망까지 완성된 경로를 갖고 있다. 출발은 모두 똑같지만 우리가 어떤 길을 선택하느냐에 따라 우리가 도착하는 세계가 계속 달라진다. 즉 우리가 살아가면서 어떤 의지를 발휘하고 어떤 선택을 하느냐에 따라 인생 경로도 달라진다. 창조주가 만든 모든 길들은 예정돼 있지만 선택은 우리가 한다는 이야기이다.

여호와께서 가라사대 너는 또 이 백성에게 여호와께서 이같이 말씀하신다 하라 보라 내가 너희 앞에 생명의 길과 사망의 길을 두었노니

(예레미야 21장 8절)

이런 발상이 가능한 이유는, 양자역학이 제시한 불확정성의 원리가 바로 창조주가 만든 자연의 원리이기 때문이다. 자연의 원리는

어디는 적용되고 어디에는 적용되지 않는 따위의 차별이 없다. 이 중슬릿 실험에서 우리는 실험자가 관찰하기 전에는 전자가 입자인지 파동인지 알 수 없다는 사실을 알았다. 전자는 발사되기 전까지 입자로 나타날지 파동으로 나타날지 알 수 없는 중첩의 상태이다.

이 중첩의 원리는 이미 설명한 1935년 에르빈 슈뢰딩거의 고양이 사고실험으로 더 유명해졌다. 밀폐된 강철 상자 안에 독가스가 분출될 가능성이 50% 있는 상태에서 고양이를 넣어놓으면, 이 고양이가 살아있는지 죽었는지 알 길이 없다는 요지의 실험이다. 즉 상자 뚜껑을 열어 '관찰'하기 전까지 이 고양이의 생사 가능성은 확률로만 존재하는 '중첩' 상태이다.

양자역학의 새로운 발견들이 알려준 자연의 원리를 기독교에 적용하면, 개인의 영적 구원은 그가 살아 있을 때는 절대 확정되지 않는다. 상자 뚜껑을 열어봐야 상자 안의 고양이 생사를 확인할 수 있듯이, 개인이 사망하고 나서야 그 영혼의 행방이 확정된다.

다만 인간이 상자 속의 고양이보다 나은 점은, 인간이 안고 태어난 원죄라는 빚을 자신의 죽음으로 대신 갚아준 예수 그리스도 덕분에 영혼 구원의 길이 열렸다는 사실이다. 인간의 영혼은 사후에 지옥으로 가는 인생과 천국으로 가는 인생의 가능성이 공존하는 중첩 상태에서 태어났다. 어디로 가게 되는지는 어디까지나 자신이 어느 세계를 관찰하는지의 선택에 달려 있다.

만일 운명이 예정되었고 자유의지가 무용하다면, 왜 예수가 십자가에서 처형당하기 전날 밤에 겟세마네 동산에서 그처럼 피땀 흘리며 기도했겠는가. 예수는 창조주의 분신 아닌가. 세상의 탄생부터 종말까지 모든 사실을 아는 전지전능한 존재이다. 십자가에서 처형될 자신의 운명도 당연히 알고 있다. 그런데 정해진 운명 외에 다른 선택의 길이 없다면, 피땀 흘려가며 기도해도 소용없다는 걸 안다면, 왜 그렇게 절박하게 기도했겠는가.

　이런 질문도 가능하다. 그럼 가룟 유다의 인생은 뭔가. 그는 어차피 그리스도를 배신하도록 성경 기록에 예정된 운명을 살았다. 그 말도 맞다. 가룟 유다의 운명은 성경의 예언이 성취되도록 그에게 주어진 길을 사탄이 들락거리며 자멸로 이끌어가 버렸다. 하지만 어쩌겠는가. 그것이 우리 피조물의 운명인 것을. 신약성경에 나오는 토기장이의 비유를 읽어보자. 토기장이는 창조주의 은유이다.

· 혹 네가 내게 말하기를 그러면 하나님이 어찌하여 허물하시느뇨 누가 그 뜻을 대적하느뇨 하리니
· 이 사람아 네가 뉘기에 감히 하나님을 힐문하느뇨 지음을 받은 물건이 지은 자에게 어찌 나를 이같이 만들었느냐 말하겠느뇨
· 토기장이가 진흙 한 덩이로 하나는 귀히 쓸 그릇을, 하나는 천히 쓸 그릇을 만드는 권이 없느냐
· 만일 하나님이 그 진노를 보이시고 그 능력을 알게 하고자 하사 멸하기로 준비된 진노의 그릇을 오래 참으심으로 관용하시고
· 또한 영광 받기로 예비하신 바 긍휼의 그릇에 대하여 그 영광의 부요함을 알게 하고자 하셨을지라도 무슨 말 하리요
· 이 그릇은 우리니 곧 유대인 중에서 뿐아니라 이방인 중에서도 부르신 자니라

우리 의지로 할 수 있는 일은 우리 인생이 가룟 유다처럼 원초적으로 저주받은 운명이 되지 않도록 기도하는 것뿐이다. 성경은 하나님이 확실하게 예정하신 사건은 반드시 일어난다는 사실을 증언한다. 창조주가 확고히 예정하신 일에서만큼은 다세계나 다중우주가 무의미하다. 어차피 창조주가 만든 세상이기 때문이다.

그럼 가룟 유다처럼 신에게 선택받지 못한 인생은 너무 억울하지 않느냐고? 억울할 것 없다. 이 글을 읽는 당신이 그런 인생이 되지 않게 해달라고 기도하며 예수의 가르침대로만 살아가면 된다. 모든 문제는 신의 말씀을 거역하는 데서 비롯된다. 선악과를 먹지 말라는 신의 명령만 지켰더라면 낙원에서 쫓겨나지 않았을 아담처럼 말이다. 가룟 유다도 성경을 제대로 읽었다면 그리스도를 만난 인간 중에서 배신자가 나올 것이라는 사실을 알았을지도 모른다.

하지만 그런 인생이 될 가능성은 여전히 남아 있지 않느냐고 물고 늘어진다면, 이미 당신은 매우 큰 위험에 노출돼 있다. 인간의 언어와 생각이 만들어내는 그러한 의심이 바로 악령을 초대하는 길이다. 앞서도 언급했듯이 인간은 단지 피조물이라는 사실을 잊어선 안 된다. 이 사실을 잊고 신에게 저항하는 건 무지이지 용기가 아니다. 눈을 들어 우주를 바라보라. 태양과 달을 바라보라. 창조주는 인간이 맞서 싸울 대상이 아니다. 인간이 이길 수 있는 상대는 사탄이고, 그 힘을 주신 이가 바로 창조주 하나님이다.

운명예정설과 자유의지설의 모순은 인간의 언어와 고정관념이

만들어낸 모순이다. 미국 메이저리그 야구의 명감독 '요기 베라'가
남긴 다음과 같은 전설적 명언과 인간 개인의 영혼 구원 여부는
똑같다.

"끝날 때까지 끝난 게 아니다! (It ain't over till it's over!)"

창조론 vs 진화론

창조론과 진화론, 이 대립되는 두 세계관만큼 19세기 이후 인류역사에서 갈등관계를 벌여온 이론들도 드물다. 찰스 다윈이 1859년 <종의 기원>을 발간하면서 자연선택설이 등장한 이래, 그 전까지 서구세계에서 부동의 지위를 유지하던 신의 창조라는 세계관은 강력한 의심과 도전을 받아왔다.

<종의 기원> 출간 뒤 150년이 넘는 세월이 흐른 오늘날, 진화론은 거의 정설처럼 교육계와 학계를 지배하고 있다. 여론조사를 해보면 여전히 창조론을 지지하는 과학자가 절반 가까이 되는데도, 현실에서 창조론은 비과학적이라는 이유로 거의 허구의 신화 취급을 받은 지 오래이다. 이렇게 앞뒤가 안 맞는 모순적인 경우도 흔치 않다.

창조론의 근거인 성경의 <창세기>는 <출애굽기> <레위기> <민수기> <신명기>와 함께 모세 오경의 하나이다. <창세기>에 기록된 하나님의 천지 창조는 모세가 성령의 감동을 받아 기술한 것으로 알려져 있다. 창조 신화는 출발부터가 과학의 눈으로는 의심할 수밖에 없는 초자연적 현상이다. 천지만물이 창조주의 말씀만으로 창조되었기 때문이다.

하지만 <창세기> 필자인 모세는 자기가 직접 살았던 당대에도 숱한 초자연적 현상을 체험한 인물이다. 애굽(이집트)에서 노예 생활을 하던 유대인 동족을 탈출시키기 위해 하나님이 행한 열 가지 기적을 모두 목격했다. 애굽왕 바로가 탈출하는 유대족을 추적하자 하나님이 홍해가 갈라지는 기적을 행한 사실은 미국영화 <십계>를 통해 전 세계에 널리 알려졌다. 탈출한 유대족을 낮에는 구름기둥, 밤에는 불기둥으로 인도했다. 유대족이 40년 광야 생활을 할 때도 반석에서 물이 나오게 하고 아침에는 만나, 저녁에는 메추라기를 하늘에서 양식으로 내리는 기적이 이어졌다. 창조주 하나님의 십계(十戒)를 새긴 두 석판을 모세에게 내려준 기적도 있다.

이 책에서 굳이 세상에 다 알려진 창조론과 진화론의 근거와 핵심 쟁점 등을 반복 소개할 필요는 없다. 이 책의 주제는 예수의 기적을 통해 예수가 왜 창조주의 분신일 수밖에 없는지 증명하려는 것이다. 그럼에도 이 해묵은, 가장 첨예하게 대립되는 논쟁을 언급하는 이유는 이 주제 역시 예수 기적의 원리와 무관하지 않기 때문이다.

우리 인간은 자기 경험의 영역을 벗어난 대상들에 대해서는 일단 강한 고정관념에서 잘 벗어나지 못한다. 가령 공간적으로는 우주라든가, 시간적으로는 아주 옛날, 가령 이천년 전이라든가 이런 대상들에 대해선 관념적으로 압도당하고 들어간다. 산야나 바다 같은 대자연과 광활한 밤하늘의 별들을 바라보면 그 규모에 압도당해 인간을 닮은 어떤 존재가 이런 우주만물을 창조했을 거라는 상상 자체를 하기가 힘들다. 인간은 스스로 작은 풀, 꽃, 돌 하나도 못 만드는 존재이기 때문이다. 시간적으로도 오랜 과거의 이야기일 수록 과연 당시에 그런 일이 존재했을까 싶은 의문, 의혹에서 벗어나기 힘들다.

그러다보니 이 지구가 하나님 말씀으로 하루아침에 창조되었을까, 아니면 진화론에서 주장하듯이 46억 년이라는 세월이 걸렸을까 같은 틀에 박힌 대립이 지속되고 있다. 과학적으로 무리이다 싶은지 창조론 일각에서는 창세기의 하루는 우리가 생각하는 하루가 아닐 수 있다는 해석도 개진한다. 가령 주야(晝夜)를 나눈 넷째 날 이전의 3일은 우리가 생각하는 3일보다 훨씬 더 긴 시간이었을 수도 있다는 해석도 있다. 창조의 첫 3일은 주야라는 '하루'의 기준이 확립되기 이전의 세월이기 때문이다.

하지만 창조의 시간은 어차피 인간이 납득할 만한 객관적인 기술이 불가능하다. 지금으로부터 3600년 전 인물인 모세라는 인간의 언어로 아주 단순하게 표현된 사실이기 때문이다. 이해의 대상이라기보다 믿음의 대상에 가깝다고 봐야 한다. 지금까지 인류가 도달한 과학 수준만으로는 과학적으로 접근해서 답이 나오기를 기대하기 힘들다.

문제는 창조론자들이 거의 놓치고 있는 중요한 사실이 있다는 점이다. 바로 피조물의 나이를 측정하는 방법이다. 창조론은 우주와 지구 창조의 역사가 대략 6000년 전, 길어도 1만년 이내라고 추정한다. 인류의 조상인 아담과 그 후손들의 나이를 합산한 결과이다. 이 주장은 과학계가 숱한 근거를 갖고 추정하는 역사와 전혀 맞지 않는다. 과학계는 우주의 역사를 138억 년, 지구의 역사는 46억 년으로 추정한다. 물질의 연수를 측정할 때는 탄소반감기를 활용한 탄소연대측정법이라는 방법을 활용하는데, 지금까지 발견된 공룡이나 고생물의 화석들만 해도 대개 수만 년에서 수억 년을 훌쩍 뛰어넘는다.

이때 일부 창조론자들은 우주나 지구의 나이는 물론 그 같은 피조물들의 나이를 추정하는 과학적 근거에 문제가 있다는 비판을 제시한다. 가령 탄소연대측정법의 허구성 또는 약점을 지적하는 경우이다. 하지만 이런 비판이 설득력을 얻기란 쉽지 않다. 과학적 논쟁을 벌여도 승리하기가 어렵다. 그 이유는 창조론을 주장하면서도 기본적으로 진화론자들과 같은 과학적 접근 방식을 사용하기 때문이다.

나는 창조론은 과학적 접근 방식부터 진화론과 달라야 한다고 생각한다. 상대성이론이나 양자역학이 등장하기 전이라면 다른 방법이 없었을 터이다. 하지만 이 두 혁명적 이론이 등장하면서 창조론을 뒷받침하는 새로운 근거들이 계속 제시되고 있다. 21세기 전후해서 국내외 과학계에서 제시되는 몇 가지 창조 지지 이론을 살펴보자.

먼저 한국창조과학회에서 적극 활동하는 권진혁 교수(영남대 물리학과)가 주장한 '씨앗우주론'이다. 5차원 혹은 그 이상의 차원에서 창조된 '씨앗우주(Seed Universe)'가 공간뿐 아니라 시간까지도 4차원 시공간으로 펼쳐지면서 광대한 크기와 오랜 시간의 우주가 상대적으로 최근에 창조될 수 있었다는 주장이다. 권교수는 다음과 같은 구약성경 내용에서 씨앗우주론의 영감을 얻었다고 밝혔다.

그는 땅 위 궁창에 앉으시나니 땅의 거민들은 메뚜기 같으니라
그가 하늘을 차일 같이 펴셨으며 거할 천막 같이 베푸셨고

(이사야 40장 22절)

차일(遮日)은 햇볕을 가리는 천막이다. 사용하지 않을 때 말아두었다가 사용할 때 펼치는 천이다. 위에 인용한 <이사야>서의 하늘은 우주공간을 뜻하는데, 이 우주공간을 차일처럼 펼쳤다는 말은 우주를 창조하던 당시에 차원의 이동이 있었다는 것이 권교수의 해석이다. 천막의 한쪽 끝에서 다른 쪽 끝까지 가려면 펼친 상태에서는 천막의 길이만큼 시간이 걸리지만, 천막을 들어서 두 끝자락을 맞잡게 되면 시간이 걸리지 않는다. 우주에서 물리적으로 도달할 수 없는 먼 거리에 위치한 다른 은하계도 블랙홀을 통하면 빨리 갈 수 있다는 원리와 같다.

씨앗우주론은 '성년창조론(Mature Creationism)'에 가깝지만, 성년창조론이 이론적으로 해결하지 못하는 우주의 나이에 대한 과학적인 대안을 제공한다. 권교수는 또 씨앗우주론이 러셀 험프리스(Russel Humphreys; 1942~)의 '화이트홀 우주창조론'의 약점으로 지적되는 창조 당시의 물질 생성 모순도 극복했다고 주장한다. 화이트홀 우주창조론은 우주의 기본물질이 화이트홀에서 나타나서 서로 결합하고 응축하면서 현재의 우주가 되었다는 이론으로서 화이트홀에서의 6일이 바깥 우주에서는 수억 년이 될 수 있다는 주장이다. 문제는 화이트홀에서 배출되는 물질이 소립자 형태일 수밖

에 없는데, 이 소립자들이 결합해 여러 원소들을 형성하고 이 원소들이 다시 별들과 은하를 형성해야 해서 결국 천문학적 시간이 소요될 수밖에 없다는 모순이 발생한다.

이론물리학자인 호주 맥쿼리대학의 폴 데이비스(Paul Davies; 1946~)는 2002년 세계적 과학 잡지 <네이처>를 통해 새로운 각도에서 우주의 나이를 해석했다. '퀘이사'라는 거대한 '항성상 천체(恒星狀天體)'에서 지구까지 수십억 년 동안 여행한 빛을 측정한 결과 상대성이론에 따른 광속도 불변의 원리와는 다르게 빛의 속도가 일정치 않게 도출된 사실을 밝혔다. 데이비스 교수는 우주대폭발 시에는 빛의 속도가 무한대였다가 서서히 느려져 왔을 가능성이 높다고 주장했다. 우주가 폭발하는 과정에서 공간과 시간이 동시에 펼쳐지기 때문에 가까운 과거에 그 사건이 발생했다 해도 3차원 우주에서 볼 때에는 수백억 년으로 나타날 수 있다는 설명이다. 우주와 지구의 나이를 통틀어 1만년 이내로 해석하는 창조론에게는 매우 유력한 근거를 제공하는 해석이다.

이처럼 창조론의 최대 약점으로 지적되는 우주와 지구의 나이를 극복하려는 과학적 노력이 계속되고 있다. 또 상당히 설득력 있는 이론과 해석들이 이어지고 있다. 나는 물리학자도 천문학자도 아니지만, 이 책에서 제시한 '물질은 곧 현상'이라는 관점에서 창조론의 근거를 제시하고 싶다. 이는 전통적인 창조론인 성년창조론과 동일하지만 해석에서만 기존 방식들과 차이점이 있다.

쉽게 이야기해 보자. 하나님이 지구를 창조하셨다. 또 새와 짐승과 물고기를 창조하셨다. 그럼 처음 창조되던 때 지구의 나이는 몇 년이어야 맞는가? 그렇다. 지구의 나이는 창조되던 때 이미 46억 살이었다. 지구는 창조되자마자 46억 살 먹은 청년의 별이었다. 새와 짐승과 물고기 등도 마찬가지이다. 창조될 때 이미 나이 3년, 5년짜리 젊은 동물들이었다.

억지스러운 주장처럼 들리는 사람들에게 묻고 싶다. 우주 대폭발 뒤에 폭발 잔재들이 엉키고 섞이는 데 걸린 지구 생성의 시간을 우리가 체감하듯 창조주도 체감해야 하는가? 138억 년 전 우주 빅뱅의 순간부터 46억 년 전 지구 탄생의 세월까지 그 긴 시간을 고스란히 기다려야 하는 것이 지구 창조의 계산법인가? 그 건 창조능력이 없는 인간들의 셈법이고 시간의 흐름이다. 창조주라면 하루아침에 46억 년짜리 나이를 가진 지구라는 별을 만들어낼 수 있다. 138억 년 나이의 우주도 마찬가지이다. 창조에 무슨 시공의 제약이 있겠는가. 공간이나 물질만 창조되는 것이 아니라 어차피 시간도 창조된다. 예수가 보리떡 다섯 개와 물고기 두 마리로 5천 명이 먹고도 남을 정도의 음식을 창조할 때를 생각해 보라. 보리떡 재료인 보리부터, 물고기 원형인 어미물고기 뱃속의 알부터 거슬러 올라가 창조했는가.

창조론 과학자들은 성년창조론에 대해 이야기할 때 인간과 동식물에 대해서는 나이라는 문제가 별로 걸림돌이 되지 않는다고 해석한다. 창조론과 진화론은 어차피 6천년, 길어야 1만년과 138억년의 대결이기 때문이다. 우주와 지구의 나이를 해석할 때에만 성년창조론의 과학적 근거에 걸림돌이 생긴다는 뜻이다. 나는 이런 시각에 동의할 수 없다. 인간이나 동식물이 하루아침에 창조될 수 있다면 우주나 지구 역시 마찬가지여야 원리적으로 옳다고 본다. 아담이 30세 성년으로 창조되었다면, 아담의 30년이나 우주의 138억년은 본질적으로 아무 차이가 없다. 어차피 하루에 창조된 것이라면 그 두 세월에 무슨 차이가 있는가?

예수는 제자들에게 사람이 겨자씨 한 알만한 믿음이라도 갖고 있다면 산도 옮길 수 있을 거라고 말했다. 예수는 믿음의 본질을 정확히 알았기 때문에 그렇게 말할 수 있었다. 진정한 믿음, 영계와 속계의 장벽을 초월한 진정한 집중력은 사물의 현상을 바꾸는 능력을 갖고 있다. 우리 감각이나 인식이 현상계에 매몰돼 있을 때는, 즉 사물이 우리 인식과 분리된 절대적 실체라고 느끼거나 생각할 때는, 사물은 절대로 스스로 변하지 않는다. 하지만 관찰자가 바라보고 있을 때의 사물과 그렇지 않을 때의 사물은 전혀 다른 속성을 보일 수 있다는 사실을 양자역학이 증명했다. 인간도 때로는 상상만 할 뿐 불가능하다고 여겼던 일이 실현되는 경험을 한다. 하물며 창조주의 세계이랴.

내가 호랑이를 상상한다면 다 큰 호랑이를 상상하는 것이지 호랑이의 유전자나 그 유전자를 나르는 정액을 상상하는 것이 아니다. 그러니 창조주가 상상한 호랑이는 이미 나이가 3세 이상 된 성년 호랑이이다. 창조주가 지구를 상상했다면 그 지구는 이미 땅과 바다가 있는 완성된 지구이지 우주 잔재가 모이고 뭉치기 시작한 지구가 아니라는 말이다. 그러므로 지구는 태어나자마자 46억년짜리 별이었다. 이렇게 간단한 문제를 6천년, 1만년이라는 시간 프레임에 갇혀 기존의 과학적 방법으로 풀려고 하니 시간의 미로에서 헤맬 수밖에 없다.

3세 호랑이가 창조될 때, 3세 이전의 모든 과정은 이미 창조의 기억에 응축된 것이다. 138억년 우주나 46억년 지구 역시 마찬가지이다. 과학적 시각에서 보면 138억년, 46억년 나이가 맞지만 실제 경과한 세월 자체는 창조의 하루에 모두 응축된 기억이라는 뜻이다. 일각에서는 아담이 30세 성년으로 창조되었으면 그의 지나간 기억은 실제 경험 없이 입력된 거짓 아니냐는, 하나님이 거짓 기억을 입력하는 게 옳은 일이냐는 식의 윤리적 문제를 제기하기도 한다. 어처구니없는 인간적 걱정이다. 이런 논리라면 창조주가 잠든 아담의 갈빗대 하나를 취해 하와라는 짝을 만든 사실을 두고 불법 장기적출과 근친상간 문제를 적용해야 하는가.

물질이라는 고정관념에만 사로잡혀 관찰하면 상상을 초월하는 긴 세월의 늪에서 허우적거릴 수밖에 없다. 현상계의 본질은 창조주의 의식일 수도 있는데, 이런 가능성을 배제하고 생각하면 창조론과 진화론의 대결은 답이 나오지 않는다. 우주나 자연, 생물 같은 현상계의 모든 사물이 어떤 거대한 존재의 의식 혹은 시뮬레이션일 수도 있다는 주장은 이미 현대물리학의 화두이다.

그러니 이 모든 우주와 자연과 인간을 창조하는 데 걸린 시간이 무슨 문제가 될 수 있겠는가. 창조주에게는 6일이 아니라 하루나 한 시간, 아니 찰나의 순간으로도 충분할 수 있다. 창조에 소요된 6일이라는 기간마저도 일주일이라는 생활 주기를 만들려는 또 다른 창조일 뿐, 그만한 시간이 창조에 필요하기 때문인 건 아니라고 본다. 창조란 창조주가 그냥 생각만 하면 벌어지는 일이다. 요한복음 1장은 '태초에 (하나님의) 말씀이 계시니라'는 구절로 시작한다. 이 대목을 다른 표현으로 바꿔본다면 '태초에 (하나님이) 생각을 하시니라'는 구절이 될 수도 있다. 생각 없이 말씀이 나오겠는가. 인간조차 꿈에서 할 수 있는 일을 창조주가 왜 현실에서 하지 못하겠는가.

어디까지나 내 주장이다. 내 주장이기는 하지만, 오병이어의 기적을 나눔의 기적으로 해석하는 식의 황당한 성경 왜곡은 없다. 나눔의 기적은 성경 기록을 완전히 부정하는, 성경 내용을 실화로 믿지 못해서 인간의 사고방식으로 비틀은 해석이다. 나는 성경 원문에 충실한 성년창조론을 지지하며 단지 창조 원리에 대한 개인적 해석을 시도했을 따름이다. 인간의 해석은 늘 오류를 범할 위험이 있기 때문에, 성경 말씀은 절대 훼손하지 않고 기록된 내용을 그대로 유지하면서 해석하는 게 원칙이라고 생각한다.

앞서 언급한 권진혁, 러셀 험프리스, 폴 데이비스 등과 같은 창조론 과학자들의 노력에는 경의를 표한다. 그들 또한 하나님이 6일 동안 우주만물과 인간을 창조했다는 성경 말씀을 유지하면서 해석 방식에서만 차이를 보이고 있다. 그들의 이론이나 발견이 내 주장보다 훨씬 더 과학적인 설득력을 갖고 창조론을 믿지 못하는 사람들에게 다가갈 수도 있다. 완벽하게 증명되는 이론이 나오기 전까지 누구의 주장이 옳을지 어떻게 알겠는가. 중요한 것은 이런 시도들이 계속되어 과학의 탈을 쓰고 인간을 신과 멀어지게 만드는 진화론의 허구성을 밝히는 데 기여하면 된다.

나는 창조론과 진화론의 대립이 과학의 문제가 아니라 언어의 문제요 고정관념의 문제라고 본다. 인간은 혼자 힘으로는 풀 한포기, 돌 한 개도 만들어낼 수 없는 존재이다. 이런 인간이 광활한 우주와 대자연을 볼 때 어떤 존재가 이런 엄청난 만물을 창조했을 거라 생각할 수 있겠는가. 그러니 인간이 겨우 생각해낸다는 발상이 만물이 우연한 진화를 거듭해 생겨났다는 이론이다. 138억 년 전 (우연히) 우주가 대폭발했고, 46억 년 전 (우연히) 그 우주 잔해 중의 하나인 지구가 생성됐고, (우연히) 생성된 바다 덕분에 (우연히) 아미노산과 원시수프가 만들어졌고, 그것들이 진화해서 (우연히) 유전자가 탄생했고, 또 그것들이 진화해서 (우연히) 생물체가 생겨났고... 제2의 <종의 기원>이라는 찬사를 듣는 리처드 도킨스 (Richard Dawkins; 1941~)의 <이기적 유전자>를 읽노라면, 과학적이고 합리적인 설명 같지만 결국 오늘날 인간을 포함한 우주만물은 모두 우연의 산물이라는 이야기이다.

물론 저자는 우연의 결과가 아니라 자연 스스로의 진화라고 강변한다. 하지만 그 기나긴 세월, 그 수많은 변신과 변화가 모두 자연 스스로 알아서 이루어진 일이다? 그 게 우연의 결과라는 말과 무슨 차이가 있는가. 내가 볼 땐 이런 논리나 변명이 창조주의 말씀으로 우주만물이 6일 만에 탄생했다는 설명보다 훨씬 더 황당하게 들린다.

진화론이 더 과학적이라고 생각하는 독자가 있다면 이 점을 상기해 보자. 진화생물학만 과학인가? 현대물리학에서 주장하는 시뮬레이션 다중우주나 인플레이션 다중우주 같은 이론들을 진화론이 설명할 수 있나? 우주와 자연, 모든 생물이 홀로덱이나 홀로그램

같은 존재라는 주장이 창조론에 가깝나 진화론에 가깝나?

진화론은 나무에 집착하다가 숲을 바라보지 못하는 오류를 범한 대표적인 과학이론이다. 자연선택, 돌연변이 등 진화론의 핵심이론이 합리적으로 자연현상을 설명하는 해석인 것은 맞다. 하지만 창조 이후의 세계에 대해서만 그렇다. 나무(진화)만 보이지 숲(창조)이 보이지 않다보니, 숲을 그리는 데 불필요한 상상력을 동원해 오히려 현대판 미신을 자초한 이론이다.

우리 인간을 둘러싼 우주와 자연을 비롯한 모든 사물이 변하지 않고 물질계 그대로 존재하는 것은 우리 인간이 고정관념 덩어리이기 때문일 수도 있다. 즉 창조주가 만물을 창조할 때부터 인간이 바라볼 때는 모든 자연과 사물이 절대 변하지 않게 설계했다는 뜻이다. 인간이 관찰할 때는 입자였다가 방치할 때는 파동으로 변하는 전자를 보자. 요물 같은 이 전자는 우리 눈으로 보면 현상이 아니라 어디까지나 물질이다. 마찬가지로 내가 물질이라고 철석같이 믿으며 바라보는 이 세상이 그 누군가의 의식에 의해 어떤 모습으로 변신할지 누가 알겠는가. 오병이어 기적의 현장에서, 떡과 물고기를 계속 창조해서 건네주는 예수와 그 모습을 마술에 홀린 듯 어안이 벙벙해서 쳐다보는 제자들과 군중의 광경이 연상된다.

진화론은 기본적으로 유물론적, 무신론적 세계관에서 출발한다. 그러다보니 영적 현상에 대한 해석에서는 철저히 왜곡으로 일관할 뿐 전혀 뚜렷한 대안을 제시하지 못한다. 정신병원에서도 치료하지 못한 정신질환을 축사(逐邪; 귀신을 내쫓음)해서 단번에 고치는, 기독교에서는 종종 일어나는 신유(神癒)의 기적도 두뇌적인 이상 변화로만 취급한다. 노벨물리학 수상자인 로저 펜로즈 교수의 조화객관환원이론은 인간의 영혼도 양자물질로 이뤄져 있으며 사후에도 소멸하지 않는다고 주장한다. 영혼 자체를 부정하는 진화론이 이런 양자역학 이론들을 무슨 수로 해석할 수 있겠는가. 허점투성이 과학인 진화론이 창조론보다 더 과학적인 이론이라고 맹신해선 안 된다.

성경의 <창세기>를 토대로 한 창조론은 지구와 인류의 역사가 6천년, 길어야 1만년 안쪽이라고 가리킨다. 하지만 <창세기>에서조차 '네피림'이나 '사람의 딸'처럼 아담의 자손이라고 보기 힘든 유사 인간들이 언급된다. 사실상 3600년 전 인물인 모세가 3600년 전 글로 기록하다 보니 <창세기>만 읽고 창세 당시의 상황을 완벽히 이해하기란 불가능에 가깝다. 모세오경에 등장하는 네피림이나 사람의 딸을 어떻게 해석하느냐에 따라 지구와 인류의 역사부터 달라질 수도 있다. 하지만 그렇다고 해서 창조론의 본질이나 진위가 바뀌지는 않는다.

요한이 말세의 환상을 보고 기록한 <요한계시록>을 어떻게 해석하느냐를 놓고 이단 종교들이 양산됐다. <창세기> 역시 어떻게 해석하느냐에 따라 비슷한 현상이 발생한다. 할리우드 스타 톰 크루즈가 신봉했던 '사이언톨러지(Scientology)'가 <창세기> 구절들을 근거로 하나님이 외계인들이라고 주장하는 것이 대표적 사례다.

<창세기>이든 <요한계시록>이든 애매한 표현으로 악용되기 일쑤이지만 정확히 이해하지 못한다고 해서 기독 신앙의 본질이 변하는 건 아니다. 기독 신앙의 본질은 창조주 하나님이 살아계신 사실

과 인류를 구원하기 위해 그의 독생자 예수가 십자가에서 희생한 사실을 믿고 그의 뜻대로 사는 일이다. 예수가 십자가에 못 박힌 사건은 해석과 무관한 역사적 사실 아닌가. 그리고 그 예수가 창조주의 분신이라는 사실 역시 그의 기적들이 증명하고 있지 않은가. <창세기>나 <요한계시록>의 역할은 그 사실을 환기시켜주는 걸로도 충분히 족하다고 생각한다.

기독교 vs 불교

나는 기독교인이다. 성부 성자 성령의 삼위일체(三位一體) 교리를 절대 신봉한다. 예수가 인류의 그리스도(구세주)라는 사실을 믿는다. 예수가 십자가에서 사망해 장사된 지 사흘 만에 부활하고 40일 뒤 승천하신 사실을 믿는다. 또 예수를 믿고 따르는 길만이 인간을 하나님의 나라로 이끌어줄 수 있는 유일한 길임을 확신한다.

그런 내가 지금 다른 종교인 불교 이야기를 하려고 한다. 아마도 독자는 이 글을 읽기도 전에 내가 불교를 공격하려는가보다 라고 생각할 수 있다. 내가 독자라도 그런 생각이 들 것 같다. 하지만 절반만 맞는다고 대답하면, 이번엔 이런 생각을 하는 독자도 있을 수 있다. 특히 나처럼 기독교인이라면 더욱 그럴 터이다. '아니 그럼 불교를 절반쯤 옹호하겠다는 이야기 아니냐'라고. 독자에게 드리고 싶은 부탁은, 그런 선입견을 접어두고 일단 읽어달라는 것이다.

나는 상당히 독특한 인생 경험을 했다. 내가 만난 사람들 중 나의 세계관에 가장 많은 영향을 미친 멘토가 바로 생불(生佛; 살아 있는 부처)이었기 때문이다. 이 책의 앞장('드림요가와 RM' 편)에서도 자세히 언급한 인물이다. 그런데 이 '리빙 붓다(Living Buddha)'의 조언이 어릴 적 믿다가 30년 넘게 교회를 등지고 살왔던 나를 다시 하나님 전으로 이끌게 된 계기의 하나가 되었다. 이 생불은 내게 '기독교야말로 가장 위대한 종교'라고 말했다.

교주가 십자가에 매달리는 자기희생의 모범을 보였으며, 이런 진정한 무조건적 사랑을 배우는 신도들 역시 희생을 마다하지 않고 가족과 사회를 위해 봉사하는 삶을 살기 때문이다. 재미교포인 그는 활발한 봉사와 기부로 미국사회를 이끄는 기독교의 모습이 기복적이고 배타적인 성향이 강한 한국 기독교의 모습보다 더 모범적으로 보인다고 말했다.

이 멘토는 심지어 '불교의 끝이 기독교의 시작'이라는 표현까지 했다. 깨달음의 종교인 불교는 근본적으로 고독한 수행의 종교이다. 천국 복음을 전파해 사회 구성원과 동반 구원을 추구하는 기독교와 달리, 진정한 깨달음을 위해서는 사회와 속연을 끊고 홀로 수행해야 하는 종교이다. 깨달음이 생기면 비로소 한없는 자비심이 일어나지만, 속세와 이미 연을 끊은 부처의 자비심이 무슨 필요가 있나.

그래도 독자들은 바로 혼란에 빠질 거 같다. 그 생불이 진짜 생불 맞느냐고? 맞는다면 불교 교주와도 같은 정신적 존재인데 기독교가 더 낫다고 이야기하는 건 종교적인 자기 부정밖에 더 되겠느냐고 말이다.

이 멘토는 기독교가 더 낫다고 이야기하는 정도가 아니다. 자신이 진짜 크리스천이라고 주장할 정도이다. 한국에도 팬이 많은 KJV(킹제임스성경)만 해도 수십 번 통독했으며 기독교 역사서나 관련 서적, 논문 등을 무수하게 독파했다. 한국에 소개되지 않은 기독교 고고학 서적이나 자료들도 다양하게 섭렵했다. 물론 리빙붓다답게 거의 모든 불경과 주요 불학 논문을 수없이 읽었고 초기 불경을 읽기 위해 산스크리트어는 물론 팔리어까지 공부한 인물이다. 중국의 유교나 도교 경전도 원문 그대로 읽기 위해 고대한자까지 공부했다. 이 멘토만큼 엄청난 독서광을 본 적이 없는데, 평생 읽은 독서량이 웬만한 도서관 장서량에 버금갈 거라 추정한다.

하지만 이 멘토의 세계관은 보수적인 불교나 기독교 교단 양쪽에서 모두 받아들이기 힘든 수준이다. 기독교의 핵심교리에 대한 해석은 내 입장과도 크게 다르기 때문에 그의 사상을 자세히 설명할 수는 없다. 이 책의 집필 목적에서 벗어나는 일이다.

나는 2012년 이 멘토가 홀로 수행정진 한 끝에 붓다의 경지에 올랐다는 사실을 알게 됐다. 선가에서는 깨달았는지 여부를 수행자가 이미 깨달은 고승에게 인증 받는 과정이 있다. 하지만 제대로 깨달은 자에게 그런 과정은 요식행위에 불과하다. 부처의 원조인 고타마 싯다르타가 누구에게 인증 받을 필요가 있었겠는가.

부처, 영어로 붓다(Buddha)란 '깨달은 자'라는 뜻이다. '부처'는 우리가 익히 아는 샤카무니(釋迦牟尼; 世尊) 고타마 싯다르타를 가리키는 고유명사이지만, 깨달은 자는 누구나 부처라는 의미에서 일반명사로도 쓰인다. 내 멘토를 리빙붓다라고 부르는 건 후자인 일반명사의 경우에 해당한다.

불교 이야기를 하려는 이유는 단순히 불교를 비판하려는 목적이 아니다. 한국에서도 오랜 전통을 지닌 불교에 대한 정확한 이해가 내게는 기독교를 더 깊게 믿는 데 도움이 되었기 때문이다. 이 책의 집필 목적은 타 종교 비판이 아니다.

불교의 가장 큰 문제점은 우상숭배 방식의 대승불교이다. 불상을 만들어 단 위에 올려놓고 절하는 부처 신격화 방식의 대승불교는 그들의 교주인 부처의 가르침과 한참 동떨어져 있다. 기독교인이 불교와 부처에 대해 가장 크게 오해하는 대목도 바로 이 지점이다. 고타마 싯다르타는 부처가 된 뒤에 단 한 번도 자신이 신이 되었다고 말한 적이 없다. 오히려 부처는 깨달음이란 자기 자신의 고독한 수행을 통해서만 성취되는 것이라면서 자기처럼 깨달은 자가 되려면 '무소의 뿔처럼 혼자서 가라'라고 말했다.

현실은 어떤가. 부처를 교주로 삼고 그 교주의 상을 신상처럼 만들어 단 위에 올려놓고 절하며 치성을 드리고 있지 않은가. 전형적인 우상숭배의 모습이다. 이런 대승불교의 모습은 교주의 가르침에서 완전히 궤도 이탈한 자기모순이다. 깨닫기 힘든 가련한 중생들의 제도(濟度)를 위한 방편이라고 호도하지만, 불상 앞에서 예배하는 불교는 교주의 가르침과 따로 가는 종교라는 사실을 부인하기 어렵다. 예불을 드린다는 건, 사실은 부처라는 형상을 한 가상의 신에게 예배하는 행위이다. 이런 대승불교의 예불은 인도 소승불교의 원형이 동북아시아로 북상하는 과정에서 중동의 유일신 종교를 흡수해 왜곡 변형된 현상이다. 불상, 즉 인간의 상을 만들어 놓고 중생을 기만하는 일을 부처와 불법의 이름으로 행하는 짓이 가당한가.

부처, 즉 고타마 싯다르타는 깨달음을 얻은 순간에 그 전까지 존재한다고 생각하던 모든 것들이 사실은 생각이 지어내는 허상임을 깨달았다. 자신을 포함해 존재한다고 생각했던 모든 사물과 현상이 모두 무지에서 비롯된 착각이었음을 깨달았다. 그래서 무아(無我)를 주장하고 가르쳤다. 그런데 정작 부처의 제자를 자처하는 자들은 그 부처의 형상을 만들어놓고 배례하고 목탁을 두드리고 염불을 외우고 있다.

생전의 부처는 매일 동네를 돌며 탁발을 했다. 집착의 부질없음을 알기에 하루를 연명할 음식을 기부 받는 노력 외에는 어떤 소유도 추구하지 않았다. 탁발과 제자들 가르치는 시간 외에는 대부분의 시간을 참선하는 데 보냈다. 이처럼 세속과 선을 긋고 조용히 소승적인 해탈을 추구하는 게 불교의 원형이다.

불교는 창조주 하나님의 관여가 배제된, 어찌 보면 거의 방치된 시대의 민족과 지역에서 태어났던 구도자들의 몸부림에서 탄생했다. 하지만 그처럼 신으로부터 소외된 지역에서 탄생한 사상치고는 탁월한 식견이 적지 않다. 뇌과학, 천문학, 양자역학 등 현대과학이 열광할 정도로 자연현상의 원리를 정확하게 꿰뚫어보는 지혜와 통찰을 남겼다.

가령 <반야심경>의 '색즉시공 공즉시색'은 사물과 현상의 본질을 예리하게 통찰한 촌철살인의 표현이다. 신의 입자라 불린 힉스입자가 발견됐을 때, 이 입자의 생성과 소멸이 바로 색즉시공 공즉시색의 원리 그 자체였다. 이외에도 부처는 아래 인용하는 글과 같이 2600년 전에 이미 우주가 팽창하고 수축한다는 사실을 오로지 영적 통찰로 직관했다. 우주의 팽창과 수축은 인류 과학사에서도 20세기 후반에 들어서서야 겨우 발견된 천문학적 이론이다.

세계가 수축하는 여러 겁, 세계가 팽창하는 여러 겁, 세계가 수축하고 팽창하는 여러 겁을 기억한다. … 나는 과거를 아나니 세상은 수축하고 팽창했다. 나는 미래도 아나니 세상은 수축하고 팽창할 것이다.

(<디가 니까야> 각묵스님 역. 초기불전연구원 간)

기독교인이라는 이유로 무턱대고 부처를 비판만 할 일은 아니다. 부처의 연기론이나 인과론 같은 혜안은 우리 기독교인도 설명하기 힘든 영적 현상들에 대해 상당한 시사점을 던져준다. 전생 같은 현상도 마찬가지이다. 정신분석학의 태두인 프로이트는 최면요법을 활용해 환자들의 무의식을 탐구하다 우연히 환자 자신과 무관한 과거의 기억을 접하게 됐다. 그 뒤에도 이런 현상에 대한 탐구가 이어졌고, 이제 '전생'이라 부르는 미지의 영역을 함부로 부정하기 힘들게 되었다. 하지만 전생이라는 현상을 놓고 기독교에서는 마땅한 설명을 내놓지 못한다. 전생을 영혼의 윤회로만 해석하기 때문에 신학적으로 존재 자체를 부정할 따름이다.

나는 기독교가 믿는 영혼의 존재가 불교의 윤회나 전생 같은 문제와 상충된다고 보지 않는다. 우리는 현상계에 머물고 있지만, 동서고금을 통해 이미 영혼이 존재하는 증거를 숱하게 보았다. 그러니 영혼의 존재를 의심할 필요는 없다. 문제는 영혼이 윤회한다는 전생의 문제인데, 이 문제가 혼동을 일으키는 이유는 영혼과 전생이 단지 언어적으로 연결된 오류이기 때문이다.

나는 윤회란 영혼이 계속 환생하는 현상이라고 생각하지 않는다. 윤회란 한 영혼이 현상계에서 지은 업(業; Karma) 자체가 인과의 원리에 따라 단순히 순환 작용을 하는 것일 뿐이다. 좀 더 쉽게 표현하면, 사람이 죽으면 그 영혼은 천국이든 지옥이든 가야 할 영계의 길을 가고, 그 영혼이 현세에서 남긴 말·행동·생각 등의 에너지만 윤회라는 이름으로 우주와 인생에서 자체 순환한다는 뜻이다.

예를 들어 내가 최면을 통해 이순신 장군이 되어 노량해전에서 전사하는 모습을 떠올렸다고 해도, 내 영혼이 이순신 영혼의 환생은 아니라는 뜻이다. 새봄을 맞아 나뭇가지가 틔운 새싹이 자라서 새잎이 된다고 그 새잎이 지난해 가을 그 나뭇가지에서 떨어진 바로 그 잎은 아니지 않은가. 지난해 가을 떨어진 그 나뭇잎은 이제 보이지 않지만, 어느 여학생의 책에 책갈피가 되었을지 아니면 농부의 퇴비로 쓰였을지는 오로지 신만이 아는 일이다.

이 사실은 불교계에서도 논쟁의 영역이다. 그럼에도 굳이 언급하는 이유는, 특히 기독교 신자가 영적 무지함으로 일상에서 이런 윤회·전생 같은 현상을 접할 때 부질없는 언어의 올가미에 걸리지 말았으면 하는 바람에서다. 영혼이 천국이나 지옥에 가지 않고 계속 다른 후손의 몸을 빌려 환생한다고 생각하니 헷갈려서 천국 믿음이 생겼다 죽었다 하지 않는가.

물론 전생에 대한 내 해석이 옳다는 증거는 성경에 나오지 않지만, 반대로 틀렸다는 증거 역시 나오지 않는다. 누가 봐도 반불교적 해석이고 친기독교적 해석 같지만, 그렇다고 해서 나 자신의 해석이 진리라고 우길 수는 없다. 무엇보다 이런 사실 따위를 안다고 해서 구원을 받는 것도, 모른다고 해서 구원을 받지 못하는 것도 아니다. 한마디로 기독교 신앙의 정수와는 무관한, 아주 비본질적인 지식에 지나지 않는다.

기본적으로 모든 현상을 만들고 주관하시는 영적 존재는 창조주 하나님뿐이다. 성경에 따르면, 세례 요한도 엘리야의 환생이라는 오해를 받을 정도로 환생이나 전생 사상은 동서양을 막론하고 오랜 역사를 갖고 있다. 여호와 하나님을 굳건하게 신봉하던 이천년 전 유대사회에서도 환생 사상에 대한 거부감이 별로 없었던 점을 감안하자.

불교를 비롯한 동양사상을 언급하며 내가 이야기하고 싶은 것은, 제대로 모르면서 동양사상을 함부로 판단하고 공격하는 것이 그리스도인의 본분이라고 착각하지는 말자는 이야기이다. 영적으로 소외된 지역에서 발견한 지혜도 무턱대고 부정할 게 아니라 가치가 있으면 활용하는 편이 훨씬 더 낫다.

불교에선 자아에 대한 집착을 기독교 못지않게 구원의 적으로 본다. 인간이 자아에 집착하면서 온갖 죄악과 고통의 문이 열린다고 본다. 두 종교가 거의 같은 해석을 하고 있는데, 종교가 다르다고 굳이 다른 가르침이라고 부정해야 하나? 불교의 자비(慈悲)는 기독교의 사랑과 완전히 다른 것인가? 불교의 자비는 사랑이 아니고 악인가? '보살행(菩薩行)'이 악인가?

우상숭배 방식의 불교는 부처의 가르침과 판이하게 다르다고 앞서 설명했다. 그런데도 우상숭배 하는 종교라며 불교 전체를 싸잡아서 악으로 규정해 버리면 앞서 나열한 질문들은 무의미해진다. 창조주 하나님과 독생자 예수를 인정하지 않는 것이 영적인 악이라고 해서, 선량한 마음과 착한 행동까지 악이 될 수는 없다.

문제는 누가 우상을 만들었고 무엇이 악하냐는 것이다. 예수도 똑같이 여호와 하나님을 믿는다는 바리새인, 율법학자 들로부터 신성모독의 범죄자 취급을 받았다. 예수가 유대인이 아닌 사마리아 여인에게 구원의 복음을 전파한 일도, 안식일에 병자를 고쳐준 일도, 바리새인 율법학자 들의 눈에는 모두 악한 행위였음을 기억하자.

단도직입적으로 말해 나는 기독교인들이 적어도 부처만은 재평가해야 한다고 생각한다. 부처는 보통명사로 쓰이기도 하므로, 좀 더 정확히 말하자면 불교의 창시자인 고타마 싯다르타를 재평가할 필요가 있다는 말이다. 싯다르타는 이 땅에 신의 현현(顯現)인 예수가 탄생하기 600년 전에 출생한 인물이다. 자신에게 보장된 모든 세속적인 부귀영화를 버리고 혈혈단신 구도의 길을 떠난 인물이다.

나는 싯다르타를 인간적으로 좋아하는 것이 내 기독 신앙에 방해가 된다고 생각하지 않는다. 싯다르타는 그냥 인간이요 선각자요 철학자이기 때문이다. 결과적으로 불교의 창시자가 되었지만, 그건 그의 깨달음을 추종하는 후대 사람들이 무지해서 그를 교주로 숭배할 따름이다. 싯다르타 자신이 그렇게 자신을 신처럼 숭배하라고 가르친 사실은 전혀 없다. 오히려 그 반대이다. 똑같이 예수를 앞세우는 이단 종교가 있다고 해서 예수에게 문제가 있는 건 아니지 않은가.

싯다르타의 '자타불이(自他不二)' 사상에서 나온 '자비(慈悲)'는 예수의 "네 이웃을 네 몸 같이 사랑하라"라는 가르침과 본질적으로 상통한다. 싯다르타가 6년간 뼈를 깎는 구도에 정진한 끝에 큰 깨달음을 얻었는데, 그 건 사실 모든 생명체들의 뿌리는 동일하다는 사실이다. 부처가 '무아(無我)'를 가르친 이유 중 하나도 개별적 영혼의 분별심, 즉 자아의식이 사라지지 않으면 다른 생명들을 향한 온전한 자비심이란 일어나지 않기 때문이다. 예수도 '아무든지 나를 따라 오려거든 자기를 부인하고 자기 십자가를 지고 나를 좇을 것이니라'(마태복음 16장 24절)라고 가르쳤다.

기독교인이라면 오히려 싯다르타의 깨달음을 가상히 여겨야 한다. 기독교인이 예수의 가르침을 들어서 쉽게 알게 된 진리를 싯다르타는 피나는 노력으로 겨우 깨달았으니까. 다만 예수의 도를 듣기 훨씬 이전에 출생한 인물이라서 인격적인 신을 만날 기회를 얻지 못해 언어적인 표현이 다를 뿐이다.

예수 그리스도가 탄생하기 전의 여호와 하나님은 유대인과만 대화하는 신이었다. 예수는 사도 바울을 앞세워 천국 복음을 이방인들에게도 본격적으로 전파하기 시작했다. 싯다르타는 예수가 탄생하기 600년 전에 태어난 인물이다. 그러니 적어도 원조 부처인 고타마 싯다르타를 악한 우상처럼 바라보는 건 문제가 있다. 예수 복음이 들어오기 전에 태어났다고 해서 조선시대 이순신 장군의 희생이 무가치하다 말할 수 있는가.

이 책을 맨 앞부터 읽었다면 알겠지만, 나는 거의 원리주의자 수준으로 성경을 신봉하는 자이다. 성직자들조차 믿기 힘들어하는 성경의 기적을 전부 다 문자 그대로 이해하고 받아들인다. 성경 말씀은 모두 절대적으로 추종한다. 하지만 성경에 나오지도 않는 사실을 자의적으로 해석해 함부로 다른 사람이나 사상을 정죄하는 행위 역시 배척한다. 그 정죄 행위가 자신의 판단이 아니라 집단이기주의적인 판단일 때는 더욱 말할 것도 없다. 그런 정죄 행위가 바리새인들이 예수에게 저질렀던 짓과 무엇이 다르다는 말인가. 성경말씀을 제외한 일반 해석에서는 누구에게나 똑같은 자격이 주어진다. 누구도 자기 해석만이 정답이라고 우길 수 없다. 정답은 오직 한 분, 창조주 하나님만 아신다.

신약성경에 기록된 예수의 가르침과 사도 바울의 증언에는 천국 복음을 들을 기회가 없던 시대와 지역에서 살다간 영혼들에 대한 하나님의 뜻이 담겨 있다. 예수 탄생 이전의 인물들과 예수 탄생 이후라도 예수 복음을 제대로 전해 듣지 못하고 착하게 살다 죽은 인간들에 대한 배려나 면죄부일지도 모른다.

· 세상이 너희를 미워하면 너희보다 먼저 나를 미워한 줄을 알라
· 너희가 세상에 속하였으면 세상이 자기의 것을 사랑할 터이나 너희는 세상에 속한 자가 아니요 도리어 세상에서 나의 택함을 입은 자인고로 세상이 너희를 미워하느니라
· 내가 너희더러 종이 주인보다 더 크지 못하다 한 말을 기억하라 사람들이 나를 핍박하였은즉 너희도 핍박할 터이요 내 말을 지켰은즉 너희 말도 지킬 터이라

254

· 그러나 사람들이 내 이름을 인하여 이 모든 일을 너희에게 하리니 이는 나 보내신 이를 알지 못함이니라

· **내가 와서 저희에게 말하지 아니하였더면 죄가 없었으려니와** 지금은 그 죄를 핑계할 수 없느니라

(요한복음 15장 18~22절)

· **알지 못하던 시대에는 하나님이 허물치 아니하셨거니와** 이제는 어디든지 사람을 다 명하사 회개하라 하셨으니

· 이는 정하신 사람으로 하여금 천하를 공의로 심판할 날을 작정하시고 이에 저를 죽은 자 가운데서 다시 살리신 것으로 모든 사람에게 믿을만한 증거를 주셨음이니라 하니라

(사도행전 17장 30~31절)

하나님의 아들 예수를 직접 만나고도 그를 핍박하다 못해 십자가에 매달아 죽이기까지 한 인간들이 악한 것이지, 예수가 대한민국 국민이라면 싯다르타는 고려시대 백성인데 그런 앞선 시대에 태어나 '너희는 원래 한 몸이니 서로 사랑하라'는 가르침을 전파한 자가 있다면 오히려 선각자로 대우해줘야 옳지 않을까? 불교의 창시자라는 고정관념만 빼고 바라보라. 부처에게서 무슨 '악한 것'이 나왔다고 바알세불 바라보듯 비난할 것인가.

거듭 강조하는데 내가 불교 자체를 두둔하는 것이 아님을 명확히 하자. 예수 복음을 접하고도 부처의 가르침만 추종하는 불자들에 대한 인정도 아님을 분명히 해두자. 지금은 부처가 태어난

2600년 전이 아니다. 고타마 싯다르타의 깨달음에 대해서도 절대 그 사상을 모두 인정하고 두둔하는 것이 아니다. 여러 중요한 대목에서는 오히려 정반대에 가깝다. 싯다르타뿐 아니라 많은 인도의 요기나 도인 들이 자신들의 영적 체험에 함몰돼 자신이 피조물이라는 사실을 잊고 마치 그 체험이 전부인 것처럼 혼동한다는 사실을 잘 알고 있기 때문이다.

가령 <금강경(金剛經)>에 기록된 부처의 대표사상 가운데 '사상(四相)'이 있다. 사상은 그 어떤 '실체적 존재'도 인정하지 않는 것이다. 사상은 인간의 관념을 지배하는 '아상(我相), 인상(人相), 중생상(衆生想), 수자상(壽者相)'의 네 가지 망상을 가리킨다. 내가 존재하지 않고(아상 = 무아), 네가 존재하지 않고(인상), 사람들이 존재하지 않고(중생상), 영혼이 존재하지 않는다(수자상)는 뜻이다. 한마디로 모든 현상의 생성소멸이 있을 뿐, 실체가 있어 존재하거나 영원불멸하는 존재는 없다는 생각이다. 우리가 꿈을 꾸다 잠에서 깨어나면 그 꿈속의 모든 현상이 기억과 함께 사라지듯이, 나라는 존재나 눈앞의 현실도 우리 죽음과 함께 소멸하는 꿈같고 영화같은 현상에 지나지 않는다는 뜻이다. <금강경>은 불교 사상의 정수로 꼽히지만, 사실 부처의 가르침을 그대로 기록한 책은 아니다. 부처 사후 거의 천년 뒤에 새로운 부처가 기존 부처의 사상을 정리했다고 보는 편이 맞다.

그런데 부처의 '무아(無我)' 사상은 불교의 핵심교리 중 하나인 '윤회(輪廻)'와 서로 양립 불가능한 모순이다. 그래서 오늘날까지 논쟁이 끝나지 않는 주제가 돼 버렸다. 나는 바로 이런 점에서 원

조 부처인 고타마 싯다르타의 깨달음과 모든 붓다들의 '견성(見性)'
이 지닌 체험적 한계를 지적하고 싶다.

내 생불 멘토의 체험에 따르면, 견성이란 마치 자기가 인간이라
고 생각했던 AI로봇이 자기 가슴을 열어보니 기계와 배터리가 돌
아가고 있는 모습을 보았을 때의 충격과 비슷하다. 영적 깨달
음이란, 인간 사고의 알고리즘이 알고 보니 컴퓨터 AI처럼 짜
여서 돌아가고 있었다는 사실을 체험적으로 발견하는 것이다.
내 자유의지로만 살고 있다고 착각하던 인생이 알고 보니 짜인
각본대로 돌아가는 스크린 속 영화 같은 현상임을 '영적으로'
발견하는 일이다.

말로는 표현하기 힘든 그 생생한 영적 체험을 하고 나면, 왜 싯
다르타가 무아라는 표현을 했는지 이해할 수 있을 터이다. 싯다르
타는 결국 그런 깨달음의 체험을 하려고 무려 6년 고행의 명상수
련 길을 걸었다. 불가에서는 타고난 근기(根機)가 없으면 6년이 아
니라 평생 참선을 해도 그 같은 영적 깨달음을 얻기란 불가능하다
고 일컬어진다.

하지만 나는 영혼 문제에서는 붓다들이 대착각을 일으켰다고 생
각한다. 자기 영혼은 현상계에서뿐 아니라 심지어 영계에서조차 보
이지 않는다. 자아의 존재는 현상계에서도 영계에서도 AI처럼 인식
으로 확인될 뿐 진정한 자아의 실체는 보이지 않는다. 영계에서 전
하는 메시지들에 따르면, 영계에서 영혼들은 오로지 텔레파시로 대
화하고 교류한다. 현상계에서처럼 말이 필요하지 않다는 뜻이다.
외모도 현상계에서처럼 한 번 태어나면 고정되는 것이 아니다. 외

모 역시 얼마든지 본인 생각에 따라 변하는 현상에 지나지 않는다.

우리 인간이 생각하는 영혼이라는 언어에는 이미 부처가 경계하는 '상(相)'이 포함돼 있다. 불가에서는 불변의 본체를 성(性)이라 칭하고 제각기 변화하는 현상계의 모습을 상(相)이라고 칭한다. 기독교적으로 풀이하자면 불변의 본체는 사실 창조주 하나님이고, 피조물인 인간의 영혼은 변화하는 현상에 해당한다. 즉, 현상인 인간의 영혼 또한 창조주에 의해 언제든 삭제될 수 있는 피조물에 지나지 않는다. 인간을 지은 이가 지울 수는 없겠는가. 이런 관점에서 보면 영혼이 존재하지 않는다는 시각도 아예 틀린 말만은 아니다.

다만 창조주를 닮은 피조물 인간은 창조주가 자기 분신인 예수를 영계에서 현상계로 보내 희생시킬 만큼 매우 사랑하는 대상이기에 지워지지 않을 따름이다. 부처는 인격을 지닌 신과 소통하는 법을 몰랐기 때문에, 600년 후에 신이 직접 인간계에 강림하는 기적을 보지 못했기 때문에, 인간의 영혼 역시 언제라도 지워질 현상으로밖에 보이지 않았을 터이다.

'깨달음'이라는 강렬한 영적 체험은 부처나 도인들이 자신을 전지전능한 존재가 된 것 같은 착각에 사로잡히게 만든다. 실제로 깨달음 이후 3차원 현상계와 4차원 영계를 오가는 차원 이동을 자유롭게 하다 보니, 또 이전에는 불가능했던 신통력들이 생기다 보니, 자신이 전지전능한 존재가 됐다는 착각이 더욱 힘을 받게 된다. 정신분석학의 창시자인 지그문트 프로이트 같은 천재도 장님이 코끼리 더듬듯이 겨우 알아낸 무의식의 세계를 깨달은 도인들은 아예 내 집 문지방처럼 넘나든다.

그렇다고 해서 부처나 도인이 마치 자신이 전지전능한 창조주가 된 것 마냥 착각한다는 뜻은 아니다. 나는 생불로부터 사사도 했고 심오한 영적 체험을 한 한국의 은둔 도인들도 만나 보았다. 스티브 잡스가 수백 번 읽었다는 <요가난다>에서 도인 파라마한사 요가난다(1893~1952)의 생애와 전설적 요기들의 세계도 접했다. 세계가 열광하던 도인들인 라마나 마하르쉬(1879~1950)나 오쇼 라즈니쉬(1931~1990)의 생애와 사상 역시 마찬가지이다.

하지만 어느 누구로부터도 신을 부정하는 이야기는 들어본 적이 없다. 부정하기는커녕 웬만한 기독교인들보다 더 강력하게 신에 대해 인정하고 긍정한다. 영계에 대한 눈이 열리면 그리 될 수밖에 없다. 다만 기독교인과 다른 점은, 아쉽게도 그들의 신은 기독교인의 신처럼 대화가 가능한 인격신이 아니다. 그들에게 신은 신이라는 언어나 개념으로 제한할 수 있는 존재가 아니다. 굳이 표현하자면 '우주의식' 정도라고나 할까. '당신도 신이 될 수 있다'라는 혹자들의 주장은 깨달음에 의해 이 우주의식과 일체가 될 수 있다는 뜻이다. 예수가 말한 다음 성경구절도 같은 맥락으로 해석한다.

그 날에는 내가 아버지 안에, 너희가 내 안에, 내가 너희 안에 있는 것을 너희가 알리라

(요한복음 14장 20절)

너희가 내 안에 거하고 내 말이 너희 안에 거하면 무엇이든지 원

하는 대로 구하라 그리하면 이루리라

(요한복음 15장 7절)

　도인들의 이 우주의식은 세간에서 대자연의 원리, 우주만물이라
는 시뮬레이션 프로그램을 돌리는 서버컴퓨터, 우주의 모든 정보를
저장하는 '아카식 레코드(Akashic Records)' 등과 같이 다양하게
표현된다. 나는 이 점을 빗대어 그들은 '신의 뒤통수만 겨우 발견
했다'라고 표현한다. 신이 얼굴을 보여주지 않아 대화할 기회를 얻
을 수 없었다는 뜻이다.

　신으로부터 방치된 시대와 지역에서 살았던 영혼들이라고 인생
에 의문이 없었겠는가. 고타마 싯다르타, 즉 부처만 해도 철부
지 어린아이 나이부터 품은 생로병사 의문에 대한 갈증을 풀길
이 없어 왕자의 부귀영화도 마다하고 출가하지 않았던가. 그
게 어디 부처만의 갈증이었겠는가. 나는 '무위자연(無爲自然)'
에서 유래한 '자연'이라는 말을 떠올릴 때 가끔 창조주 하나님
으로부터 소외된 고대 동양지역 후손으로서의 페이소스
(pathos)를 느낀다. 창조주와 교감해 본 적 없는 시대에 태어
난 인간의 표현 아닌가.

　유일한 인격신, 즉 창조주 하나님을 정면에서 만나 대화할 수
있는 길은 오직 예수 그리스도만이 열어주었다. 위대한 창조주는
예수가 자신의 아들이라는 사실을 믿고 받아들이는 인간에게만 인
격적 대화의 길을 열어주었다. 우리 인간이 신과 직접 대화할 수
있는 방법은 '예수'라는 이름으로만 가능하다. 그것도 오랜 수련이

나 고행 없이 예수가 그리스도라는 사실을 그냥 어린아이처럼 순수하게 믿기만 하면 된다. 예수는 이렇게 말했다.

예수께서 가라사대 내가 곧 길이요 진리요 생명이니 나로 말미암지 않고는 아버지께로 올 자가 없느니라

(요한복음 14장 6절)

나는 이 예수의 말씀을 철석같이 믿게 됐는데, 그 건 바로 예수가 인간으로 태어나서 신이 아니면 도저히 불가능한 일들을 무려 3년이나 실행한 사실을 새삼 발견했기 때문이다. 예수의 기적이 아니었다면, 평범한 나사렛 목수였던 그가 창조주 하나님의 분신이라는 사실을 무엇으로 증명할 수 있었겠는가. 부활과 승천은 예수 기적의 화룡점정이지만, 공생애 활동처럼 일반 대중을 상대로 보여준 기적은 아니었다.

미물 같은 우리 인간이, 죄의 씨앗으로 잉태된 우리 인간이, 이 모든 우주와 자연의 창조주와 직접 소통할 수 있는 영광을 얻게된 건 인류 역사상 최고의 축복이다. 이런 사실을 모른 채 성경을 케케묵은 고서 취급하고 예수 그리스도를 까마득한 옛날 33세 청춘에 요절한 성인 정도로 취급한다면 이보다 더 한심한 불행이 또 어디 있겠는가.

※ 원조 부처인 고타마 싯다르타는 기독교식 개인의 영혼(soul)을 부정한 적이 없다는 주장이 비록 소수의견이지만 불교계 일각에서

도 계속 제기되고 있다. 싯다르타가 부정한 '나(我)'는 힌두교의 '아트만(atman)'일 뿐이라는 주장이다. 힌두교의 아트만은 윤회를 거듭하면서, 즉 새로운 인간의 몸을 갈아타면서 불멸하는 영적 존재이며 우주적 근본원리인 '브라만(Brahman)'과 본질적으로 일체이다. 불교의 무아(無我)는 산스크리트어 '아나타(anatta)'를 번역한 한자어인데, 아나타는 '아타(atta; 아트만)가 아니다'라는 뜻이다. 즉 불교의 무아란 싯다르타가 '아트만은 인간의 체험으로 확인되지 않는다'고 가르친 사실에 기인한 교리이다. 싯다르타가 자신이 직접 체험한 사실만 최소화법으로 전달하다보니 무아가 개인의 영혼을 부정하는 의미로 와전되었다는 주장이다. 이런 사실을 알려온 나의 멘토는 "개인 수련에 의한 부처의 깨달음은 본질적으로 종교가 될 수 없다. 부처는 깨달은 데서 끝났지만, 예수는 자기희생으로 이를 더 높은 차원으로 실현했다. 불교의 끝이 기독교의 시작일 수밖에 없는 이유이다. 예수를 믿으며 그의 희생과 사랑을 배우고 전파하는 기독교야말로 가장 위대한 종교이다"라고 말했다.

불교 오해; 선가의 역설화법

한국의 많은 기독교인들이 불교에 대해 흔히 갖기 쉬운 오해 중 하나가 불교 지도자들 특유의 역설화법이다. 그 대표적 사례가 바로 한국 불교계에서 20세기 최고의 고승으로 추앙되었던 성철(性徹; 1912~1993)선사의 아래와 같은 열반송(涅槃頌)이다.

生平欺狂男女群(생평기광남녀군)
彌天罪業過須彌(미천죄업과수미)
活陷阿鼻恨萬端(활함아비한만단)
一輪吐紅掛碧山(일륜토홍괘벽산)

일생 동안 남녀의 무리를 속여서
하늘을 넘치는 죄업은 수미산을 지나친다.
산채로 무간지옥에 떨어져서 그 한이 만 갈래나 되는지라
둥근 한 수레바퀴 붉음을 내뿜으며 푸른 산에 걸렸도다.

문자에 집착해 이 노래를 해석하는 기독교인들은 성철선사가 임종할 때가 되자 자기 죄와 지옥으로 갈 운명을 깨닫고 지은 시라고 풀이한다. 하지만 성철선사는 이미 생전에 수차례 위와 비슷한

내용의 설법이나 법문을 펼쳤다.

성철은 1983년 하안거 결제(結制)에서 "내 말에 속지 말라. 나는 거짓말하는 사람이여!"라고 말했고 "대중이여 석가가 세상에 오심도 망상이요, 달마가 서쪽에서 오심도 망상이라"라고도 말했다.(경향신문 1993년 11월5일) 1987년 석탄일 법어에서는 "사탄이여! 어서 오십시오. 나는 당신을 존경하며 예배합니다. 당신은 본래로 거룩한 부처님입니다"라는 설법도 했다.(조선일보 1987년 4월23일)

이외에도 비슷한 사례들이 더 있다. 많은 한국의 기독교인들이 그 같은 불교 최고 지도자의 표현을 회심(悔心)과 자기한탄으로 몰아간다. 그런 기독교 일각의 해석대로라면 성철선사는 불교 최고 지도자로서 씻을 수 없는 배교(背敎) 행위를 한 인물이 아닌가. 그런 고백을 한두 번도 아니고 걸핏하면 했는데도 왜 불자들이 성철을 변함없이 최고의 선사로 추앙하고 있겠는가. 또 위에서 인용했듯이 성철은 왜 1983년 하안거 결제에서 자기가 거짓말 하는 사람이라고 말하고도 1993년 열반에 들 때까지 계속 설법, 즉 거짓말을 멈추지 않았겠는가.

부처는 어떠했는지 돌아보자. 부처 사상의 정수를 담은 <금강경(金剛經)>은 오늘날까지도 전 세계적으로 가장 많은 주석서가 나오는 최고의 불경이다. 난해하기로 손꼽히는 이 책을 해설한 불교계 명망가만 해도 1천 명이 넘는다. 이 책의 제3장 대승정종분 편에 아래와 같은 유명한 설법이 나온다. 부처가 제자 수보리에게 설하는 내용이고, 아래 한글 해석은 의역이다.

이멸도지(而滅度之)
여시멸도 무량무수무변 중생(如是滅度 無量無數無邊 衆生)
실무중생 득멸도자(實無衆生 得滅度者)

일체 중생을 내가 다 구제했다.
무한히 많은 중생을 다 구제했는데,
사실은 한 중생도 구제를 받은 이가 없도다.

　성철선사의 열반송이나 설법을 자구 그대로 받아들이는 이들에게 묻고 싶다. <금강경>에 나오는 이 유명한 부처의 가르침은 어떻게 해석할 것인가. 평생 중생을 구제했는데 죽을 때가 다 돼서 보니 구제한 중생이 하나도 없다는 부처의 설법을 어떻게 이해할 것인가.

　단언컨대 위 <금강경>의 말을 이해하지 못한다면 성철선사의 자아비판 같은 해괴한 열반송도 이해할 수 없다. 부처의 사상을 피상적으로 이해하는 사람들은 불가에서 깨달은 자들이 말(언어)을 벼리는 방식을 이해하기 힘들다. 극단적으로 역설적인 표현을 동원해 무지몽매한 중생의 언어에 대한 집착과 고정관념을 깨트리는 그런 방식을 말이다.

　불교의 언어관과 기독교의 언어관은 상당한 차이가 있다. 불교에서 언어는 해탈을 위한 일시적 방편(方便)에 불과하다. 강 건너 목적지로 가기 위해 필요한 나룻배에 불과하다. 그래서 선사들의 선문답을 보면 자기들이 추앙하는 부처를 말로 난도질하기도 한다. 기독교 같으면 신성모독으로 간주될, 최소한 불경죄에 해당될 이야기들도 거리끼지 않고 내뱉는다.

'어떤 길 가던 승려가 작은 암자에 하룻밤 유숙했다. 주인이 잠시 암자를 비운 사이 이 승려가 주인 허락 없이 나무로 만든 암자의 불상을 아궁이 불쏘시개로 썼다. 암자로 돌아온 주인이 화들짝 놀라며 어찌 이리 불경스러운 짓을 할 수 있냐고 승려에게 화를 냈다. 그러자 승려는 추워서 나무토막을 좀 때웠을 뿐인데 당신 눈에는 그 게 부처로 보였나 보군요라며 천연덕스럽게 말대꾸했다.'

이 이야기도 유명한 선방담화 중 하나이다. 여기서 알 수 있듯이, 부처의 가르침은 어떤 대상에도 집착하지 말라는 것이다. 인간의 모든 번뇌는 스스로 상(相)을 짓고 거기에 집착하는 어리석음에서 비롯된다고 본다. 성철선사의 열반송을 생각해 보라. 부처의 가르침대로라면 나도 없고 너도 없고 중생도 없고 영혼도 없는데 대체 누가 무간지옥에 떨어질 존재라는 말인가.

역설적으로 들리겠지만 성철선사가 경계하는 것은 '우상(偶像)'이다. 자기를 신격화하고 자기가 남긴 글과 법문을 무조건 숭배하는 대중의 무지를 경계한 것이다. 이런 경향은 한국에서 대중적 인기가 많았던 법정(法頂)스님의 경우도 비슷했다. 그는 자기가 살아생전에 저술한 일체의 책들을 더 이상 출간하지 말라는 유언을 남기고 열반했다.

부처의 깨달음이란 사실 사부대중을 포함한 중생이 도달하기 힘든 경지의 세계이다. 어떻게든 그 근처라도 가보게 하고 싶어도, 이 게 도저히 말로는 전달할 수 없는 세계이다 보니 쓸데없는 업(業; Karma)만 잔뜩 쌓아놓고 이승을 등진다는 회한이 찾아올 수도 있다. 부처의 깨달음이란 관념의 영역이 아니라 체험의 영역이다. 천재적 근기(根機)를 갖고 태어난 수도승도 오랜 세월 장좌불와 같은 고된 수행 끝에 얻을까말까 한 체험이다. 일반 중생이 무슨 수로 그런 체험 근처라도 가볼 수 있겠는가. 그런 체험 없이 경문을 학습해서 이해하려면 평생 글을 읽어도 깨달음이란 기대난망이다. 불가에서 학승(學僧)보다 선승(禪僧)을 더 우대하는 이유이다.

이에 비해 기독교는 언어를 매우 중시한다. 신약성경의 요한복음은 '태초에 말씀이 계시니라'로 시작한다. 창세기 1장에서도 하나님이 세상을 말씀으로 창조했다고 기록돼 있다. 예수는 온갖 병자를 고치는 선행을 베풀고 다녔음에도 하나님을 모독하는 말을 했다는 이유로 유대인들이 그에게 죽일 죄의 올가미를 씌웠다. 인간의 영혼을 믿는 기독교인은 영혼이야말로 인간의 진짜 실체라고 믿는다. 이 인간의 영혼을 살리려고 신이 희생을 무릅쓰고 자기 분신인 아들 예수를 인간 세상에 보냈다고 믿는다.

불교는 참선 수련을 통해 언어가 야기하는 생각의 속박으로부터 벗어나려 애쓴다. 한마디로 언어의 역할은 인정하지만 그 언어로 인해 인간은 생각의 감옥에 갇혀 번뇌를 일삼게 됐다는 것이 불교 사상이다. 하지만 기독교는 다르다. 신의 뜻에 맞는 언어를 선택하고 그 언어를 중심으로 영혼을 수호하는 게 기독교이다. 빛과 어둠이 공존하듯이, 언어도 신의 언어와 악령의 언어가 공존한다. 우리 인간이 할 수 있는 일은 신의 언어를 선택하는 것이다.

기적을 일으킬 때도 불교에선 말로 그것을 시도하지 않지만, 기독교는 "예수 그리스도의 이름으로 명하노니..." 같은 식으로 신의 언어, 믿음의 언어를 동원한다. 불교에서 기적을 시도할 염력은 영안이 열린 고승에게서나 겨우 가능할지 몰라도, 기독교에선 믿음만 있으면 누구나 기적을 시도할 수 있다.

이 장에서 이야기하려는 건, 기독교계 일각에서 불가의 화법을 제대로 이해하지 못하면서 굳이 불자들의 언어를 놓고 그들 종교를 싸잡아 깎아내리는 행위를 자제하자는 말이다. 불교와 완전히 다른 세계관, 그리고 언어관과 구원관을 가진 기독교가 자기 화법으로 불가의 언어를 해석하는 건 객관적인 설득력을 얻지 못한다. 성철선사가 무슨 의도로 그런 말을 했는지 제대로 이해하지 못할 바엔 그냥 침묵하고 무시하는 편이 훨씬 더 낫다.

한국 불교에서 성철선사는 기독교의 마르틴 루터 같은 존재이다. 1967년 12월부터 100일간 그가 행한 설법 '백일법문'은 1950년대부터 이어진 정화불사의 혼란기를 극복하며 불교가 가야 할 길을 제시했다. 오랜 대승불교와 교종의 영향으로 길을 잃은 불교가 석가모니 시절의 깨달음으로 되돌아가야 한다는, 가톨릭에 대항해 초대교회 정신을 회복하자는 초기 기독교의 프로테스탄트 운동에 비견할 사건이었다.

이렇듯 불교계에서 추앙하는 지도자를 쉽게 폄하하는 건 복음

전파에 도움이 되지 않는다. 나는 앞서 깨달은 자, 즉 도인들의 성과와 한계를 지적했다. 인간의 체험을 앞세운 종교의 한계를 지적하는 편이 더 바람직하다는 뜻이다. 그럴 자신이 없으면 섣불리 비난하거나 비판하지 말고 그냥 기독교 복음만 전파하면 된다.

가끔 예수 복음을 전파하면서 다른 종교, 특히 불교를 맹목적으로 공격하는 사람들과 마주친다. 예수 복음을 전파하는 사명감과 열정이야 아름다운 일이지만, 그 방법이 간음한 여인에게 돌을 던지려던 성난 군중들, 예수에게 돌을 던지려던 독선적인 바리새인들 같은 방식이 되어서는 곤란하다.

인간과 언어

"내 언어의 한계는 세계의 한계이다." 언어철학의 태두 루드비히 비트겐슈타인(Ludwig Wittgenstein; 1889~1951)이 남긴 유명한 말이다. 정글에 떨어져 사회와 단절되고 언어를 배우지 않으며 성장한 늑대인간이 정상적인 생각을 할 수 있을까. 실제 사례는 불가능하다는 걸 알려주고 있다. 늑대인간은 불행하게도 인간의 몸을 빌린 늑대의 운명을 살아갈 수밖에 없다.

인간은 가족과 사회를 통해 언어를 배우며 성장하고, 그 언어를 통해 생각이라는 걸 하게 된다. 아이러니한 현상은 배워서 습득한 언어로 생각을 하면서, 우리 의식은 그 생각이 본래 자기 것이라는 착각을 하도록 프로그래밍이 되어 있다는 점이다. 가령 '불륜은 사회악이다'와 '유부녀가 남편 이외의 남자와 동침하는 것은 불륜이다'라는 교육을 받으며 자란 성인이라면, 귀한 손님을 맞으면 자기 부인을 동침하라고 내어주는 과거 에스키모들의 관행을 접할 때 도덕적 혼란에 빠져들지 않을 수 없다.

평소에 인간의 머리를 지배하는 생각이란 대부분 주입되고 교육된 것들이다. '내 생각'이란, 즉 내 머리 속에서 일어나는 언어들의 조합이란, 따지고 보면 내 고유한 창조물이 아니다. 내게 현시된 상황과 이미 내 머리에 주입된 언어가 만나 서로 기계적인 작용을 일으키는 현상일 따름이다.

불가의 '언어도단(言語道斷)', 노자의 '도가도 비상도(道可道非常道)'에서 보듯, 득도한 인간들은 자기들이 깨달은 진리의 실체가 말로 표현될 수도 전달될 수도 없다는 사실을 잘 알았다. 언어란 약속이다. 어떤 언어이든 최초 사용자를 포함한 최소 2인 이상이 그에 대한 개념을 공유해야 비로소 언어로 인정받을 수 있다. 즉 언어는 기본적으로 공유하는 현상과 체험을 기반으로 출발한다. 그런데 육안으로 보이지 않는 세계에 대한 '깨달음'의 체험은 의식의 영역에서 주관적, 개별적으로만 일어난다. 그것도 상당한 수행, 수련을 통해 일어나는 경우가 일반적이다. 객관적인 현상으로 존재하지 않으니 언어처럼 다른 사람과 공유할 수 있는 대상이 아니다.

비트겐슈타인은 언어와 문장의 구조를 치밀하게 분석해서 인간 사고의 본질에 접근할 수 있을 것으로 기대했다. 하지만 결과는 불가능하다는 것이었다. 그의 <논리철학논고>(1921)의 마지막 7번 문장은 이렇게 끝난다. "말할 수 없는 것에 대해서는 침묵해야 한다."

물론 마지막 문장의 그 '말할 수 없는 것'에 대해서는 서로 상반된 해석을 내놓기도 한다. 종교인은 '말할 수 없는 것이 존재한다는 사실을 인정한 문장'이라고 해석하지만, 철학자는 '말할 수 없는 것은 말할 필요가 없는 것이다'라는 식으로 해석하기도 한다. 하지만 비트겐슈타인이 가톨릭 신자였다는 점을 감안하면 내게는 전자의 해석으로 읽힌다.

비트겐슈타인뿐 아니라 독일 관념론의 체계를 세운 근대철학의 거성 임마누엘 칸트(Immanuel Kant; 1724~1804) 역시 '물자체(物自體; Ding an sich)'라는 개념을 만들어 언어와 논리가 해결할 수 없는 선험적(先驗的) 영역이 존재한다는 사실을 인정했다.

사실인즉 세계 철학사에 우뚝 섰던 이런 대철학자들 역시 말로는 설명할 수 없는 영적 현상이 존재하며, 그 같은 현상을 주관하는 힘 또는 원리가 있다는 진실을 에둘러 말한 것이나 다름없다. '원리(原理)'라고 표현하면 그래도 철학자가 되는 것이고, '주재자(主宰者)'라고 표현하면 종교인이 되는 차이가 있을 뿐이다.

내가 강조하고 싶은 점은 인간의 생각을 일으키는 언어란 어떻게 받아들이느냐에 따라 인간을 번뇌의 감옥에 가두는 쇠창살이 될 수도, 반대로 인간을 행복으로 인도하는 길이 될 수도 있다는 점이다. 내 생각이 나 자신의 의지에 따른 나만의 고유한 산물이라는 착각을 하는 데서부터 모든 인간의 어리석음이 출발한다. 인간이 생각을 주도하는 게 아니라, 인간 머리에 떠오르는 언어들이 인간을 지배한다는 사실부터 깨달아야 한다.

좀 다른 이야기 같지만, 로버트 기요사키의 <부자아빠 가난한 아빠>라는 세계적 베스트셀러에는, 평범한 인간들이 부자가 되지 못하는 가장 큰 이유가 그들이 성장하면서 받은 교육에 있다고 지적돼 있다. 부자들을 비롯한 기득권자들이 주도하는 학교 교육에 의해 '성실하게 일하고 꾸준히 저축하는 것이 잘 사는 길'이라는 의식을 주입받아 왔다는 주장이다. 하지만 진실은 부자들이야말로 투자를 통해 쉽게 돈을 벌어들이고 있다는 사실이며, 그러니 부자가 되고 싶으면 투자에 힘써야 한다는 점을 강조한다.

하지만 이 책이 주장하는 내용이 모두 진실일까. 독자들을 저축보다 투자의 세계로 인도한다고 해서, 과연 그 독자들이 꼭 행복해질까? 미국 월가의 전설적인 펀드매니저 피터 린치는 "주식시장이란 95% 평범한 투자자의 돈이 5% 현명한 투자자의 금고로 이동하는 곳"이라는 명언을 남겼다. 투자해서 부자가 되려던 95% 주식투자자 중에는 패가망신한 사람, 스스로 생을 마감한 사람 등 다양한 비극적 인생들이 포함되었을 터이다. 착실히 저축해서 자족했다면 최소한 그런 비극의 대열에는 끼지 않았을 사람들이다. <부자아빠...> 같은 책은 얼핏 진실과 지혜를 보여주는 것 같지만, 인간의 탐욕을 부추겨 물질적 삶에 집착하게 만드는 부작용이 더 클지도 모른다.

신이 지배하는 세상을 떠나 인간성을 회복하겠다며 벌어진 역사적 운동들의 결과도 어쩌면 이와 비슷했다. 우리는 르네상스(Renaissance)의 역사를 공부하면서, 이 인간성 회복 운동이 신을 앞세운 가톨릭이 횡포를 부리던 중세 암흑시대에 대한 반발로 일어났고 이 시기에 '철학은 신학의 시녀'였다는 비판을 읽었다. 그리고 이러한 반발은 오늘날에까지 이어지고 있다.

하지만 그렇다고 철학이 신학의 주인이 될 수는 없다. 철학은 인간의 논리적 사고를 키워주긴 하지만 냉혹한 현실세계 앞에서는 무기력한 언어의 유희에 불과할 때가 많다. 어린 자식이 불치병에 걸려 병상에서 시름할 때, 철학은 그의 부모에게 아무런 위안이 되지 못한다. 철학이 무용하다는 뜻은 아니지만, 본말(本末)을 혼동해서는 안 된다. 중세 역사를 보면 종교가 횡포를 부릴 때가 많았지만, 문제를 일으키는 존재는 신이 아니라 신의 뜻을 빙자한 성직자들이었다.

18세기 스코틀랜드의 철학자 데이비드 흄은 기적이라는 현상을 인정하기를 거부했다. 기적을 거부한다는 것은 사실상 기독교적 세계관을 부인하는 것과 다름이 없었다. 흄은 오직 인과율에 의해 작동하는 자연법(자연의 법칙)만을 신뢰해야 한다고 주장해 당대 서구 지식인들의 열광적인 호응을 이끌어냈는데, 그의 자연법주의는 오늘날까지 그 위력을 떨치고 있다.

흄의 세계관에 포함된 과학은 아이작 뉴턴의 고전물리학이다. 18세기 인물인 흄의 시각으로 보면 불확정성의 원리를 기본사상으로 하는 양자역학이란 헛소리 중의 헛소리이다. 흄이 바라보던 세상이란 엄격한 자연의 법칙에 의해 움직이는 대상이기 때문이다. 아이러니한 사실은, 양자역학이 등장했어도 여전히 흄의 자연법주의 수준에 머물러 있는 지식인들이 적지 않다는 점이다. 양자역학 초창기에 아인슈타인도 그랬듯이, 세상이 확률에 의해 움직이는 불확실한 현상이라는 사실은 받아들이기 불편한 진실이다. 하지만 양자역학이 물리학의 대세가 된 오늘날에도 자연의 법칙만 운운하는 사람들은 흄보다 훨씬 모자란 사람들이다. 적어도 흄은 양자역학이라는 숨겨진 자연의 원리를 꿈에도 몰랐던 시대의 인물이다.

결국 인본주의적 철학이 인간의 합리적 이성을 토대로 세상을 바로잡은 것 같지만 착각에 불과했다. 실천적 철학이라는 명분으로 세상을 뒤집으려 했던 마르크스주의가 실제로 세상에 무슨 기여를 했던가. 혁명이라는 이름으로 숱한 인명만 살상했을 뿐, 함께 잘 살자는 모토는 사라지고 공산당원이라는 신흥 귀족계층만 양산하지 않았던가. 결국 절대적 존재인 신으로부터 독립하겠다는 선언이 인간의 행복을 위한 길 같았지만 현실에서는 정반대의 결과로 이어졌다.

종교가 비과학적이라는 비판도 마찬가지이다. 평소 우리 인식에는 과학적이라고 생각하는 현상과 비과학적이라고 생각하는 현상이 구분돼 있다. 비과학적이라고 생각하던 현상도 과학적으로 원리가 밝혀지고 나면 하루아침에 과학적인 현상이 된다. 비과학적이라서 믿지 못한다던 현상을 과학적이니까 믿는다는 역전 상황이 벌어진다. 이중슬릿 실험으로 전자의 입자성과 파동성이 공존한다는 사실이 발견되기 전까지, 물질이 동시에 파동일 수 있다는 말은 잠꼬대 같은 소리에 지나지 않았다. 가장 최근 과학이론 중 하나인 조화객관환원이론 같은 경우엔 인간의 영혼도 인체를 떠난 양자물질이라고 주장하는데, 이 역시 양자역학이라는 물리학적 토대가 없었다면 완전한 헛소리 취급을 받았을 이론이다.

결국 인간이 알아야 할 사실은 어떤 현상을 두고 비과학적이라는 표현을 함부로 써서는 안 된다는 점이다. 동서고금의 사례를 살펴보면, 좀 배웠다는 자들일수록 교만해져서 더 진실에 다가서지 못하는 경우가 많았다.

예수께서 성령으로 기뻐하사 가라사대 천지의 주재이신 아버지여 이것을 지혜롭고 슬기있는 자들에게는 숨기시고 어린 아이들에게는 나타내심을 감사하나이다

(누가복음 10장 21절)

　남 이야기가 아니다. 나 역시 대학에 다니면서 고상한 휴머니즘에 빠져 신에게서 멀어져갔다. 인간은 근본적으로 무지(無知)한 존재라는 사실부터 겸허하게 받아들여야 한다. 내가 당연시하던 사실도 언제 어떤 과학이론이 출현해서 단번에 뒤집힐지 모른다. 지동설이 검증되기 전까지 모든 인간은 천동설을 진리요 사실이라고 믿다가 무지 속에서 죽어갔다. 인간의 오감과 직관에는 천동이 맞지만 진실은 지동이다. 그런데 지구가 태양 주위를 돈다는 진실이 내 영혼을 살리고 죽이는 지식은 아니다. 하지만 예수가 영계를 지배하는 창조주 하나님의 아들이 맞는다면, 그런데도 옛사람들이 지동설을 무시했듯 내가 그 사실을 부정하고 죽는다면 어떻게 될까? 예수는 아래와 같은 비유를 통해 그 결과를 경고했다.

· 다시 한 비유를 들으라 한 집 주인이 포도원을 만들고 산울로 두르고 거기 즙 짜는 구유를 파고 망대를 짓고 농부들에게 세로 주고 타국에 갔더니
· 실과 때가 가까우매 그 실과를 받으려고 자기 종들을 농부들에게 보내니
· 농부들이 종들을 잡아 하나는 심히 때리고 하나는 죽이고 하나는 돌로 쳤거늘
· 다시 다른 종들을 처음보다 많이 보내니 저희에게도 그렇게 하였는지라

276

· 후에 자기 아들을 보내며 가로되 저희가 내 아들은 공경하리라 하였더니

· 농부들이 그 아들을 보고 서로 말하되 이는 상속자니 자 죽이고 그의 유업을 차지하자 하고

· 이에 잡아 포도원 밖에 내어쫓아 죽였느니라

· 그러면 포도원 주인이 올 때에 이 농부들을 어떻게 하겠느뇨

· 저희가 말하되 이 악한 자들을 진멸하고 포도원은 제때에 실과를 바칠만한 다른 농부들에게 세로 줄찌니이다

(마태복음 21장 33~41절)

위 비유에서 포도원 주인은 하나님이다. 악한 농부에게 보낸 종들은 구약성경의 선지자들을, 아들은 예수를 가리킨다. 악한 농부들은 선지자들과 예수를 죽였던 유대족의 지도자들이다. 이런 예수의 비유가 21세기를 살아가는 우리와 무슨 상관이 있느냐고 반문할 수 있다. 우리가 언제 선지자나 예수를 죽였냐고 항의할 수 있다. 그런 사람들에게 말하고 싶다. 그냥 따지지 말고 창조주 하나님께 무릎 꿇으라고. 인간이 대단해 보이지만, 한낱 피조물에 불과하다. 심판은 인간이 하는 게 아니라 창조주가 한다.

인간을 창조한 주인은 인간을 사랑했고, 그래서 가장 소중한 자신의 분신을 보내서 십자가에서 비참한 희생까지 시켜가며 인간을 영적 멸망의 길에서 구하려 했다. 그런 사랑은 잊은 채, 인간은 계속 자기 생각에 갇혀 헛짓거리하며 살고 있다. 수천 년 전 예수 비유에 등장하는 악한 농부들이 지금 신의 희생을 무시하는 우리

와 같다는 생각을 해본 적이 있는가. 영적 존재인 인간을 구원하는 건 자기 생각이 아니라 신의 희생에 감사하며 그 사랑에 동화되는 길밖에 없다.

예수 기적의 비밀이 궁금해서 이 책을 읽은 독자들 중에도 처음 접하는 내용에 황당해한 사람들이 적지 않을 것 같다. 양자역학 사례들이야 현대물리학 이론이니까 그렇다 치지만, 꿈과 현실 이야기나 드림요가와 RM 같은 이야기들은 판타지소설처럼 비현실적으로 읽혔을 수도 있다. 하지만 해당 사례들은 모두 내가 직간접으로 경험한 이야기들이다. 그런 경험의 바탕이 없었다면, 내가 30년 만에 다시 성경을 펼쳐들었을 때 예수의 기적들이 실화처럼 다가오지 않았을지도 모른다.

반대로 이 책을 읽은 독자 입장에서는 내 이야기를 글로만 접하다 보니 당장 나와 똑같은 시각으로 예수의 기적을 받아들이고 수긍한다는 법이 없다. 그저 내 경험담이 참고가 되어 예수 기적이 실화라는 믿음에 한걸음 더 다가설 수 있기를 기도할 뿐이다. 이천년 전 말씀이라지만, 내게는 항상 깊은 울림을 주는 예수 그리스도의 말씀이 있다.

(…) 너는 나를 본 고로 믿느냐 보지 못하고 믿는 자들은 복되도다 (…)

(요한복음 20장 29절)

예수 기적에 대해서도 마찬가지이다. 우리가 직접 보지 않았다고 못 믿을 이유가 전혀 없다. 우리가 성경을 케케묵은 고서 취급하고 성경에 등장하는 사건들을 까마득한 신화로 접근하는 한, 오늘날 세계 도처에 세워져 있는 교회들이 탄생한 이유를 이해하기 어렵다. 교회는 이천년 전이나 지금이나 영적 전쟁의 전진기지이다. 창조주의 분신, 하나님의 아들이 인간의 영혼을 위해 목숨까지 바쳐가며 세운 성전이 바로 교회이다. 그냥 모여서 단순히 노래 부르고 좋은 말씀 듣고 덕담 나누다 헤어지는 곳이 아니다. 이천년 전이라는 선입관, 먼 중동 지역이라는 선입관을 배제하고 성경을 읽어보자. 아마도 성경의 사건들이 얼마나 숨 막히고 처절한 영적 전쟁의 기록인지 새삼스럽게 다가올 것이다.

과거라는 시간은 본질적으로 일 년 전이나 이천년 전이나 다르지 않다. 어차피 흘러간 시간이다. 이천년 전의 기록이란 일 년 전의 기록이 약 이천년 더 묵었을 뿐, 일 년 전 기록과 본질적으로 다르지 않다. 그냥 똑같은 과거의 기록일 뿐이다. 그런데 이천년 전은 일 년 전과는 전혀 다른 신화적 과거의 느낌을 준다. 우리 인간이 자기 생각에 속고 또 속는 이유는, 언어가 만들어내는 편견과 고정관념 때문이다. 이천년 전이라는 언어가 주는 비현실적 느낌도 마찬가지이다.

성경 66권은 한 사람의 창작물이 아니다. 무려 1600년에 걸쳐 40명이 넘는 필자가 기록한 역사서이기도 하다. 예수의 기적을 증언하는 신약성경 4대 복음서는 예수의 제자인 마태 마가 누가 요한이 직접 목격하고 경험한 사실을 기록한 다큐멘터리이다. 나는 성경이 이천년 전 기록된 까마득히 먼 이야기처럼 느껴지지 않는다. 그냥 뉴스 보도처럼 생생하게 느껴진다. 신약 성경 4대 복음서를 읽을 때 최근 발생한 중동의 사건을 현지 기자가 직접 기록한 국제뉴스라는 관점에서 접근해 볼 것을 권한다.

이제 더 이상 생각, 즉 언어의 퍼즐에 갇히지 말자. 내가 만든 것도 아닌 언어에 사로잡히면 평생 무지와 미망에서 벗어나지 못한다. 이것이 육(肉)의 언어가 지닌 한계이다. 오직 성스러운 영이 기록한 책인 성경만이 인간을 궁극적인 진리의 세계로 인도하며 영원한 자유와 평화를 선물한다. 예수의 기적도 그런 시각으로 봐야 한다. 기적 자체가 중요한 게 아니라 기적을 행한 이유가 중요하다. 성경 마지막 구절로 이 책의 마지막을 갈음한다.

주 예수의 은혜가 모든 자에게 있을 지어다 아멘.

<끝>